이정근

서울에서 태어나다. 서울대학교 의과대학을 졸업하고 서울대학교병원 방사선과에서 전공의를 했다. 지금은 건국대병원 영상의학과 교수로 일하고 있다. '어디가 아프십니까, 쉽게 쓴 백 가지 병 이야기'("조선일보사 간")를 썼고, 대한흉부영상의학회의 간행 위원장 및 주 저자로 영문 의학 교과서, 'Imaging of Lung Cancer'("군자출판사 간")를 출간하기도 했다. 골프를 무척 좋아한다. 친구들과 골프 치러 가는 것을 즐긴다. 골프 클럽도 사랑한다. 골프 클럽의 역사와 기술 발전에 관심이 많고 특징 있는 클럽을 모은다. 골프를 즐기는 사람, '낙지자(樂之者)골프'라는 이름을 좋아한다.

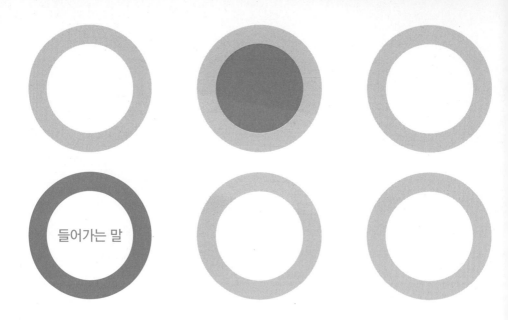

들어가는 말

골프가 좋았다. 처음부터 왠지 모르게 좋았다. 골프장의 푸른 벌판이 들판이 언덕이 산이 좋았다. 마음이 푸근해졌다. 골프장에 가면, 마음 깊은 곳에 자리 잡고 있던 나의 어린 시절 고향이 진하게 떠올랐다. 그리고 골프가 재미있었다. 어렸을 때 놀던 자치기처럼 재미있었다. 그리고, 어려웠다. 골프장에 가면 유난히 즐거워하는 나를 알아차렸다. 나는 몹시 즐거웠다.

서울 사람이지만, 어린 시절 한동안 아버지 직장을 따라서 안성 공도의 한독목장(韓獨牧場)에서 살았다. 지금은 안성 팜랜드(farmland)라고 관광지로 변해 있는 곳이다. 홀스타인 얼룩 젖소 300마리가 음메에 하며 어슬렁거리며 천진난만하게 산책하던 목장에서 살았다. 젖소 떼는 아침이면 푸른 풀밭으로, 옥수수 언덕으로 나섰다가 온종일 풀을 뜯고서 오후가 되면 목부 아저씨들 인도 하에 축사로 돌아왔다. 그때의 세상은 온통 나에게 푸른 들이고 푸른 언덕이고 푸른 동산이었다. 푸른 자연의 축복을 받았던 어린 시절이었다. 그 어린 시절의 푸른 벌판을 떠올려 주는 곳을 어른이 되어 찾아냈다. 그곳이 골프장. 그래서 지금도 골프장에 가면 남다른 편안함, 즐거움, 설레임, 고향에 돌아온 느낌이 더하는 지도 모르겠다.

최근 주변에서, 내가 잘 모르지만 대학 후배, 영상의학과 후배인 두 사람이 책을 썼다고 하였다. 그 책 이름은, '부를 끌어 당기는 직장인의 공부법', '아들아, 삶에 지치고 힘들 때 이 책을 읽어라'였다. 두 책을 사서 읽었다. 내용도 재미있고 생각도 참신하고 건전하고 좋아 보였다. 건국대 병원 영상의학과 교수들 사이에서 영상의학과 의사가 책을 썼다는 그 자체만으로도 큰 화제가 되었다. 그것이 자극이 된 것 같다. 20년 전쯤, '어디가 아프십니까, 쉽게 쓴 백 가지 병 이야기'("조선일보사 간")을 쓴 뒤, 5년 전, 대한 흉부 영상 의학회에서 간행 위원장 및 주 저자로서 발간한 영어 의학 교과서, 'Imaging of Lung Cancer'("군자출판사 간") 출판한 뒤, 무언가 책을 써 보고 싶던 차였다. 내가 상상력을 발휘할 수 있는 분야가 무엇인가 생각해 보았다.

파올로 코엘료처럼 따뜻한 상상력이 돋보이는 소설이나, 줄리언 반스의 직관이 예리한 '예감은 틀리지 않는다' 같은 소설, 크리스티나 로런의 깜찍한 에로티시즘 연애 소설, 그리고 유발 하라리의 '사피엔스'流의 거대 인문학 책은 내게 가능하지 않을 것 같았다. 나는 무슨 책을 쓸 수 있을까? 무슨 책을 써 볼까, 생각해 보았다. 그래서 얻은 생각이 내가 즐기는, 내가 관심 있어 하는, 내가 즐거워하는 분야였다. 바로 골프였다.

이 책은 내가 읽도록 썼다. 내게 말하듯이 썼다. 이 책의 내용은 내가 내 친구와, 내 동창과, 내 병원 동료와, 후배와 선배와 가족 친척과 골프 치러 다니면서 궁금해 했던 것, 알아차린 것, 알려주고 싶은 것을 정리한 것이다. 평소처럼 물어보고, 평소처럼 대답하고, 평소처럼 책을 읽고, 유튜브를 감상하고, 텔레비전을 시청하면서, 구글링하면서 얻고 정리하고 터득한 나의 생각과 지식과 감상을, 골프에 대한 즐거움을 품으면서 읊어 본 것이다. 그래서 작은 제목의 설정에서부터 말투, 책 크기, 심지어 글자 사이즈까지 편안한 나의 일상을 기록하게 되었다. 혹자에게는, 특히 내 친구들은, 편히 읽을 수 있을 것이고 어떤 이에게는 책 읽는 재미가 덜 할지도 모르겠다. 그저 궁금할 때 꺼내 볼 수 있는 책이 되기를 바라며, 내가 책을 쓴 후배들에게서 자극과 영감을 얻었듯이 또 누군가가 기운을 얻어 읽기 좋은 책을, 어떤 분야라도, 내기를 바라는 마음도 간절하다. 세상에 정보가 아무리 많고 그를 전해주는 매체가 넘쳐나더라도 책만큼 훌륭하고 따뜻하고 지속적인 전달자는 없다고 생각한다. 책이 안 팔린다고 출판사에서 말한다. 한국 사람들이 책을 읽지 않는다고 말한다. 책방이 어렵다고 한다. 출판사가 어렵다고 한다. 안타깝다. 책을 읽으면 좋겠다. 책에는 내 마음에 내 몸에 보약이 많이 들어 있는 것으로 알고 있다. 책이 좋다. 책은 좋은 것이다.

건강이 최고다. 골프를 치는 이유도, 몸과 마음이 건강해지기를 바라는 바람에서 일 것이다. 잘못된 골프 스윙 습관으로, 잘못된 욕심으로 골프장에서 몸이 상하는 것은 좋지 않다. 편안하게 즐기는 골프가 되기를 바라는 마음 간절하다. 골프장에서 흔히 주고 받는 말 가운데, '거리 욕심', '거리 손해', 이런 류의 말이 있다. 별로 좋은 말 같지가 않다. 내 마음을 옥죄는, 나를 밀어붙이는 말 같다. 골프장은 나의 휴식처이자, 반가운 친구를 만나는 장소이자, 자연을 벗하는 무릉도원(武陵桃源)이다. 이 기쁨을 즐겨야 한다. 나는, 우리는 그럴 자격이 있다. 지금까지 성실히 살아왔고, 올해도 꾸준히 일했고, 이번 주도 내 일을 잘 하였기 때문이다. 그러니, 오늘 나는 친구들과 가족과 즐거운 시간을 이 골프장에서 보내는 것이다. 이 좋은 곳에서 캐디랑 다툴 일이 무엇이며, 정치 얘기는 무엇 하러 하는 것이며, 담배 연기는 여기에 와서까지 맡을 이유가 없다. '비거리'는 잊어버리고 싶다. 어떻게 어떻게 하면 비거리가 늘기야 하겠지만, 굳이 늘리느라 스트레스 받고 몸 아플 것이면 늘려서 무엇 하나 싶을 때가 많다. 핀을 향해 앞으로만 가면 좋겠다. 그러면, 자연스레 비거리도, 스코어도, 기분도 좋아질 것 같다.

나는 골프를 좋아한다. 나는 樂之者골프다. 골프를 즐기는 것 같다. 잘 치지는 못한다. 보기 플레이어 정도 한다. 한 때는 후반전에만 네 홀 버디를 해 보았고 싱글도 몇 번 해 보았다. 남들이 우러러 보는 홀인원을 해 본 기억도 있다. 강촌CC에서였다. 155 m에서. 그때의 기쁨은 지금도 잊을 수가 없다. Adrenaline rush가 이런 거구나. 그때 마음이 그랬다. 지금도 그저 골프 치러간다는 것이 즐겁다. 몇 날을 앞두고부터 설레인다. 골프 백에다가, '이번에는 이 드라이버를 넣어가야지, 5번 우드는 넣을까 말까, 그러면 유틸리티는 4번을 가져가야지, 아이언은 이것으로 하자, 번호는 6, 8, P로 해야

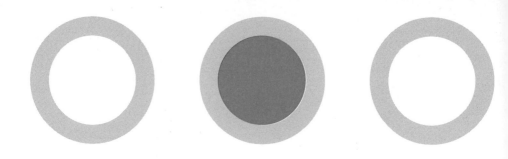

지, 퍼터는 Ping jas가 좋겠다'. 이렇게 신나서 준비한다. 즐겁다. 이 책은 아마 이처럼, 골프치기 며칠 전부터 설레는 사람에게 도움이 될 것 같다. 이것도 기다려지고 저것도 궁금한 사람들. 아마추어. 아마도 보통 스코어는 80대나 90대. 어서 70대가, 어서 빨리 80대 스코어가 되고 싶은 사람들. 보통 아마추어들일 것이다. 조금씩 궁금해하면서, 조금씩 발전하면서, 조금씩 인생이 익어가는 사람들. 모두들 즐거운 시간을 골프장에서, 일터에서 그리고 집안에서 누리기를 바란다. '知之者 不如 好之者, 好之者 不如 樂之者(지지자 불여 호지자 호지자 불여 낙지자)'라는 말이 있다. 논어에 있는 말로 참 마음에 와 닿는다. 알기만 하는 것보다 좋아하는 것이 좋고, 좋아하기만 하는 것보다 즐기는 것이 더욱 좋다'는.

20여 년 전 '노래하는 역사'라는 한일(韓日) 고대사(古代史) 관련 조선일보 연재 기사가 있었다. 이영희(李寧熙) 교수께서 쓰신 글로, 우리 삼국사기(三國史記), 삼국유사(三國遺事)는 물론이고 일본 고사기(古事記), 일본서기(日本書紀) 그리고 주로는 만엽집(萬葉集) 내용까지 망라한 것으로 한국과 일본이 고대에 얼마나 끈끈하게 서로가 서로에게 연결되어 있나 하는 재미있는 내용이었다. 후에 책으로도 나왔다. 내용에 감탄하여 일본어를 배우자고, 한일 고대사를 배우자고 내게 자극을 준 책이 되었다. 그 사실이 재미있었고 그 추리가 흥미로웠고 그 에로티시즘이 전율을 일으켰다. 그때 또 하나 눈에 띈 것이 삽화였다. 어쩌면 이리 책 내용을 잘 묘사했는지. 참, 간단한 듯, 깔끔한 듯 하면서도 재치가 돋보이는 그림 삽화였다. 그 삽화를 그리신 분이 이왈종(李曰鐘) 화백임을 알았다. 그 후 화백께서 제주도에 거주하시며 골프를 즐기고 또 골프 그림을 멋지게 익살스럽게 그리시는 것을 알게 되었다. 이 책의 표지를 선생님의 멋진 그림으로 꾸밀 수 있게 되어 금상첨화라고 생각하며 영광과 감사를 드린다.

이 책을 쓰는 데 자극을 준 어떤 책의 저자 宋모, 尹모 후배에게 감사한다. 그들은 나를 모른다. 나와 함께 라운딩하며, 한 잔 하며, 기쁨과 즐거움 그리고 골프 행복을 알게 해주고 궁금증을 불러일으켜 준 梁모, 文모, 李모, 金모, 徐모, 鄭모, 安모, 朴모, 權모, 林모 씨를 비롯한 많은 이에게 감사한다. 골프를 하다 보면, 특히 티샷 전후, 1 m 퍼팅 전후의 사람들의 표정을 관찰해 보면, 어찌 그리 다양한지, 그 순간 순간에 인생의 喜怒哀樂이 엿보인다. 골프하는 시간이 모든 이에게 즐거움, 기쁨의 시간이 되기를 기원한다. 사랑하는 내 가족 마누라, 아들 그리고 딸에게 항상 감사하며 행복을 기원한다.

"知之者 不如 好之者, 好之者 不如 樂之者, 樂之者골프
골프를 하게 해 주는 모든 이에게 감사한다"

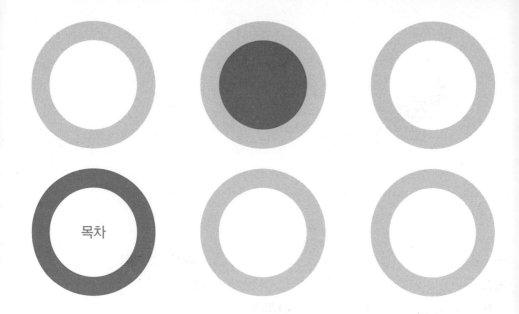

목차

 chapter 01 **골프스윙**은 이렇게 한다

골프스윙은
이렇게 한다

01 드라이버 샷 하기

1. 티 박스에서 드라이버 샷 하기

  '티 박스에 올라선다. 푸른 초원, 너른 들판, 1번 홀 훼어웨이를 바라보며 마음의 호연지기(浩然之氣)를 일깨워 본다. 지금부터 나는 여기서 자연을 초록을 즐긴다고 마음먹는다. 그리고는 공이, 내가 날아갈 곳을 지긋이 바라본다. 내 마음속 전략에 맞추어 티 박스 알맞은 곳에 티를 꽂는다. 티는 내가 항상 놓는 높이, 일정 길이로 꽂아 놓는다. 공은 보내고자 하는 훼어웨이의 타겟 방향으로 잘 에임하여 놓는다. 티 위에 올라 있는 공의 높이는 내가 맞추고 싶어하는 높이에 있다. 정확히 그 높이에 있어야 한다. 공 뒤로 가서 가볍고 부드럽게 연습 스윙을 두 번 한다. 공 옆에 헤드 훼이스를 스퀘어로 놓는다. 왼발 뒤꿈치 안쪽이 공과 나란히 선다. 두 발 끝선이 훼이스와 스퀘어가 되게 한다. 두 손으로 그립을 편하게 익숙하게 잘 잡는다. 공을 향한 두 팔 모양은 Y로 한다. y가 아니다. 헤드 훼이스를 공 적도 바로 밑에 두되 윗몸통을 오른쪽으로 약간 기울여서 나중에 어샌딩 블로우 하기 좋게 한다. 등과 척추는 부드럽게 일직선이 되게 펴져 있다.

천천히 부드럽게 45~60도 각도 정도의 궤도로 단체 부채춤을 연상하며 백
스윙을 한다. 탑에 도착하면 두 팔은 편안한 이등변 삼각형이 된다. 정삼각형
도 이등변 삼각형이다. 오른쪽 윗팔은 가슴에 가깝게, 그러나 편안하게 있다.
탑에서 샤프트는 타겟을 향하고 헤드는 가볍게 바닥을 향한다. 1초간 숨을 고
르고 눈이 목표를 향하고 있다면 천천히 내려오기 시작한다. 살짝 왼쪽 엉덩이
가, 왼 다리가 먼저 내려오고 왼쪽 발뒤꿈치가 땅을 딛는 듯한 동작을 한다. 이
어서 거의 동시에 두 팔을 내리기 시작한다. 공에 훼이스가 가까워지는 순간
나의 두 손목은 가볍게 풀어져 있고(release) 공과 닿는 순간에 두 손목이 스퀘
어를 이룬다. 이 순간까지 나의 두 다리와 머리는 제 자리를 지키며 두 눈은 공
의 오른쪽을 바라본다. 탱 소리와 함께 공이 날아가고 두 팔은 자연스레 진자
운동의 나머지 반, 휘니쉬를 이룬다. 이제 나의 배꼽은 목표를 향하여 똑바로
자랑스럽게 서 있다. 귀로는 "굿 샷" 소리를 듣는다.

셋업을 잘 한 뒤 백스윙을 한다. 즉, 드라이버를 뒤쪽으로 보내어 탑에 머무
른다. 1초 정도 머무른다. 어떤 이는 새가 잠시 머무를 시간이라고도 한다. 어
떤 이는 gala party에서 웨이터가 잔과 쟁반을 들고 있는 모습이라고도 한다.
중요한 것은 머무른다는 점이다. 머물러야 안정된 시간을 갖는다. 탑이란 곳이
베이스 캠프가 된다. 머무르지 않고 바로 다운스윙을 하면 클럽도 사람도 흔들
린다. 티 샷의 시작은 셋업부터라고 한다. 셋업이 0이고 백 스윙 탑이 50이고
휘니쉬가 100의 단계다 하는 식으로. 맞기도 하고 틀리기도 하다. "시작이 반
이다"는 속담도 있고, "반이 끝나기 전까지는 시작이 아니다"는 말도 있다. 두
말 모두 의미가 있지만 골프 스윙에서는 후자가 좋다. 아주 좋다. 폐결핵으로
요절한 19세기 초반의 낭만파 영국 시인, John Keats가 말했다.

There is an old saying "well begun is half done" - 'tis a bad one.
I would use instead - "Not begun at all till half done"

이것을 골프에 빗대면, '애드레스를 하면 반쯤 완성된 것이 아니라, 반에 해
당하는 탑에 머물러서야 비로소 골프 스윙이 시작된다'고 말하고 싶다. 즉, 탑

에 안정되게 있는 상태가 스윙의 시작이라고. 셋업이 중요하다. 그러나 탑에서 쉬지 않아서 엉성한 상태로 바로 다운 스윙으로 이어질 기세가 되면 곤란하다. 좋은 스윙이 되지 않는다. 헤드가 원하는 스윙 궤도로 탑의 한 가운데까지 와서 서 있는지, 슬라이스를 치기 직전의 탑에 있는지, 아니면 훅이 날 수밖에 없는 구조로 탑에서 출발을 기다리고 있는지를 확인해야 한다. 즉, 여기 탑까지 "쏵"을 잘 와 있어야 키이츠의 말처럼 시작을 잘 하게 된다.

평소 연습할 때 거울/카메라 두 개가 90도로 마주보아 내 몸의 전면과 측면을 볼 수 있다면 좋겠다. 그것이 어렵다면 직접 헤드를 바라보는 것도 방법이다. 헤드가 탑에 있을 때 고개를 우로 돌려 두 손, 두 팔, 샤프트를 바라본다. 좋은 자리에서 이륙 신호를 기다리고 있는지 확인한다. 확인되었으면 바로 다운 스윙으로 이륙한다. 이 정도면 드라이버 티샷은 거의 완성 단계이다. 물론, 다운스윙 때 오른쪽 윗팔이 가슴에 약간은 가까이 붙어 내려와야 한다.

Does the dog wag the tail or does the tail wag the dog?
"개가 꼬리를 흔드나요, 아니면 꼬리가 개를 흔드나요?"

달콤한 곳이라는 스윗 스팟. 지금까지 들인 노력을 이 한 곳에 맞춤으로써 제일 좋은 결과로 이어진다. 스윗 스팟에 맞으면 좀 더 powerful한 결과를 낸다. 그렇다. 거기 스윗 스팟에 맞추자. 스윗 스팟은 훼이스에서 반발력이 제일 좋은 곳이다. 여기에 맞춰야 멀리 날아간다. 스윗 스팟이 넓다. 그런 드라이버가 있을까? 없다. 스윗 스팟은 점이다. 면적이 아니다. 모든 드라이버에 스윗 스팟은 한 점에 지나지 않는다. 헤드의 무게중심(Center of Gravity)에서 직선을 그었을 때 face에서 수직으로 만나는 그곳이 스윗 스팟이다. 골프 클럽 제작 기술 발전 덕에 무게 중심은 점점 훼이스에서 멀어져 가고 있다.

스윗 스팟이 크다고 강조하는 드라이버 광고는 물리적 사실과 다른 것이다. 그들의 의도는 관성 모멘트(MOI)를 크게 하여서 스윗 스팟에 맞지 않더라도 손실 정도가 작은 곳이 넓다는 것을 의미한다. 스윗 에어리어가 크다는 뜻이 된다. 정확히 스윗 스팟에 공이 맞으면 공의 초속도는 최고가 되고 스핀은 최저가 되며 헤드는 비틀림이 없게 된다. 스윗 스팟이 아닌 곳에 공이 맞는다면 공 속도는 떨어지고 스핀이 걸리며 헤드는 비틀린다. 거리가 줄어든다.

드라이버 훼이스의 정 가운데를 스윗 스팟이라고 생각한다. 대체로 그렇다. 훼이스 전체의 넓은 곳에서 가운데에 공이 맞아준다면 이는 둘도 없는 스윗 스팟이고 감사할 일이다. 스윗 스팟은 토우와 힐의 중간 정도(약간은 힐쪽인 경우가 많고) 그리고 가운데 보다는 약간 윗쪽에 해당된다. 만약에 공이 이보다 위에 맞는다면, 공의 발사각은 높고 스핀은 적으며 속도는 떨어진다. 낮은 곳에 맞는다면, 발사각이 낮고 스핀은 커지며 공의 초속도는 빨라진다. 그래서 약간 위에 맞는 것이 아래에 맞는 것보다는 상대적으로 만족스럽다.

아래에 맞추면, attack angle이 음의 값이 되어 로프트가 낮아지는 결과가 되며(deloft) 스핀이 많아지고 거리가 줄게 된다. 샤프트 길이, 플렉스, 무게, 스윙 웨이트, 헤드 디자인, 스윙 궤도 등 많은 것이 스윗 스팟에 맞추는 지를 결정하며 이 스윗 스팟과 친해진다면 골프와 친해지는 것이 된다. 점점 더 골프가 즐거워진다. 스윙이 완벽해 보이는 타이거 우즈도 만족할 만한 티샷이 한 게임에 서너 번밖에 없다 말하는 것을 보면, 우리 같은 아마추어가 한 라운드에 대여섯 번이나 스윗 스팟에 맞출 수 있나 하는 의문이 든다. 그래서 스윗 스팟이라는 부담되는 용어보다는 스윗 에어리어(area)나 스윗 존(zone)이라는 지역으로 이해하여 되도록 가운데에 맞추도록 노력해야겠다.

"Sweet spot!"

2. 훼어웨이에서 드라이버 샷 하기

보통은 드라이버를 훼어웨이에서 치지 않는다. 아마추어가 시도할 일이 아니다. 성공하기 어렵다. 예외적인 경우에 PGA 프로들이 치는 경우를 본다. 그것이 필요한 경우는, 그 샷을 잘 칠 자신이 있고, 우드보다 멀리 보내야 하는 경우다. 공이 비교적 평평한 곳 또는 약간 오르막에 있고 잔디가 길고, 무엇보다 공이 도착할 그린 주변이 안전해야 할 것이다. 드라이버 훼이스는 크므로 스윗스팟에 공을 맞추려면 바닥이 땅을 칠 수밖에 없다. 그러므로 훼이스의 아랫면에 맞게 될 확률이 큰 것에 대비하여 그립을 단단히 잡아서 훼이스가 토크로 인해 아래로 밀리는 것을 막아야 한다. 토크가 무언지, 잘 경험할 수 있는 샷이다. 따라서 이런 모든 상황은 일반 아마추어에게는 해당되는 것이 거의 없다. 안 치는 것이 좋다. 실패할 확률은 100%에 가깝다. 그렇지만, 아주 가끔은 쳐볼 필요도 있다. 언제 좋은지, 타구감은 어떤지, 그리고 必敗임을 분명히 깨달을 수 있기 때문이다. 세컨 샷을 드라이버로 쳐서 온그린시킨 뒤 퍼터로 이글을 하는 Bubba Watson. Driver-driver-putt shot. 이런 경우에 훼어웨이에서 드라이버 샷을 하는구나. 한 번 볼만한 동영상이다.

골프를 즐기려면 문무(文武)를 겸비해야 할 것 같다. 골프 지식도 있고 몸의 체력도 있고. 그래야 오래 즐겁게 칠 수 있어 보인다. 문(文)은 골프 지식(知識)이다. 몸으로만 한다면, 고려 말 무신(武臣) 정권처럼 무엇이 무엇인지 모르고 헤매게 된다. 새 클럽을 사서 클럽 스펙이 약간 바뀌기만 해도 그 전과 달리 스윙이 틀어지는 경우를, 골프가 재미없어지는 경우를 더러 더러 본다. 무(武)는 체력이다. 골프 지식을 실천할 수 있게 해주는 원천 파워다. 머리로만 골프를 하고 클럽을 휘두를 근력이 달리면, 조선처럼 문약(文弱)에 빠져 망국의 길로 내몰린다.

"편안한 마음, 부드러운 스윙으로 티샷한다"

02

3번 우드는
무엇하는 물건인고?

Callaway 사(社)의 스푼 광고
'300야드에 놀라지 마라! 스푼이라는 사실에 놀라라!' 3번 우드가 드라이버만큼, 아니 그 이상 300야드나
날아간다던 광고. 그 때 이 클럽이 무척이나 많이 팔렸다고.

　스푼을 잘 쓰는 분은 이 챕터를, 아니 이 책을 볼 필요가 없겠다. 스푼은 제
일 다루기 어려운 클럽이고 스푼을 잘 쓴다는 것은 그가 이미 싱글 또는 그 이
상 실력자라는 뜻이기 때문이다. 이 책은 어느 아마추어 골퍼의 수필에 지나지
않는다. '300야드 스푼', '300야드에 놀라지 마라, 스푼이라는 사실에 놀라라'.
몇 년 전에 캘러웨이 회사에서 했던 광고 문안으로, 한 때 전세계적으로 선

풍적인 인기를 끌었으며 많은 분들이 이 X HOT 스푼을 골프 백에 넣게 되었다. 15도 로프트. 43인치 길이. 그 훈풍은 그리 길지 않았던 걸로 기억한다. 이 300야드는 훼어웨이에서 아마추어에게 가능한 일이 아니고 그렇게 쓸 기다란 훼어웨이도 존재하지 않았다. 티샷에서나 가능한 일이었다. 한 편 드라이버가 300야드를 나가지 않는 아마추어에게 300야드 스푼은 드라이버의 존재 이유를 불편케 하는 이유가 되기도 하였다. 드라이버와 상충(相衝)되는 비거리, 아마추어골퍼의 스윙 스피드로서는 치기 어려운 3번 우드 훼어웨이 샷. 그런 저런 이유로 서서히 인기가 내려갔다. 아마도 300야드 스푼은 처음부터 맥일로이나 주타누가른 같은 선수에게나 존재 의미가 있는 클럽이었을지도 모른다.

스푼의 인기가 사그라진 뒤 mini driver라는 또 다른 아이디어가 등장하기도 한다. 460 cc 드라이버와 스푼의 중간 단계다. 드라이버 잘 치기 어려운 아마추어에게 티 박스에서 마음 편한 기회를 주려했던 것 같다. 253~275 cc 아담한 헤드 크기, 12~14도 잘 뜨는 로프트, 43인치 짧고 가까운 길이로 무장한 이 미니드라이버를 보면 1980년대의 callaway의 big bertha 드라이버가 환생했나 하는 생각도 들었다. 이도 곧 시들해졌다. 드라이버 헤드가 460 cc 대형이어서 주는 장점 즉, 관용도, 안정감, 비거리가 드라이버를 내칠 수 없게 만든다. 그리고 결국 어떻게든 드라이버는 잘 쳐야 한다는 상식이 드라이버를 백에서 뺄 수 없게 만들었던 것 같다.

타이거 우즈를 비롯한 투어프로들은 스푼을 잘 쓴다. 방향은 물론이고 거리감까지 좋다. 우리의 par 5보다 훨씬 긴 PGA 투어의 par 5에서 스푼으로 two on 하는 것은 그들에게 흔한 일이다. 그들은 그렇게 그린에 올려서 이글까지도 한다. 사실 아는 사람은 전부터 알고 있었다. 15도 3번 우드로 1인치 높이 티 위에서 샷을 하면 드라이버 티샷에 버금가게 날아간다는 것을. 스푼이 티는 낮지만 드라이버보다 로프트가 5도 높기 때문에 결국 런칭 앵글은 비슷하다. 거기에 샤프트 길이가 짧은데서 오는 편안함까지. 그러니까 스윗 스팟에만 맞는다면 공학적으로 스푼은 드라이버만큼 보낼 수가 있던 것이다. 더하여 이 캘러웨이 X HOT 스푼은 헤드를 평소 스푼보다 약간 키웠기 때문에 시각적으로도 부담이 적었다.

스푼 티샷이 드라이버 티샷보다 상대적인 장점은 무엇일까?

1. 샤프트가 짧아서 공과 가깝게 느껴진다.
2. 로프트가 5도 높아서 런칭 앵글이 충분히 높아서 멀리 간다.

반면, 드라이버 티샷의 상대적인 장점은?

1. 헤드가 커서, 스윗 에어리어가 커서 off-center hit에 관용도가 높다.
2. 헤드가 커서 마음이 편하다.

간단히 말하여, 티샷에서 스푼은 잘 친다면 드라이버만큼 훌륭하다. 그러나, 보통 사람에게는 실수할 찬스가 크다. 이런 결론이 난다. 티샷은 기본이 드라이버로 하는 것이고 스푼이 더 강점을 갖고 있지는 않다. 우드는 본질적으로 훼어웨이용이다.

훼어웨이에서 스푼은 다른 우드나 유틸리티보다는 어떤가?

1. 잘 치면 two on 할 수 있다.
2. 멀리 가는 샷이다 보니 좌우 사이드 스핀 영향이 많아 나쁜 결과가 많다.
3. 로프트가 낮아서 잘 안 뜨므로 스윙 스피드가 충분히 빨라야 날려보낼 수 있다.
4. Par 5에서 밖에는 쓸 일이 없다.
5. 자주 쓰지 않아 낯이 설어 재현(再現)성이 낮다.

경험으로 보면, 아마추어 골퍼에게 성공적인 par 5 스푼 샷은 쓰는 일이 적고 결과도 좋지 않은 편이다. 따라서, 지금 잘 쓰고 있는 분은 훌륭한 선수이니 계속 쓸 것이며 그렇지 않다면 사지도 말 것이고 가방에 넣고 다닐 일도 아니다. 혹시 쓴다면 공 놓인 자리가 아주 좋은 훼어웨이에서 정확한 스윙 궤도로 쓸어치면 좋겠다. 스푼이 잘 되지 않는다면, 5번 우드나 7번 우드는 어떨까? 샤프트 길이가 1~2 cm 짧아져서 공과 더 가깝다. 공이 커 보인다. 로프트가 3도, 6도 높아져서 스윙 스피드가 약간 느려도 잘 뜬다. 잘 맞은 스푼보다는 비거리가 약간 짧지만 잘 맞출 확률은 훨씬 높다. 7번 우드를 왜 heaven wood라고 부르는지 그 이유를 알 것도 같다. 잘 맞기 때문에 천국을 느낀다는 뜻이겠다. 심지어 9번은 divine이라고 한다. 천국보다 위에 있는 신성(神聖)이다. 유틸리티도 훌륭한 대안이 된다. 가볍게 쳐도 잘 날아가는 편이다. 훼어웨이에서 유용한 물건이다. 3번 우드. 그 동안 잘 사귀었다면 계속 사귀어 이글을 도모할 것이며 지금도 낯설다면 집에 놓고 다니는 것이 좋겠다. 없다면, 앞으로도 관심 갖지 말아야겠다.

> "Forget the spoon"
> "스푼을 잘 친다면 나의 골프 스윙은 완성된 것이다"

03 우드, 유틸리티 샷 하기

1. 우드 샷 하기

　'훼어웨이 한 복판. 자리가 좋다. 공은 잔디 위에 잘 올라 있고 땅은 평평하고 그린 위 핀까지 180 m, 앞 길도 좋아 보인다. 베테랑 캐디에게서 18도 5번 우드를 받아 든다. 공 뒤에 서서 갈 곳을 에임한다. 가볍게 두 번 연습 스윙을 한다. 공을 두 발 사이 가운데에 놓고 훼이스를 스퀘어로 둔 뒤, 잠시 숨을 가다듬고 나서 두 발로 정확히 정렬한다. 약간 y형태가 되게 어드레스 한다. 되도록 우드의 라이 앵글과 스탠스 앵글이 일치되게 한다. 엉덩이를 약간 좌우로 흔들어 긴장을 풀어 본다. 숨을 한 번 편안하게 쉰 뒤, 부드럽게 45~60도로 부채춤을 추듯이 백스윙 한다. 탑에서 두 아래 팔뚝은 이등변 삼각형이 되고 헤드와 샤프트는 핀을 향하고 손과 마음은 편안하다. 가볍게 타겟을 한 번 더 본다. 왼 발꿈치로 땅을 지치고 왼 무릎, 왼쪽 엉덩이부터 다운스윙을 시작한다. 상체가 따라 오고 두 팔이 따라 오고 우드가 따라 온다. 오른팔은 파워이고 엔진이며 왼팔은 방향키가 된다. 훼이스는 스퀘어로 공을 쓸어 간다. 내 머리와 몸통은 지금도 중심을 잘 잡고 있다. 이어서, 부드럽고 여유 있는 휘니쉬. 주변에서 "wonderful shot"이란 소리가 들린다. 내 얼굴에 미소가 스친다.'

우드라는 클럽은 처음에 나무, 특히 감나무(柿, persimmon)로 만들었기에 wood라 이름이 붙었다. 지금 우드라 부르는 클럽은 모두 금속(metal)으로 만들었다. 우드라는 이름은 물건의 역사를 말해주고 현실의 물건은 속이 빈 쇳덩어리다. Callaway 사(社)가 Big Bertha War Bird series 금속 우드를 시도하여 만들었을 때의 이름과 로프트를 정리해보면,

1번이 driver 10도
2번이 deuce, brush 13도
3번이 spoon 15도
4번이 baffy 16.6도
5번이 cleek 18도
7번이 heaven 21도
9번이 divine 24도
11번이 ely would 28도이다.

우드 번호가 커질수록 이름은 행복해지고 로프트는 높아지고 만족감도 덩달아 오른다. 물론 헤드가 작아지고 샤프트 길이도 짧아지고 약간씩 무거워진다. 1번보다 9번에 가까울수록 결과에 만족한다는 뜻이 함축된 듯하다. heaven과 divine(천국과 하느님), 이 얼마나 행복한 이름인가? 실제로 그렇게 느껴진다. 드라이버 샷은 어렵다. 드라이버 직전 번호인 3번 우드는 어떤가? 무척 어려운 클럽이다. 누가 스푼을 잘 쓴다면 그의 골프가 경지에 올랐다고 보아도 무방하다. 그런 분은 이 책을 여기에서 그만 내려놓아도 되겠다. 실제 잘 맞은 스푼은 200 m 정도도 날아간다. 그렇다면 파5에서 two on 하는데 이외에는 쓸 일이 없겠다. 파4에서 two on은 보통 아이언이나 유틸리티 만으로도 충분한 거리다. 보통 아마추어 골퍼가 5번 우드 하나만이라도 웬만큼 구사한다면 싱글 핸디캐퍼가 되는데 무리가 없다. 충분하다. 7번 우드는 길이도 짧아지고 로프트가 21도 정도로 되어 치기가 더 수월하다. 보통의 경우에 7번 우드 샷 결과가 5번 샷보다 좋은 경우가 많다. 그래서 7번은 heaven이 될 수 있다. 우드는 한 자루면 골프를 즐기기에 충분하다. 삼국지에서 '조자룡 헌 칼 쓰듯' 할 수 있는 우드 한 자루가

백에 있다면? 이를 애지중지 한다면? 싱글로 가는 길의 반은 간 것 같다.

우드 샷은 어렵다. 우선 헤드가 드라이버 보다 작다. 많이 작다. 관용도도 낮다. 티가 없다. 그러나 아직도 샤프트는 무척 길어 공과 거리가 멀어 정타가 쉽지만은 않다. 드라이버가 내려다보는 훼어웨이 세상은 넓고 아름답지만 우드를 기다리는 그린 세상은 그와 반대다. 좁다. 작다. 그린 주변에는 벙커, 러프, 해저드 같은 악당들도 기다리고 있다. 잘 안될 수 있는 여러 조건을 갖추고 있다. 거기에 잔디가 짧거나 훼어웨이가 울퉁불퉁하거나 오르막, 내리막이라면 상황은 더욱 난감해진다. 티도 없다. 이런 상황을 보는 순간, 우드가 적절하지 않은 것을 알아차린다면 훌륭한 아마추어다. 그런데, 심지어 러프에 있는 공을 우드로 쳐서 한 번에 온그린시키려 한다면? 결과는 불문가지(不問可知)다. 그것이 잘 맞았다면, 아마도 운이 좋았을 것이다.

우드 샷은 쓸어친다고 한다. 그런가? 약간 내려오며 쳐야할 것 같은데? 공을 왼쪽에 두어야 한다고도 했다. 그런가? 공을 약간 왼쪽에 두거나 좌우 가운데 두고 정확하게 맞추는 것이 더 좋을 것 같다. 스윙궤도 중 제일 낮은 부분에서(스윙 저점) 공과 훼이스가 만나야 한다. 약간 뒤에 두는 것도 괜찮지만 반대로 멀리 앞쪽에 두는 것은 실패의 첫걸음이다. 공이 왼쪽에 있다면 Ascending

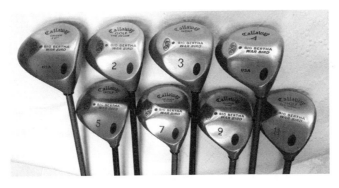

Callaway 사(社)의 Big Bertha War Bird 메탈 우드
1, 2, 3, 4, 5, 7, 9, 11번이 있다.

blow로 만나야 하기 때문이다. 그러려면 이미 뒷땅을 친 헤드가 된다. 티도 없으니 당연히 가운데에 있어야 뒷땅이 없을 것 같다. 앞에 놓고 뒷땅을 안 하려면 스윙 중 과도한 스웨이를 하여야 한다. 잘 치기 불가능한 조건이다. 우드 뒷땅이나 타핑은 나쁜 결과가 된다. '철퍼덕'.

아이언이나 유틸리티는 약간의 뒷땅이나 약간의 타핑은 병가지상사(兵家之常事)이고 어느 정도 결과도 좋은 편이다. 그러나 우드는 그러면 곤란하다. 우드는 그래서 어렵다. 그나마 그 확률을 높이려 한 시도가 shallow face이다. Face를 얇고 길게 하여(shallow) 높고 좁은 deep face보다 앞이나 뒤에 맞을 경우에 접촉 확률, 관용도를 높인 것이다. 클럽 회사 Adams는 Tight Lies라는

Adams 사(社)의 Tight Lies 5번 훼어웨이 우드
훼이스 키가 낮고(shallow face) 앞뒤로 길고 바닥이 둥글다. 이 디자인은 앞이나 뒤에 맞았을 때에 관용도가 조금 좋다.

Ping 사(社)의 3번 19도 하이브리드 클럽
우드보다 짧고 아이언보다 가볍다. 스윙하기에 마음이 편하다.

이름의 shallow face 우드를 세상에 내놓아 많은 이에게 도움을 주고 있다.

우드 샷은 어렵다. 우드 샷을 잘 하면 골프 스윙은 거의 마스터 단계라고 보겠다. 우드 샷에는 골프 클럽 물리가 있다. 바로 lie angle이다. 헤드의 라이 앵글이 그대로 실제 셋업할 때에도 유지되는 것이 좋다. 나의 셋업 자세가, 팔이 길거나 키가 작아서, 스윙 플레인이 낮아서, 우드의 라이 앵글보다 낮아 토우가 들리면 바닥의 저점은 힐 쪽이 되고 여기가 땅과 먼저 닿게 되고 훼이스는 왼쪽을 행하게 된다. 결과는 힐에 흙이 묻으며 철퍼덕하며 왼쪽으로 공이 간다.

나의 셋업이 팔이 짧거나 키가 커서, 스윙 플레인이 가팔라서, 공과 가깝게 서서 힐이 들린다면 바닥의 저점은 토우 쪽이 되고 공은 또한 철퍼덕 거리며 오른쪽을 향한다. 안타깝게도 나 같은 아마추어 우드 샷의 흔한 모습이다. 개선책을 마련해야겠다. 셋업 때 손이 낮아서 토우가 들리고 힐쪽이 땅바닥에 닿는다면 공을 힐쪽에 놓는 것도 방법이다. 힐쪽이 스윗 스팟이 되고 훼이스의 저점이 되는 것이다. 셋업 때 손이 높아서 힐이 들리고 토우가 땅에 닿는다면, 공을 토우 쪽에 놓는다. 토우 쪽 훼이스가 스윗 스팟이 되고 저점이 되도록 하는 것이다. 그러면 공은 정타(正打)가 될 것 같다.

다시 내용을 정리해 본다. 훼어웨이에서 5번 우드, 클릭을 잘 쓰고 싶다면,

가. 공은 좌우 가운데가 좋다. 이것이 거북하면 공 반 개 정도만 왼쪽에 둔다.
나. 셋업 때에 우드의 바닥이 되도록 땅과 넓게 만나게 한다. 내가 셋업할 때 스탠스 앵글이 라이 앵글과 많이 따로 논다면, 그립을 내려 잡든지, 샤프트를 자르든지, 공과 멀리 서든지, 가까이 서든지 하여 되도록 맞춘다. 클럽을 살 때부터 나와 맞는 라이 앵글의 클럽을 구한다.
다. 약간 다운 블로우로 친다.

2. 유틸리티 샷 하기

유틸리티는 우드와 아이언의 두 가지 장점을 모두 소유한 자이다. 우드를 잘 쓰거나 아이언을 잘 쓰는 프로에게는 죽도 밥도 아닌, 별 필요없는 클럽이 되기도 한다. 쓰기에 유용해서 유틸리티 클럽(utility club)이라고 하고 생긴 모양이 우드와 아이언을 섞은 것 같아서 하이브리드(hybrid)라고도 하며 그냥 단순히 생긴 것이 고구마 같아서 고구마라고 부르기도 한다. 실제로 하이브리드 클럽의 시작은 두 가지 방향에서 출발했다. 하나는 아이언의 연장선상에서 아이언 모양을 기초로 조금씩 두툼해진 것이 있다. 다른 한 방향은 우드에서 출발했다. 넓디 넓은 우드 헤드 모양이 조금씩 간결해지며 통통한 고구마 모양이 되고 이것이 자리 잡아 하이브리드 클럽의 정형으로 지금은 정리되었다.

유용하다. 우드가 어려운 사람이 우드와 비슷한 거리에 가주기를 바라면서 쓰는 클럽이다. 우드를 잘 쓰면 이 클럽은 필요치 않다. 롱 아이언을 잘 쓰는 사람 역시 이것이 별로 필요 없다. 로프트는 아이언과 같다. 3번이 19도, 4번이 22도, 5번이 25도이고 6번은 28도다. 이것도 남성의 이야기이고 여성용은 5번이 23도 하는 식으로 약간 로프트 인심이 후하다. 각 회사의 아이언도 마찬가지이지만 로프트라는 것은 각각의 시리즈에서 각도의 차이가 있는 것이지 KS, JS 마크처럼 USGA처럼 범세계적으로 정해진 규격은 아니다.

우드는 어렵다. 롱 아이언도 어렵다. 그래서 이 유틸리티가 그 틈새에 등장한 것이고 대부분의 아마추어에게 유용하다. 우드보다는 샤프트가 짧아서 공이 가깝고 편해지고, 롱 아이언보다는 헤드의 속이 비어서 가볍다. 속이 비어서 가벼운 것 보다 더 중요한 것은 무게 중심이다. 아이언과 달리 헤드 속 아래 뒤 깊은 곳에 무게 중심이 있으니 관성 모멘트(MOI)가 크고 잘 못 맞은(off-center hit) 샷에 관용도가 좋다. 헤드도 커서 잡는 순간 롱 아이언보다 마음이 편안해진다. 공은 가운데에 놓고 스윙 스타일은 약간은 찍어치는 듯, 약간은 쓸어치는 듯 하되 기본은 다운 블로우로 해야 임무를 충실히 수행한다. 대체로 가운데 지향성으로 스윙한다. Ascending blow 하듯 올리면 곤란하다. 샤프트 길이가 우드보다 짧아서 편하고 롱 아이언 보다는 부드럽게 쓸고 나가는 분위기가 있다. 잘 맞으면 보통 140~170 m는 날아가므로 two on을 노리는 경우에 손색이 없는 '조자룡의 헌 칼'이 될 수 있다. 우드와 마찬가지로 이도 여러 자루는 필요 없겠다. 익숙한 한 자루가 좋다.

유틸리티 클럽 쓰는 법을 정리해 본다면,

가. 공을 가운데에 놓는다.
나. 마음을 편안하게 갖는다.
다. 살짝 가볍게 다운 블로우로 친다.

"언제나 유용한 나의 헌 칼은 무엇인가?"

04 아이언 샷 하기

'공 뒤에 서서 공이 떨어질 목적지의 방향과 거리를 마음으로 정한다. 대부분의 경우, 목표는 핀이다. 적절한 번호의 아이언을 받아 든다. 공 옆에서 가볍게 두 번 연습 스윙을 한다. 공 옆에 헤드 훼이스를 정렬시키되 공 오른쪽 적도 바로 뒤에 스퀘어로 둔다. 되도록 훼이스의 라이 앵글과 나의 스탠스 앵글이 일치하면 좋다. 익숙하게 그립을 잡는다. 샤프트와 왼팔은 약간 핸드 휘스트이며 이는 y 모양이 된다. 내 등은 굽지 않고 똑바로 펴져 있다. 두 발 끝을 훼이스와 맞게 타겟 방향과 평행하게 자리잡는다.

잠시 웨글을 해 본다. 숨을 한 번 천천히 쉬고 마음이 안정되면 숨을 잠시 가다듬고 백 스윙을 천천히 시작한다. 스윙 궤도는 부채춤 공연처럼 하되 백 스윙 회전 평면은 깔끔하다. 백 스윙 탑에서 잠시 편안히 머무른다. 머무르는 시간에 두 팔은 이등변 삼각형을 이룬다. 정삼각형도 이등변 삼각형이다. 목표를 잠시 바라본 뒤 다운스윙을 시작한다. 왼발, 왼다리, 왼쪽 엉덩이가 주축이 되어 하향을 시작한다. 두 팔은 자연스럽게 클럽을 갖고 내려 온다. 스퀘어로 공을 맞춘다. 머리는 여전히 제 자리를 지킨다. 머리는 공 뒤에 있다. 이것은 항상 중요하다. 공은 자리를 떠나고 나는 휘니쉬 자세를 한다. 상체와 배꼽은 타겟을 향하고 있다. "nice on", 소리를 듣고 가볍게 미소를 띄운다.'

아이언 샷은 골프에서 중요한 샷이다. 아이언 샷하는 모습을 잘 관찰하면, 그의 스윙 메카니즘이 어떤 스타일인지, 얼마나 훌륭하게 클럽을 컨트롤하는지, 스코어가 어느 정도 될지 짐작할 수도 있다. 사실, 골프백에서 그 사람의 아이언 셋 구성만 보아도, 훼이스 어디에 공 맞은 자국이 있는지 보기만 하여도 스코어는 짐작이 된다. 아이언은 3번부터 9번까지로 구성되며 헤드는 쇠로 만들어져 있다. 보통 3-4번을 롱 아이언, 5-7번을 미들 아이언, 8-9번을 숏 아이언이라 부른다. 롱 아이언에서 숏 아이언으로 갈수록 번호당 3~4도씩 로프트가 커진다. 7번은 보통 30~35도이다. 라이 앵글은 0.7도씩 커서 서게 되고(클럽과 내가 가까워 지고), 샤프트 길이는 0.5인치씩 짧아지고, 헤드는 커지며 헤드의 키도 높아지고 헤드도 클럽도 무거워진다. 비거리는 줄어든다. 달리 말하면, 헤드가 눈에서 가까워지고 커지고 마음이 편해진다.

반대로, 롱 아이언으로 갈수록, 셋업 때는 점점 약간씩 왼쪽으로 공을 놓아야 하고, 스윙은 웨지의 찍어 치기에서 우드의 쓸어 치기에 가까운 스윙으로 변해 간다. 그러지 않아도 롱 아이언은 어려운데 노안(老眼)까지 오면 더 어려워진다. 아마추어에게 중요한 것은 롱 아이언으로 갈수록 클럽과 공이 두려움의 대상, 자신감 결여의 대상이 되고 자연스럽게 나쁜 결과로 이어질 가능성이 있다. 당연한 이치이다. 9번과 3번 아이언을 들고 헤드를 비교해서 관찰하면 자연스레 이해할 수 있다. 그래서, 보통의 아마추어라면 적어도 롱 아이언은 처음부터 사지도 말고 무겁게 들고 다니지 않는 것이 좋겠다고 생각한다. 유틸리티나 우드가 그 역할을 충분히 대신할 수 있다. 5번 아이언 역시도 모두에게 필요한, 유용한 것은 아닐 수도 있다. 잘 맞은 6번이나 7번 아이언이 결과 면에서 5번보다 나은 경우를 많이 겪어본다.

1. 훼어웨이에서 아이언 샷 하기

아마추어가 아이언은 언제 칠까? par 3 홀 네 번 중에 티샷으로 두 번 정도 치겠다. par 5에서 훼어웨이 샷으로 한 번이나 잘 해야 두 번 칠 수 있겠다. par 4 홀에서 훼어웨이에서 한 번 이하로 쓴다. Par 3와 par 5 홀이 네 번씩, 그리고 par 4 홀이 열 번, 모두 더해보면 한 라운드에 보통 아마추어는 스무 번 쓰기 쉽지 않다. 물론 싱글 플레이어는 우드나 유틸리티를 별로 쓰지 않기에 아이언 플레이가 많은 편이다. 싱글들은 아이언을 애지중지한다. 아마추어에게 대여서일곱 자루나 되는 무겁고 많은 클럽 치고는 아이언은 사용 빈도가 떨어진다. 한 번도 쓰지 않고 귀가하는 아이언 클럽도 있게 마련이다. 따라서 좀 더 효율적으로 정확히 쓴다면 보람이 더 있고 즐거울 듯하다. 이는 현실적인 얘기다. 우리는 아이언 한 클럽마다 10 m씩 거리 간극을 예측하고 사용한다. 실제 결과는, 그렇지 못한 경우가 많다. 거리는 잊고 직진만 하여도 성공인 편이 많다.

조자룡 헌 칼 쓰듯 잘 쓰는, 자신 있는 아이언으로 서너 자루를 알차게 갖고 다니면 좋겠다는 생각을 해본다. 골프 클럽 열네 자루를 백에 모두 갖고 다니면 무겁다. 잘 치지도 못하면서 매번 캐디에게 거리 물어보는 것도 민망할 때가 있다. 홀수나 짝수 번 아이언으로 무장하는 방법도 그 중 하나다. 가짓수가 적을수록 좀 더 다루기 익숙하다. 다른 방법은 브라이슨 디쉠보(Bryson De-Chambeau)가 제안하고 실천하는 single length iron set다. 아이언 모두가 길이, 무게, 라이 앵글, 헤드 크기가 같으므로 셋업이 같아져서 로프트 차이만으로 거리 차이를 즐길 수 있다. 이 클럽 셋은 샷의 재현(再現)성, 일관성이 높다. 에러가 적다. 스마트한 아이디어다. 해 보았다. 좋다. 그는 이걸로 PGA에서 우승도 하였다.

아이언 샷 하는 방법은 무엇일까? 7번을 기준으로 하면, 셋업 장에서 알았듯이, 공을 가운데 두고 공의 오른쪽 적도 바로 밑을 겨냥한 뒤, 정확한 백스윙 궤도로 올라간 뒤, 탑에서 잠시 쉬며 안정을 찾은 뒤, 올라간 궤도를 그대로 내려와서, 인사이드−스퀘어−인사이드 궤도로 겨냥한 공의 적도 아래를 맞힌 뒤, 디봇을 직진으로 만들고 휘니쉬한다. 그렇다. 공은 잘 날아간다. Good job! 온 그린하였다.

찍어칠까? 쓸어칠까? 찍어쳐야 백스핀도 먹어서 그린 위에 잘 멈춘다고 한다. '잔디'편을 보면 알겠지만, 양 잔디는 찍어 치기 좋은 잔디다. 반면 조이시아(조선) 잔디는 질겨서 찍어치기에는 무리가 있고 쓸어 치는 것이 좋다고도 한다. 그러나 가을이 되면 그나마 조이시아 잔디는 풀도 마르고 사라져서 편하게 치기가 어렵다. 나름대로 치는 방법이 모두 있겠지만 잔디가 적을 때, 땅이 딱딱할 때 찍어 치기는 정확성도 떨어질 뿐 아니라 손목, 팔꿈치 부상(golfer's elbow) 가능성이 있으므로 조심할 필요가 있다. 유틸리티나 우드가 대안이 될 수 있고, 아이언으로도 쓸어 치기를 할 수 있는 능력도 필요하다.

2. Par 3에서 아이언 티샷 하기

여기서 반드시 할 일! 티를 사용한다. 티의 도움은 드라이버 샷에서도 알겠지만, 뒷땅이나 타핑하는 에러를 줄여준다. 같은 말의 다른 표현일 수도 있겠으나, 공이 잘 뜬다. 다음은 선수의 부상이다. 미국 잔디처럼 푹신하면 티가 필요 없다. 단단한 흙이나 심지어 플라스틱 매트 위에서라도 쳐야 하는 안타까운 우리 현실에서는 티가 나를 지켜주는 보약이다. 특히, 뒷땅에서 오는 팔꿈치 부상은 심각할 수 있다. 피하는 것이 좋다. 언제부터인가 알게 모르게 골프장에 나타나지 않는 아마추어 친구 중에는 팔꿈치, 척추, 무릎 부상을 입은 경우가 더러 있다. 팔꿈치 부상의 큰 원인이 아이언 샷이다. 물론 골프장보다 연습장 매트나 스크린 골프장 매트가 더 심각하지만. Par 3에서 하는 아이언 티샷은 짧은 티에 올려 놓고 훼어웨이에서와 동일하게 부드럽게 스윙하면 아마추어에게는 최선이다.

아이언 잘 치는 아마추어는 Mizuno나 Titleist 아이언을 좋아한다. 특히, steel 샤프트로 만들어진 아이언을 좋아한다. 이 아이언은 좋은 쇠, 좋은 샤프트로 만든 좋은 클럽이다. 단조이기 때문에 제작 과정에 특별한 조작을 가하기 어려워 대개 muscle back형태로 간결한 모양이다. 이런 클럽은, 잘 쓰는 골퍼

cavity back 구조 주조 아이언과
muscle back 구조의 단조 아이언 헤드 단면
주조는 무게가 분산되고 무게 중심이
아래 뒤로 빠져서 MOI가 크다.
잘 뜨고 융통성이 좋다.
단조는 '손맛(controllable)'이 있다.

에게는 아주 좋은 장비이자 무기다. 하지만 일반 아마추어에게 도움이 되는 클럽이기는 어렵다. 단조로 만든 헤드, 쇠로된 샤프트는 무겁고 딱딱하다. 직진성이 좋다. 힘이 좋고 컨트롤 잘 하는 주인에게는 견마지로를(犬馬之勞) 바친다. 보통의 아마추어에게도 충성을 다할 까는 의문이다. 더 가볍고 부드러운 그래화이트(카본) 샤프트가 몸에 좋다.

주조(cast) 헤드는 질이 떨어지는 쇠는 아니다. 역시 좋은 쇠이며 단지 가공 방법이 다른 것이다. 오히려, 온갖 첨단 과학과 기술이 예술과 접목되어 만들어지는 클럽이 주조 헤드다. 단조 아이언에서 흔히 회자(膾炙)되는, 손끝에 '짝짝' 들어오는 손맛은 보통 아마추어가 맛보기는 그리 쉽지 않다. 오히려 잘 맞은 주조 헤드 아이언의 cavity 구조에서 느끼기 쉽다. 주조 헤드, 그래화이트 샤프트같은 가벼운 아이언이 진정 예술품이고 아마추어에게 건강식이다. 주조 캐비티 헤드에는 관성 모멘트(MOI)를 크게 하고 스윗 에어리어(sweet area)를 넓게 하고 잘 뜨게 하는 골프 과학이 들어 있다. 클럽이 가볍고 낭창해서 몸 충격을 분산시키기도 하는 건강식이다. 헤드가 커서 눈에 편히 들어 오는, 눈 서비스도 좋다. 디자인과 색이 가미되기도 한다. 당연히, 보통 아마추어에게는 편하고도 멋진 클럽이 된다. 잘 뜬다. 멋지게 날아간다. 가끔은, 그의 부인이 쓰는 여성용 클럽을 잘 구사하는 아마추어 인사도 만나게 된다. 탁월한 선택!

"파3 티샷에는 티를 꽂는다"

05 어프로치 샷 하기

'그린까지, 핀까지 얼마가 남았는지 알아본다. 내 공이 있는 이 곳의 라이/ 자리에서는 어떤 클럽을 쓰는 것이 좋은지 판단한다. 피칭 샷을 할지 치핑을 할지 칩펏을 할지 마음을 정한다. 로브 샷은 나 같은 아마추어랑은 관계없다고 생각한다. 공이 날아서 착지할 곳까지의 거리를 확인하고 착지한 뒤 달려갈 거리도 생각해 본다. 적절한 클럽을 정했으면 적절한 백스윙 폭도 정해본다. 연습 스윙을 두 번 가볍게 한다. 공은 적절하게 약간 오른쪽에 둔다. 공 적도 뒤에 헤드 훼이스를 스퀘어로 셋업한다. 두 발을 정렬한다. 잠시 숨을 고른 뒤 적절한 각도만큼 백스윙을 한다. 웨지 헤드가 무거움을 느끼면서 잠시 탑에서 쉰다. 부드럽게 내려와서 스퀘어로 임팩트한다. 내 머리는 제 자리를 지킨다. 휘니쉬를 하면서 자랑스럽게 공을 바라본다. 친구들의 "nice on" 소리에 미소를 짓는다.'

어프로치, 그린사이드 벙커 샷, 퍼팅 등 거리가 짧은 샷을 short game이라 한다. 골프 게임에서 중요하다고 한다. '드라이버는 쇼이고 숏게임과 퍼팅은 돈이다'고 말하는 것을 보면 그런 것 같다. 스코어의 비중이 높다고도 하고, 연륜이 쌓일수록 실력이 느는 분야라고도 한다. 그렇다. 중요하다. 그리고 점점 시간이 갈수록 재미가 있다.

말 그대로 approach는 접근이다. 그린으로 접근한다. 아니, 그린이 아니라 핀에 접근하는 것이 목표가 되어야 한다. 샷은 대체로 백스윙 길이가 짧을수록, 스윙속도가 느릴수록 실수가 적어서 안정적이다. 공은 떠서 날아가는 것보다 구르는 것이 안정적이다. 그래서 그린 밖에서라도 굴릴(running) 수 있다면 퍼터로 굴리고, 아이언으로 굴려도 좋고, 그것이 안되면 약간 띄우고 많이 굴리고(chipping), 그것도 안되면 띄워서(pitching) 공략하는 것이다. Texas wedge가 '퍼터로 어프로치한다'는 뜻인 것은 재미있는 표현이다. 가능하다면 어프로치는 Texas wedge가 최고라고 생각한다. 그런 경험들이 많은 것 같다. 어프로치 샷은 putting > chipping > pitching 순으로 결과가 좋다.

핀에 가까이 가는 방법은 세 가지 정도가 있다.

1. Pitch shot

45도 Pitching wedge를 제대로 스윙하여 구사하는 샷이다. 9i, PW, AW, SW 등을 써서 비교적 멀리 날고 그린에 착지하여 약간만 굴러서 핀을 향한다. 50~100 m 거리에서 즐길 수 있다. 보통 Full swing을 구사하는 것이고 다른 아이언과 마찬가지로 공의 약간 아래 부분을 맞춘다. Chip shot은 적도에 맞추고 피칭은 공의 아랫부분에 찍어서 맞춘다. 보통 아이언 샷과 같다. 다만, 7i 와 다른 것은 천천히 여유있게 스윙한다는 점이다. 흔히 즐기는 접근법이다.

어프로치 샷을 할 때, 거리를 맞추는 방법은 두 가지가 있다. 자신 있는, 즐겨 쓰는 한 가지 클럽(PW나 AW나 SW)으로 스윙 폭(full swing, half swing, 1/3 swing)을 조절하여 하는 법, 아니면 속도를 조절하여 거리를 결정하는 법이 있고, 좀 더 무난한 방법으로는, 각 wedge의 '로프트'를 믿고 적절한 wedge 를 골라서 full swing 하는 방법이다. PW는 90~110 m, AW는 70~90 m, SW는 50~60 m 이런 식이다. 크게는 그러나, 아무래도 30 m 이내 짧은 거리는 섬세한 chip shot, 스윙 폭의 변화로 조절하는 지혜가 필요하다. 물론, 대체로 한 번에 공이 그린에 올라가주기만 하여도 기쁠 때가 많다.

2. Chip shot

짧은 거리를 낮게 날아가서 그린에 착륙한 뒤, 좀 더 길게 핀 방향으로 굴러간다. 그린 주변에서 구사한다. 어프로치 샷의 전형이다. SW, AW, PW, 9i 등으로 구사할 수 있겠다. 흔히 접하는 상황이며 방법이다. 공을 좀 더 오른쪽에 두고 hand first로 셋업한다. 부드럽게 몸통 스윙하면서 공의 적도 살짝 아래를 맞춘다. 아니면, 몸통은 가만히 있고 두 팔이 부드럽게 스윙하는 방법도 있다. 둘 중 어느 하나라도 마음 편하게 잘 하면 훌륭하다. 공 밑의 잔디가 많을수록 마음도 편안하고 휘니쉬가 부드럽게 되어 성공하기 쉽다. 이 칩샷을 잘하면 골프치는 재미가 솔솔하다.

칩샷 중에 Bump and run이라는 방법이 있다. 내 재주로는 도저히 날아서 그린에 착지한 뒤 굴러서 바로 멈추게 할 수 없을 때에 한다. 경우에 따라서는 로프트를 낮춰, 각도를 낮춰 치든지 로프트가 낮은 클럽을 쓰든지, 그린 직전의 언덕 부분에 충돌시키고(bump) 다음은 살짝 달려서(run) 그린으로 핀으로 찾아가는 방법이다. 기본 자세는 일반 칩샷과 같다. 착륙 지점이 그린 밖이라는 점이 다르다. Chip shot의 한 방법으로 chip putt이라는 샷이 있다. 그린 주변 잔디를 짧게 깎았거나 뜨거운 날, 비 온 뒷날 관리 부실로 잔디가 거의 없어서 칩샷 하기 어려운 상황을 lie가 tight하다고(tight lie, thin lie) 한다. 누구에게나 어려운 순간이다. 심리적으로도 어렵고 실제로 제대로 맞더라도 휘니쉬에 어려움을 겪을 수 있고 약간 방향이 틀어질 수도 있다. 뒷땅은 물론이고 thin shot도 흔하다. 천천히 심호흡을 한 번하고 샷을 해야겠다. 대안으로는, 퍼터(texas wedge)를 사용하는 방법이 있겠고 아이언이나 유틸리티도 써볼만 하다. 꽤 결과가 좋다.

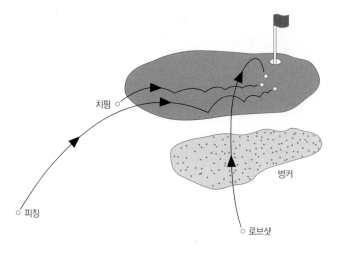

벙커

피칭

로브샷

어프로치 샷의 여러 모습

3. Lob shot, flop shot

Lob wedge로(58~62도) 구사하는 샷이다. 10~50 m 정도 가까운 곳에서 거의 수직으로 이륙하여 그린 가운데에 수직 낙하하고 바로 서는 기술이다. 런이 별로 없어야 한다. 공과 그린 사이에 벙커 같은 장애물이 있을 때 구사하며 신기에 가까운 기술이다. 보통 아마추어가 하기에는 무리스럽다. 이 상황이 되기 전에 장애물을 미리 돌아서 홀을 향하는 지혜가 필요하다. Phil Mickelson은 LW를 쓰는 샷뿐 아니라 이 보다 더한 extreme wedge도 잘 구사한다. 그의 로브샷 동영상은 볼 만하다. 앞에 사람이 서있고 그 사람을 공이 넘어간다. Amazing Phil! 그의 동영상은 감탄사로만 즐기고 보통 아마추어는 chip shot에 공을 들여야겠다.

4. Chip putt

chip shot을 해야하는 그린 주변에서, chip shot을 아직 완숙하게 하지 못하거나, 포대 그린이어서 뒷땅 우려가 높거나, 잔디가 많지 않고 모래가 많은 경우처럼 불안한 경우에 시도해 볼 수 있는 방법이 chip putt 이다. 모양은 칩 샷이고 근본은 퍼팅식으로 한다. 익숙하게 잘 하면 어려운 순간에 보석과 같은 샷이다. chip putt은 이렇게 한다. 거리에 맞추어서 아이언 한 자루를 고른다. 공은 좌우 가운데나 약간 오른쪽에 그리고 퍼팅할 것처럼 가까이 다가간다. 공 위치에 맞추어서 퍼팅 스트로크를 할 수 있게 샤프트를 더 세워서 스탠스 앵글을 높인다. 샤프트를 세웠으므로 자연스럽게 그립은 내려잡게 되고 헤드의 힐은 들린다. 스윗 스팟에 공을 셋업하는 것이 이상적이나, 힐이 들려 있으므로 토우가 땅을 긁을 염려가 있으므로 공은 약간 토우 쪽에 놓으면 안전하다. 단단히 잡아야 한다. 그리고 마지막, 부드럽게 퍼팅하듯 스트로크 한다.

chip putt이란 이름에서 chip은 형용사이고, 궁극은 명사인 putt이다. 치핑하듯 하는 퍼팅이랄까? 웨지로 하는 퍼팅이랄까? 여기서, 중요한 것은 스윙이 퍼팅 스트로크라는 것이다. 불안전한 칩샷 대신에 선택한 안전 샷이어야 하므로 부드럽게 그리고 익숙한 퍼팅 스트로크를 한다. 힘이나 속도로 거리를 결정하는 것이 아니라 클럽을 바꿔가며 맞춘다. 예를 들어, 샌드웨지로 하면 5 m 갈 수 있고, 9번은 10 m, 그리고 7번 아이언은 20 m 하는 식이다. 자신의 스윙 속도에 맞춰서 클럽을 바꾸면 거리를 결정할 수 있다. 꽤 안정감 있는 샷이므로 칩샷이 불안할 때 그린 주변에서 시도를 하면 만족스러운 경우가 많다. 특히, 5~10 m 거리의 fringe에서 하면 진국이다. 동시에 칩샷도 꾸준히 연마하여 완숙해지도록 노력하여 궁극에는 칩샷 위주로 해야할 것이고 이 칩펏은 위기 상황에 쓰면 빛이 난다.

chipper라는 클럽이 있다. 웨지로 하는 치핑에 자신이 없을 때 쓰는 클럽이다. 스윙은 퍼팅 스트로크를 하고 헤드는 웨지 형태가 된다. 이를 써 봤으면 이해하기 쉬운 게 칩펏이다. 칩펏을 하면, 이렇게 무겁고 특이한 chipper를 가방에 넣고 다니지 않아도 되고, 거리를 클럽 별로 다양하게 조절할 수 있으며, 혹시 모를 주변의 반칙이라는 눈총(?)으로 부터도 자유로와질 수 있다.

chip putt의 셋업
샤프트를 퍼팅할 때처럼 세우고 힐은 들고 공은 약간 토우에 가깝게 셋업한 뒤 부드럽게 퍼팅한다.

"Chip putt 기술도 익혀 본다"

06 샌드벙커 샷 하기

'그린과 그린 주변을 서성이며 벙커로부터 가야 할 거리와 높이를 알아본다. 모래로 들어가서 공이 갈 방향을 생각해보고 마음속에 방향 표시를 한다. 두 번 연습 스윙을 한다. 모래를 건드리지는 않는다. 적절히 그립을 다시 잡는다. 공 뒤 5 cm 지점에 들어갈 각오로 겨냥한다. 두 발로 모랫바닥을 약간 다진다. 훼이스를 약간 오픈하며 공 위에서 가볍게 hovering 한다. 평소 연습한대로 적절한 백스윙을 한다. 탑에서 잠시 쉰 뒤 겨냥한 곳을 바라본다. Nice and slow 템포로 부드럽게 다운 스윙하여 모래로 들어간다. 머리는 꿋꿋하게 제 자리를 지킨다. 모래가 떠지고 공이 올라간다. 멋진 자세로 휘니쉬를 마무리한다. 이윽고 들려오는 소리, "nice out, nice on, back spin도 멋있어요." 흐뭇한 미소를 띄운다. 고무래를 찾은 뒤 기쁜 마음으로 모래 위 흔적을 지운다. 기마민족은 머물렀던 흔적을 남기지 않는다.'

1. 그린 사이드 벙커 샷 하기

그린 사이드 벙커 샷의 목표는 '탈출'이다. 멋진 샷이 아니다. 그린 바로 옆에 있기 때문에 탈출을 하면 온그린까지 이어진다. 그린사이드 벙커 샷은 어렵다. 탈출이 어렵고 온그린이 어렵다 보니 그 전에 훼어웨이에서 세컨드 샷을 할 때부터도 이 벙커에 안 들어가고자 하는 회피기동을 하기도 한다. 해야 한다. 그린사이드 벙커 샷 법을 생각한다. 로프트 56도(54, 58도도 있음) 정도, 바운스 앵글 12도 정도, 아이언 가운데 제일 특이하고 제일 무거운 샌드 웨지를 사용한다. 이 클럽은 바운스가 있다. 바운스로 탈출하는 샷이다. 바운스(bounce)는 말 그대로, '튀어 오른다'는 뜻이고 다른 클럽헤드와 달리 leading edge가 모래 속을 파 들어가지 않고 모래를 약간 퍼서 나올 바닥의(sole) 뒷 부분, 낮은 부분이다.

셋업할 때, 공은 약간 왼쪽에 두며 face는 연다. face를 열면 로프트가 높아지고 바운스가 제 역할을 하게 되어 모래를 잘 퍼올린다. 받쳐주는 모래에 얹혀서 공이 따라 올라온다. 몸은 약간 왼쪽으로 오픈하며 무게 중심은 왼쪽에 좀 더 싣는다. 두 발로 땅을 다져서 흔들리지 않게 고정시킨다. 엉덩이는 약간, 손과 함께 무게중심을 낮추면 더욱 좋다. 모래를 건드리는 연습 스윙은 규정 상 할 수 없다. 모래를 살짝 건드리기만 해도 안 된다고 했다. 그런 이유로 몇 년 전에 Lexi Thompson이 거의 다 된 우승을 놓친 사연도 있다. 벙커에서 모래를 직접 치는 연습 스윙을 아마추어가 할 수 있다면 벙커 샷 실수가 줄어들 것 같다. 이것이 안되어서 아쉽다. 공 뒤 2~5 cm을(1~2 inch) 겨냥한다. 백스윙 탑에서, 훼이스가 나를 향하는지 확인을 했으면 다운 스윙을 시작하여 겨냥했던 곳에 정확히 입사(入沙)한다. 여기까지 이루어지면, 거의 완성. 상당수 실패의 원인은 입사위치가 틀린 것이고 그 흔한 원인은, 몸이 앞으로 스웨이하여 입사점을 놓치는 것이다. 그래서 스윙 과정에 머리를, 몸을 고정해야 한다. 이 샷은 골프장에서 유일하게 클럽이 공을 직접치기 않는 샷이다. 뒷땅을 치는 샷이다. 그래야 잘한 샷이다. 헤드가 모래를 치고 모래가 공을 뜬다. 나머지 샷은, 드라이버 샷부터 홀 앞 퍼팅까지, 클럽 헤드로 공의 적도 아래를 직접 맞춘다. 머리가, 몸이 고정된 상태에서 원하는 자리로 리딩 엣지가 들어갔다. 짝짝짝. 훌륭합니다. 이제 마지막 과정, 아주 간단한 과정 휘니쉬다. 머리 고정하여 안정되게 휘니쉬까지 이어진다면 아주 좋은 자리에, 핀 옆에 멋진 백스핀과 함께 공이 멈춰 서 있을 것이다. 모래알의 백스핀까지 추가되기에 공의 백스핀이 예상 외로 많이 먹는다. 어떤 책이나 코치는 공을 오른발 쪽에 놓고 샷을 하라고 가르치기도 한다. 좋아하는 대로 하면 되겠다. 나머지는 위 설명과 동일하다. 이 방법 역시, 공 뒤로 입사 위치만 정확하고 휘니쉬가 바로 된다면 훌륭한 벙커 탈출이 이루어진다. 또 어떤 이는 일부러 뒷땅치는 듯한 샷을 하면 된다고도 한다. 역시 좋은 방법이다. 공통된 의견은 하나다. 1~2인치 공 뒤로 입사해서 모래를 떠 올리라는 것. 스윙 중에 머리는 고정하는 것.

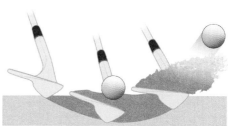

바운스 앵글의 역할
바운스 덕에 헤드가 모래 깊이 박히지 않는다.

벙커 샷이 잘 된다면, 다음은 한 단계 더 나아가서 비거리 조절도 시도해봐야겠다.

1) 똑 같은 곳에 일정하게 입사하되 스윙 스피드를 빠르고 느리게 하여 조절하는 방법이 있다.

2) 그린 뒤의 입사 포인트를 공에게 좀 더 가깝게 하면 공이 멀리 가고 좀 더 멀게 하면 공이 짧게 날아간다. 이것은 어렵다.

3) 긴 거리가 남았다면, 스윙은 똑같이 하되 클럽을 AW로 바꾸는 방법도 있다.

2019년 The OPEN 첫 날 Tiger Woods는 첫 홀에서 벙커에 빠졌고 30 m 이상 핀에서 멀었다. 그는 SW가 아니라 PW로 멋진 벙커 샷을 구사한 뒤 바로 홀에 넣어 파를 하였다. 짝짝짝. 역시 타이거! 여기서 드는 단상(斷想). PW는 바운스가 없는데 어째서 모래 속으로 파고들어가지 않고 살짝 모래와 공을 떠서 멀리 정확히 보냈을까? 지금까지 설명한 바운스각 이론이 맞는 것일까? 하는 의문이 들었다. 결국, 바운스가 없는 PW라도 스윙 궤도가 적절하면 파고들어가지 않는다는 것이고 SW라도 스윙궤도가 어긋나면 모래에 파고들어갈 수밖에 없다는 생각이 든다.

결국은 스윙 궤도다. 40~60 m 남은 거리의 벙커 샷은 어떻게 하는가? Tiger Woods처럼 똑 같은 벙커 샷 스윙을 하되 클럽을 PW나 9i로 하는 방법이 있고 다른 하나는 샌드 웨지로 피칭 샷을 하는 방법이다. 공은 벙커에 있지만 모래를 쳐서 공을 떠올리는 것이 아니라, 훼어웨이에서 60~70 m 피칭 샷을 하듯, 모래 위에 발을 단단히 고정시킨 뒤, 모래 위 공의 적도 아래를 직접 맞춰서 피칭 샷을 하는 것이다. 이 방법은 비 온 뒤 단단한 모래에 공이 서 있을 때에도 유용하다.

특이한 경우인, 달걀 후라이(egg fry)는 공이 깊이 묻혀있는 것이므로 좀 더 세게, 공 뒤에 가깝게 비교적 급한 각도로 쳐야 한다. 헤드를 오픈하지 않고 스퀘어로 하여 리딩 엣지로 직접 입사한다. 모래가 많아서 백스핀이 없이 좀 더 많이 굴러가는 경향이 있다. 어려운 샷이지만 잘 되면 기분이 좋다.

사실, 비거리 조절은 고사하고 일관되게 5~10 m를 날아서 그린에 올라만 가준다면, 그것만으로도 나의 샌드 웨지는 오늘 할 일을 잘 하였고 나는 나를 칭찬할 만 하다. 마음은 감지덕지(感之德之)다. 나의 샌드 웨지를 믿어 보자. 어떻게 보면, 샌드 벙커에서 탈출하는 내 모습에서 나의 모든 골프 스윙의 셋업, 멘탈, 스윙 궤도를 확인할 수 있다. 내 스윙의 모든 모습이다. 벙커 샷이 잘 끝났으면 나에게 칭찬을 해 주고, 내 뒤에서 다시 여기를 탈출할 누군가를 위하여 모래를 정리하고 나온다. 벙커에서 한 번에 나왔을 때의 기쁨, 희(喜). 벙커에서 두 번 쳤는데도 여전히 거기에 머물러 있을 때의 괴로움, 고(苦) 그리고 화(火). 그래서 얻은 결론. 단단히 잡고 리듬있게 부드럽게 그리고 일관되게 스윙한다. 그리하면 벙커가 낙원(樂園)이 될지도.

2. 단단한 또는 젖은 벙커 샷

젖은 모래, 단단한 모래에는 샌드 웨지 헤드가 모래 속으로 가볍고 부드럽게 들어가기 어렵다. 단단한 모래이다 보니 공은 대체로 숨지 않고 자랑스럽게 모래 위에 전신(全身)을 드러내고 서 있다. 평소 벙커 샷처럼 훼이스를 열면 모래에 들어가야 할 바운스가 단단한 모래에 막히고 대신 칼날 같은 리딩 엣지가 위풍당당하게 서 있는 공을 직접 때리기 쉽다. 이것이 풀 위에서 하는 칩샷이라면 훌륭한 결과가 될 텐데 벙커에서 헤드 날로 공을 직접 때리게 되므로 낭패가 된다. 그린을 훌쩍 넘어 날아가는 칩샷, 홈런이 되기 십상이다. 그러니 이런 경우에 훼이스가 단단한 모래에 들어가도록 노력해야 한다. 무게중심을 왼쪽 앞으로 하여 좀 더 급한 각도로 입사하고 훼이스를 여는 대신 스퀘어로 하여 셋업 때 리딩 엣지의 지면 높이를 낮게 한다. 공 뒤 1인치 정도로 가깝게 헤드가 모래에 들어가야겠다. 그 섬세한 정확성을 위하여 백스윙을 짧게 하면 좋다. 헤드가 닫힌 덕에 런이 많으므로 부드럽고 그리고 느리게 스윙하면 좋겠다. "굿 잡, 나이스 탈출."

또 다른 방법은, 진정한 칩샷을 모래 위에서 하는 것이다. 발을 모으고 가운데에 있는 공을 스퀘어로 어드레스한 뒤 가볍게 공에 가깝게 모래 뒤를 칠 수 있겠다. 공 바로 뒤 모래를 칠 수도 있고 칩샷처럼 가볍게 공을 직접 칠 수도 있다. 단단한 모래에서 하는 가벼운 칩샷이다. 스퀘어로 셋업을 했기에 리딩 엣지가 공보다 낮게 맞추게 된다.

3. 훼어웨이 벙커 샷

훼어웨이 벙커 샷의 목표는 탈출이 아니라 전진(前進)이다. 앞으로 나아간다. 그 다음 샷을 하기 좋은 곳으로 되도록 멀리 보내는 것이 목표다. 훼어웨이 벙커에 공이 들어가면 속이 상한다. 티샷을 웬만큼 잘 해서 OB가 나지도 않았고 남들처럼 충분히 멀리 날아갔는데 막상 공을 찾고 보니 벙커 속에 있다. 알고 보면, 골프장 설계자의 장난기에 걸려든 것이다. 플레이가 심심할까 보아서, 충분히 잘 친 티샷인데, 바로 거기에다가 살짝 오묘하게 벙커를 만들어서 긴장을 더해 준 장난기의 발동이다. 티샷할 때 주의했으면 좋았을 뻔했다. 티샷 방향을 바꾸든지, 우드나 유틸리티로 거리가 못 미치게 줄이든지 했으면 좋았을 것이다.

어쩌나, 이미 공이 빠져 버린 걸. 속은 상한다. 동반자의 다른 공들은 훼어웨이에 잘도 있구면. 내 공만 어째서. 자 이젠 받아들이고 다음 샷을 준비한다. 훼어웨이 벙커는 탈출이 아니라 앞으로 되도록 멀리 날아가야 한다. 위치가 유난히 구석이거나 출구쪽 턱밑이라면 그린사이드 벙커 샷처럼 안전하게 탈출하는데에 집중한다. 그렇지 않고 턱 높이가 문제가 되지 않고 달걀 후라이도 아니라면 스윙은 일반 샷과 같다. 다만 다른 것은, 공을 치고 모래는 치지 않는 것이다. 그린 사이드 벙커 샷은 뒷땅 샷이지만 이것은 직접 샷이다. 일반 훼어웨이 샷과 비교하면 디봇 없는 샷을 치는 것이다. 공만 쓸어친다. 그러려면, 모래땅이 물러서 내가 흔들릴 수 있으므로 발을 다져서 안정시킨다. 그만큼 땅 속으로 내가 내려갔으니 샤프트도 짧게 잡아서 상대적으로 높아진 공과 키를 맞춘다. 샤프트가 짧아졌으니 더 긴 클럽으로 비거리를 맞춘다. 자신의 스윙궤도에서 헤드가 제일 낮은 곳을 통과할 때 공이 맞도록 공 위치를 설정한다. 보통은 가운데를 선택하나 약간 오른쪽에 두는 것도 좋다. 공을 먼저 맞춘다. 모래를 적게 떠낼수록 성공한다. 그래도 적도 아래를 맞춰야 공은 솟아오른다.

우드도 유틸리티도 아이언도 거리에 따라 모두 쓸 수가 있다. 이 샷이 잘 날아가면 기분이 좋다. 어려운 샷이다. 공을 먼저, 아니 공만 친다. 발 밑이 모래여서 흔들리므로 스윙 폭이 작을수록 흔들림이 적다. 일반 세컨 샷과 달리, 남보다 뒤쳐졌으므로, 더 잘 쳐서 보상을 해야 한다는 심리적 부담이 작용하지 않도록 가볍게 부드럽게 심호흡을 한다. 어차피 이 순간은 잘해야 Bogie일 것이라고 자신에게 말해준다. "괜찮네, 긴장을 푸시게, 천천히 가세나."

4. 디봇 자리에서 샷 하기

훼어웨이에서 디봇자리에 빠진 내 공을 보면 안타까움과 억울함이 교차할 수 있겠다. 티샷을 잘 했는데, 우째 이런 일이. 모래로 수리해 놓은 디봇 자리라면 비교적 OK. Mini 벙커 샷이라 할 수도 있겠다. 훼어웨이 벙커에서 샷 하기를 하면 되겠다. 한 편, 정리가 안된 채 잔디는 없고 흙만 남아있는 곳에 공이 빠져 있다. 공의 높이는 낮다. 우째 이렇게 무심히 파 놓고 그냥 갔을까? 야속한 앞 사람이여. 이럴 때는, 공이 평지보다 낮으므로 오른쪽에 공을 두고 한둘 긴 클럽으로 몸을 약간 숙이고 훼이스를 닫으며 부드럽게 친다.

땅이 안 좋고 자신도 없고 부상의 위험마저 느낀다면, 이 공은 치지 않는다. 즐기기 위하여 나온 골프장에서 부상을 감수할 이유는 없다. 동반자에게 양해를 구하고 옆에 좋은 곳으로 공을 옮겨놓고 치도록 한다. 골프장에서 '안전제일(安全第一)'의 첫 번째가 내 몸 건강이요, 두 번째가 공의 건강이다. 나를 배려하고 위하는 동반자라면 흔쾌히 그러라고, 그러자고 할 것이다. 그냥 놓고 치기를 주장하는 동반자라면, 앞으로 함께 하지 않는 것이 좋을지 모르겠다.

"내 머리를 고정시킨다"

07 퍼팅하기

  '그린에 오르기 전, 핀을 향해 앞에서 보고, 뒤에서 보고 그리고 낮은 시선으로도 거리와 방향과 고저를 관찰한다. 장갑을 빼고 싶으면 뺀다. 캐디가 놓아준 공의 방향과 나의 마음의 방향을 일치시킨다. 핀까지 거리에다가 1 m를 더하여 퍼팅 거리로 간주한다. 곁에서 두 번 정도 연습 스트로크를 한다. 공 옆으로 다가가서 스퀘어로 퍼터 훼이스를 정렬시킨다. 공은 주시(主視) 밑에 놓도록 한다. 그립을 정성스럽게 잡는다. 이제서야 두 발 끝을 퍼터 훼이스에 맞춰 스퀘어로, 타겟에 맞춰 평행으로 놓는다. 백 스트로크를 하고 이어서 안정되게, 탑스핀이 걸리도록 스키드가 없도록 다운 스트로크를 한다. 알맞은 스윙 궤도의 스트로크를 하고 반드시 스퀘어로 공을 맞춘다. 그리고 충분히 휘니쉬 한다. 그 동안 고개와 머리는 제 자리를 지킨다. 귀로 소리를 듣는다. "땡그렁" 그리고 미소를 보낸다. 나 자신에게.'

  최경주 선수는 퍼팅을 잘 한다. 어느 인터뷰에서 그는 퍼팅 비결로 세 가지를 꼽았다. 1. "집중을 해야 한다. 동반자의 구찌에 흔들리지 말아야 한다." 마음의 내공을 키우라는 뜻 같다. 사실 이렇게 구찌하는 동반자와는 골프 치러 다니지 않는 게 좋다. 2. "백스윙과 다운스윙 길이를 같게 한다. 시계추 운동을 해서 좌우 대칭이 되게 한다." 3. "거리에 대한 감이 있어야 한다." 그는 어렸을 때, 동네 전봇대 사이를 25 m라고 계산해서 거리감을 익혔다 했다. 좋은 철학이자 경험이다. 그의 말대로 한다면 퍼팅이 잘 될 것 같다.

PGA프로이건, 우리 같은 아마추어이건 간에 전체 스코어의 40% 안팎이 퍼팅에서 이루어진다. 100돌이라면 40타, 프로선수이면 28타 정도. 라운드 스코어에서 퍼팅이 차지하는 비중이 막중하다. 그리고 어렵다. 잘 치고 싶다. 잘 못치더라도 즐기고는 싶다. 잘 쳐야 즐겁지. 골프의 어느 샷이나 마찬 가지이지만 퍼팅에서 중요한 것은 방향과 거리, 두 가지다. 방향은 다행이 우리보다 전문가이신 캐디 언니께서 해결해주신다. 우리는 눈치껏 캐디를 보고 따라 하여 그린에서의 방향감을 키워 본다. 남은 것은 거리 하나다. 최경주 선수처럼 눈으로 익히든지, 발걸음 수로 하든지, 좌우 스윙 팔 각도로 하든지, 경험 상의 속도로 하든지, 여러 많은 방법이 있다. 중요한 것은 우리 팔의 스윙 속도가 거리에 따라 공산품처럼 일정한 규격이 있어야 한다. 일관성이라고도 하고 재현성(再現性)이라고도 한다. 그것을 이루는 방법이 훈련이 아닌가 싶다. 거실에서 연습하는 것도 좋은 방법이고 라운드할 골프장에 미리 일찍 가서 거리를 몸소 익히는 것이 좋겠다.

퍼팅에 영향을 주는 요소는 무엇일까? 퍼터, 공, 그린 상황, 캐디 상황, 그리고 나의 상태 특히 심리 상태가 아닐까? 생각해 본다. 그 중에서 퍼터 상태를 생각해 보면 샤프트 길이, 라이 앵글, 헤드 디자인, 헤드 무게, 스윙 웨이트, 퍼터 무게, 그립 무게, 그립 모양 등이 있겠다. 공은 잘 모르겠다. 그렇다 치자. 그린 상황은 어떤가? 홀까지 거리, 바람, 잔디 결, 그린 속도, 그린 지면 모양과 굴곡. 그 다음은 캐디. 그녀의 오늘 컨디션, 베테랑 정도. 그리고 마지막으로, 나의 상태. 몸은 건강한가? 마음은 어떤가? 걱정거리를 안고 오지는 않았나? 너무 기쁜 상태인가 등등. 와우, 뭐 이리 변수가 많냐? 드라이버 샷이 더쉬운 것 같다. 드라이버 샷은 훼어웨이에만 보내면 되니 고려할 변수가 별로없다. 이렇게 변수가 많은 것이 퍼팅이니, 퍼팅이 어려운 것은 당연하다.

퍼팅을 잘 하려면 무엇을 어떻게 하는지 생각해 보자. 첫 째 방향이다. 방향은 캐디가 누구보다 잘 놓아 주었다. 내가 고민하지 않아도 되니 얼마나 좋은 가? 일단, 해결이다. 물론 나는 베테랑 캐디의 그것을 보고 계속 나 자신에게, '이것이 바른 방향이다'고 되새기며 훈련시킨다. 방향을 놓고 캐디와 마음속으로, 말로 다투면 캐디도 힘들어 하고 나도 힘들다. 캐디가 스트레스 받으면 골프의 흥이 반감된다. 캐디는 친구가 되어야 한다.

(1) 캐디가 놓아준 이 방향, 이것이 정확하고 맞는 방향이다'는 것을 나에게 주지시킨다. 양성 되먹임(feedback)이다. 캐디와 생각이 다르면, 놓기 전에 예의 바르게 의견을 제시한 뒤 퍼팅한 뒤 서로 맞추어 본다. 그렇게 해서 서로 믿음을 쌓는다. 방향이 정해졌다면,

(2) 퍼터 훼이스가 스퀘어로 공에 맞아야 한다. 열리거나 닫혀 맞으면 곤란하다. 열리면 오른쪽, 닫히면 왼쪽으로 간다. 항상 스퀘어로 맞추도록 한다. 그래서 강조하는 것이 손목 고정인데, 왼손목은 정형외과에서 골절 뒤에 부목을 댄 듯이 다부지게 고정하고 오른손목은 엔진이 되어 밀어준다. 스퀘어로 공을 맞추는 것은 정말 어려운 일이다. 스퀘어로 맞더라도,

(3) 스윙궤도가 in-square-in이 되는지, linear 하든지 하여서 맞추는 순간에 side spin이 없어야 한다. 이것은 중요하다. 이왕 직진으로 잘 맞출 것이라면 맞아도,

(4) 훼이스의 스윗 스팟에 맞추어야 한다. 토우나 힐쪽에 맞으면 퍼터 훼이스가 돈다. 이것이 토크의 위력이다. 이로 인해 side spin이 걸린다. 그러면 잘못 맞춘 꼴이 된다. 위나 아래에 맞는 것은(당구에서 오시 또는 히키의 back spin에 해당) 거리에는 지장을 줄 수 있으나 방향에는 영향이 적다. 이렇게 네 가지 과정이 제대로 되었다면 방향은 완료.

둘째는 거리다. 18홀 도는 동안 그린 속도는 고정되지 않고 변한다. 아침에는 이슬이나 서리가 있고, 낮에는 해가 나고 잔디가 자라고, 바람이 불면 그린

이 말라서 빨라지기도 하고, 볕드는 홀은 빠르고 그늘진 곳은 느리기도 하고. 그러니 홀마다 순간순간 거리를 잘 맞춘다는 것은 어려운 일이다. 즉, 눈으로 보는, 자로 재는 거리가 모두 같은 볼 스피드를 요구하지 않는다는 점을 주지한다. 여기서도 전문가 캐디의 의견은 보약이다. 그렇게 해서 결정된 거리. 이 거리를 내 몸에 인식된 칩의 데이터에 따라 정확한 속도로, 정확한 거리를 굴러가도록 쳐야 한다. 물론 타겟, 갈 거리는 홀까지가 아니라 홀 지난 뒤 1 m다. 이것도 명심(銘心)해야 한다. 컵 뒤 1 m가 내가 내릴 버스 종점(終点)이다. 홀은 종점 직전에 잠시 들르는 곳이다. 그렇게 해야 방향도 제대로 맞출 수 있다.

퍼팅 거리 맞추기는 어렵다. 무척이나 어렵다. 아주 어렵다. 골프 중에 제일 어려운 것 같다. 그러니, 기대치를 낮추자. 홀이 2 m 앞에 있다면, 나의 목표 거리는 3 m다. 5 m 앞에 있다면 갈 거리는 1 m 더하여 6 m가 된다. 퍼팅은 퍼팅 목표를, 홀 주변 1 m로 상상하여 컨시드를 받는 것으로 한다면, 스트레스가 줄고 정신 건강에 좋을 것 같다.

퍼팅 스트로크는 때리는 게 좋으냐(hitting, 때린다, 휘니쉬를 짧게 한다는 뜻?) 스윙/스트로크로 하는 게 좋으냐는(stroke, 굴린다, 휘니쉬를 길게 한다는 뜻?) 의견이 분분하다. 선수들 플레이 결과를 보면 두 방법 중 어느 것이 옳다 그르다는 없는 것 같다. 사실 그 경계도 모호하다. 선수들 간에 호오(好惡)가 있을 뿐이다. 그리고 그것도 개개인에게 평생 고정되는 것이 아니라, 시대에 따라 세월에 따라 스타일이 변해 가기도 한다.

거리는 운동에너지 즉, $\frac{1}{2}mv^2$의 결과로, 임팩트 때의 속도(v)가 결정한다고 본다. 질량(m, 퍼터 질량, 선수 무게)은 이미 고정되어 있다. 임팩트 때 스윙 속도가 퍼팅 거리를 결정한다. 그러니 그것을 자기 나름의 방법으로 정해야 한다. 백 스윙의 각도로 임팩트 속도를 정하는 법과 두 손과 팔의 익숙한 본능 감각으로 하는 방법이 있겠다. 이것은 일관성이 있어야 하므로 필요한 것은 연습이고 경험이겠다. 섬세하게 모든 거리를 분류하여 1 m, 2 m, 3 m, 4 m,

5 m, 6 m, 하는 식으로 거리를 세세하게 나누어 하는 것은 이상적일 뿐이고 현실에서는 불가능하다. 2 m, 5 m, 10 m 정도로 삼분하는 것이 좋겠다. 그러면 15 m는요? 모르겠다. 10 m 이상은 그냥 three putt이라고 생각한다. 결과도 대체로 그랬다. 10 m 이상을 two putt으로 마무리하려 하면 스트레스만 받고 실제로 그렇게 되지도 않는다.

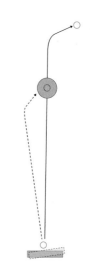

3미터 뒤 컵에 딱 서는 것과 4미터로 해서 1미터 더 가는 퍼팅
후자가 방향 정하기 쉽다.

퍼터 회사들이 퍼터 제작할 때 매우 공들이는 부분이 anti-skid 기술이다. 여기에는 퍼터 회사의 특징, 기술 그리고 특허가 들어가 있다. 퍼팅 순간 공의 진행 모습을 보면, 처음에는 ascending blow하는 퍼터 훼이스에 맞아서 공이 벌떡 놀라 (1) 잠깐 하늘을 날게 되고(이 때 임팩트 상황에 따라 무회전, backspin, topspin 등이 걸린다), (2) 떨어진 다음, 또 잠시 정신을 잃은 채 미끄러지게 되며(무회전 상태, skid) (3) 마지막 중요 부분이고 긴 부분인 forward roll(순회전) 구간은 topspin을 얻게 되어 정상적으로 전진하게 된다. 공에게 혼란스러운 이 (1)(2)번 구간을 줄이고 (3)번 구간을 늘리려는 노력이 퍼터 회사 R&D의 핵심이고 특허의 핵심이며 내 퍼터의 특징이 된다. 이것을 보통 anti-skid technology라고 마케팅에서 홍보하는데 이것이 퍼터의 중요한 특징이 된다. 이 기술은 우리가 어떻게 스트로크를 하느냐에 따라 결정되기도 하고, 퍼터 훼이스의 모양과 디자인이 많은 역할을 한다. 훼이스 금속 표면을 직접 어떻게 다듬느냐에 따르기도 하고 재질과 모양을 다양하게 꾸민 insert를 넣기도 한다. (1)(2) 구간은 공의 roll이 변화 무쌍하여 좌우 영향을 쉽게 받기도, 거리가 들쭉날쭉 하기 때문에 퍼팅의 일관성을 저해하므로 이 부분을 되도록 줄여야 한다고 생각하는 것이다.

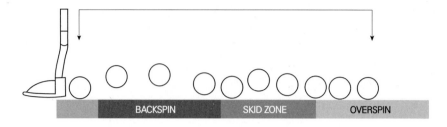

퍼팅 공의 초기 회전
처음에는 날고 두 번째는 미끄러지며 드디어 세 번째에 똑바로 구른다.

가끔 자문해보기를, 우리 같은 아마추어에게 이 차이가(anti-skid tech-nology) 실제로 퍼팅에 얼마나 중요할까? 생각해본다. Masters 대회장의 유리알 그린에서는 그런 미세한 차이가 영향을 줄 수는 있겠다고 본다. 보통 아마추어에게는 셋업, 임팩트, 스피드가 더 중요하지 않을까 하고 대답해 본다. 퍼터 회사들이 그렇게 연구에 공을 들이는 퍼터의 로프트나 그루브의 방향, in-sert, down blow냐 upper blow냐 하는 attack angle 마저도 운동 에너지 즉, 임팩트 속도만 맞춰준다면 거리는 적절히 맞춰질 것이다. 물론, 훼이스 인서트에 따른 anti-skid 기술도 머리 속에 생각은 하고 있어야겠다.

퍼팅할 때 만큼 라이 앵글과 스탠스 앵글이 중요한 순간은 없는 듯하다. 내가 셋업했을 때 샤프트와 땅이 이루는 각인 스탠스 앵글이, 퍼터 바닥과 샤프트가 이루는 퍼터 본연의 라이 앵글과 일치하는 것이 좋겠다. 그러나 실제로 우리들의 그린 위 풍경은 다양하다. 옆에서 관찰하면 토우를 들고 치는 사람이 의외로 많다. 대체로 수그리고 치는 스타일들이다. 반면에 힐이 들리는 경우는 드물다. 이는 서서 치는 스타일이다. 토우가 들려있는데도 퍼팅을 잘 한다면 그 사람의 퍼팅 행동에는 무언가 설명할 수 없게 미세조정이 첨가된 것이리라. 경험에 따른. 기본 구조로 본다면, 토우가 들리는 만큼(라이 앵글이 스탠스 앵글보다 크면) 훼이스는 왼쪽을 향한다. 공이 홀 왼쪽을 향할 것이다. 토우가 들리는 셋업인데 퍼팅을 잘 한다면 틀림없이 그는 오른쪽으로 오조준하는 등, 골프 공을 오른쪽으로 보내려는 무언가 미세한 행동을 하고 있을 것이다.

주시(主視)가 있다. 사람마다 주(主)로 보는 시각(視覺), 눈이라는 뜻이다. 두 눈으로 어느 물건을 보다가 좌우 한 눈 만으로 다시 그 물건을 볼 때, 양눈일 때와 거의 비슷하게 보이는 눈을 주시라고 한다. 우리 눈이 물건을 볼 때 공평하게 50대 50이기 보다는 한 쪽에 치우치는 경향이 있다는 뜻이 된다. 왼손잡이, 오른손잡이와도 같겠다. 주시 밑에 공을 놓아야 퍼팅이 정확하다고 한다. 그런가? 훈련하면 되는 것 아닌가 하는 생각도 해본다. 주시에 맞춰서 주시 밑에 공을 놓자. 이렇게 하면 수직 정렬이 이루어진다. 오른눈이 주시라면, 오른눈 밑에 공을 놓을 것이고, 왼눈이 주시라면 공을 왼쪽에 놓는 것이 좋겠다. 일반적으로 말하는, '퍼팅할 때는 공을 왼쪽에 놓는다'는 왼쪽 주시에게만 해당된다. 오른눈이 주시인 사람에게 왼쪽 공은 어려움이 있을 것이다. 캐디와 나 사이의 주시 차이도 체크해 볼 일이다. 또 하나 중요한 점은, 주시로 인하여 공을 오른쪽에 놓는다면 공은 오른쪽으로 가는 경향이 있다. 왼쪽에 공을 놓고 퍼팅한다면 공은 어떻게 해도 약간 왼쪽으로 간다. 몸 기준으로 스윙 궤도가 인-스퀘어, 스퀘어-인이 되기 때문이다. 그래서 퍼팅이 어렵다. 그 다음은 퍼터 훼이스 정렬이다. 먼저 퍼터 헤드를 제자리에 스퀘어로 놓고 그 다음에 두 발 끝을 맞추어 선다. 두 발을 먼저 정렬시키고 퍼터를 위치시키면 에임에 오류가 생길 수 있다.

퍼팅 방법에 정답은 없는 것 같다. 퍼팅을 잘하는 기라성 같은 PGA, LPGA 선수들도 블레이드 퍼터를 쓰다가 말렛퍼터를 쓰기도 하고 또 반대로 하기도 한다. 그 뿐인가 퍼팅 그립 스타일도 종종 바뀌기도 한다. 오른손이 밑에 가던 선수가 어느 날 왼손이 밑으로 내려가는 그립을 잡기도 한다. 가늘던 퍼터 그립이 Super stroke이라는 괴물만한 굵기로 굵어지다가 어느 날 또 다시 가볍고 가는 그립으로 바뀌기도 한다. 다만, 그들이 우리보다 잘 하는 이유는 끊임없이 연습하고 연구하면서 퍼팅에 적응하여, 결국은 목표 즉, '임팩트 순간에 스퀘어로 맞추는 능력', '거리감'을 키우는데 있는 것이라 생각한다.

퍼팅을 잘 하고 싶다. 마음 속으로 정리해 보자.

가. 방향은 전문가인 캐디를 믿고 따른다.

나. 컵 뒤 1 m가 공이 갈 곳이다.

다. 스퀘어로 공을 맞춘다.

"세상의 흐름은 진자의 운동과 다름없다" 아들아, 삶에 지치고 힘들 때 이 글을 읽어라. _ 윤태진 저(著)

"컵 1 m 지난 곳에서 퍼팅 공이 선다"

08 여성 아마추어의 골프 스윙

획일적이지는 않겠지만 대체로 남성보다 이런 차이가 있을 것 같다. 골프에 대한 열의가 남자보다 떨어질까? 그렇지는 않은 것 같다. 골프칠 기회는? 아무래도 적겠다. 그렇지 않다는 의견도 있다. 평일 골프장 활용도가 높기 때문이라나? 몸무게는 작고 키도 작고 힘은 떨어진다. 따라서, 스윙 스피드가 떨어지고 비거리가 짧다. 공간 감각이 아무래도 약간 떨어지지 않을까 생각한다. 그러다 보니 에이밍을 하는 방향 설정에 어려움이 있을 듯도 하다. 하나, 큰 장점은 몸의 유연성, 엄밀히 말하면 관절 유연성일 텐데, 이것이 좋은 것 같다. 그리고 무엇보다 감성이 풍부하다. '비거리가 짧다'에서 역설적으로 장점을 하나 본다. OB날 일이 없겠다. 'OB로 공 잃어버린 적이 없다, 잃어버려 보고 싶다'는 어느 분 이야기도 기억난다.

1. 드라이버 티 샷

비거리가 짧으니 OB날 확률이 없이 좀 더 훼어웨이로 정면으로 갈 것이다. 레이디 티가 훼어웨이에서 가까우니 비거리가 짧아도 OK. 다만, 자신의 공이 날아간 방향에 대하여, 파악이 덜 되는 경우를 대비하여 티 박스에서 공 옆에 다른 클럽을 놓고, 마치 기찻길처럼, 직진에 대한 후향 평가를 하면 좋겠다. 아니면, 처음부터 에이밍에 공을 들인다. 공 뒤에서 타겟과 공을 향하여 드라이버를 들어 올려서 타겟 라인을 그리고, 그 라인에 맞게 셋업을 한다. 물론 드라이버 헤드를 스퀘어로 놓는 것이 첫 번째요, 그 다음에 두 발끝을 맞추어 스퀘어로 놓는다. 티 샷 후, 떨어진 공을 눈으로 본 뒤, 어느 정도 오른쪽으로 갔는지를 티박스에서 확인한다. 몇 번만 하여도 공간 감각, 방향성이 좋아진다. 물론, 되도록 티는 높이 꽂고 적응하면 좋겠다.

여성은 레이디 티에서 티샷을 한다. 남자 둘이서 레귤라 티박스에서 티샷한 뒤 여성 둘이서 남성을 돌보아주지도 않고 뒤로 남긴 채 홀연히 카트 타고 이동해서 부랴부랴 레이디 티박스에 올라간다. 마음이 바빠지기도 할 듯하다. 혹시, 여성도 남성 일반 티박스에서 함께 티샷을 해보면 어떨까? 부산한 마음이 덜 생기고 서로의 스윙 모습을 감탄하고 돌봐주면 골프를 더 즐길 수 있지 않을까? 물론 남성 par 4거리니까 여자에게는 par 5 거리이므로 스코어는 5타가 par가 되면 될 듯하다. 모든 홀에서 그렇게 하기는 어려울 테니 몇몇 마음에 드는 티박스에서라도 시도해보면 나름대로 재미있고 함께하는 기쁨도 만끽할 수 있겠다.

2. 우드 샷

어렵다. 원래 우드 샷은 어렵다. 그런데, 우드 샷을 잘하는 여성을 많이 본다. 파워의 부족을 장비로 리커버하는 전략, 즉 적자생존(適者生存)이라고 생각된다. 우드를 잘 치려 노력해서 우드 샷이 좋아졌는지, 우드를 원래 잘 치던 사람들이 골프를 더욱 사랑하게 된 것인지. 요새는, 다윈의 적자생존보다는 라마르크의 용불용설(用不用說)이 조금씩 더 마음에 든다. 쓰면(用) 좋아지고 안 쓰면(不用) 퇴보한다는 설(說). 그래서 노력하는(用) 것이 중요한 의미가 있을 것 같다. 부드럽게 쓸어서 친다. 스윗 에어리어에 맞추기만 한다면 만사 OK. 우드는 한 자루에 집중하는 것이 좋겠다. 여러 자루 있어봐야 비거리 변별력도 없고 가방만 무겁다. 미국 프로야구에서 보는 우리의 류현진과 최지만. 두 사람은 동향동문(同鄕同門) 선수다. 류현진은 LA DODGERS의 좌투우타(左投右打) 투수이고 최지만은 TampaBay Rays의 우투좌타(右投左打) 타자다. 왼손잡이 오른손잡이란 것이 원래 선천적으로 결정된 것이 아니라 선택과 노력으로 얼마든지 변화 발전이 가능한 것이란 증명 사례인 듯하다. 참, Phil Mickelson도 예가 되겠다. 그는 좌골우필(左gol右筆)이다.

여성 우드 대목에서 빼 놓으면 섭섭한 내용이 있다. 훼어웨이에서 우드 샷을 할 때 공의 위치는 가운데가 좋다. 상당수의 여성이 우드 샷에는 공을 왼쪽에, 그것도 많이 왼쪽에 놓고 치는 것으로 배웠단다. 옛날 얘기다. 그리고 틀린 얘기다. 공이 왼쪽에, 그것도 많이 왼쪽에 있으면 임팩트 과정에서 몸이 좌로 많이 이동해야 한다. 과잉 몸통 이동은 필(必)히 부정확과 동무한다. 반대로 몸이 이동을 못한다면 필(必)히 뒷땅이다. 헤드가 몸 가운데 저점을 지난 뒤 어센딩 블로우에 공이 맞기 때문에 뒷땅이다. 그래서 우드 샷은 공을 좌우 다리 가운데, 정 가운데에 두고 셋업하는 것이 좋다. "우드가 안 맞아요"라고 말하는 경우의 반쯤은 공 위치에서 답을 찾을 수 있다. 그래도 공을 가운데 두기가 영 어색하고 불안하면 약간 만이라도 지금보다 오른쪽에 놓아보면 좋겠다.

3. 유틸리티 샷

유틸리티는 언제 쓸 것인가? 한 자루 잘 구사한다면 아주 훌륭한 무기가 될 것 같다. 훼어웨이 어디에서나 쓸 수 있고 par 3에서 티 샷하는 데도 제격이다. 잘 쓰면 멋지겠다. 사실 여성에게 아이언은 훼어웨이에서 쓸 일이 많지 않다. 클럽 사이의 거리 간격도 그리 눈에 띄지 않는다.

여성의 무기

'조자룡 헌 칼 쓰듯' 할 훼어웨이용 한 자루가 필요하다. 이것이 골프장의 무기가 되고 보험이 되고 기쁨이 된다. 예를 들어, 7번 우드 또는 5번 유틸리티. 이 클럽을 즐겁게 잘 구사한다면 골프가 재미있어진다. 구원투수가 되어준다. '당신은 골프의 여신이오' 하는 소리도 들을 것도 같다. 티샷에도 좋다. 잘 친 드라이버 만은 못하나 훼어웨이 한 복판에 문제없이 날아가 있을 것이다. 훼어웨이 어디에서든지 날아서 그린 가까이 간다. Par 3에서는 훌륭하게 그린에도 올라 간다. 자랑스런 무기를 갖춰보자. 사랑스런 클럽을 사귀어보자. 드라이버나 3, 5번 우드는 잘 치면 아주 멋지지만 상응하는 체력과 스윙 스피드, 멋진 스윙 폼이 필요하고, 어렵게 어렵게 칠 거면 몸 상하고 기대한 만큼 결과가 없기 십상이다.

4. 아이언 샷

아이언 샷을 잘 한다면 아무 문제가 없다. 계속 즐기시기를. 아이언 샷에 어려움을 느낀다면 6, 7, 8, 9i 중에서 딱 한 자루만 골라 야무지게 쳐도 골프가 재미있어질 것 같다. 이 네 자루 사이에서 비거리 변별력은 대체로 없다. 5 m 안팎인 경우가 많다. 그래도 공이 앞으로 똑바로 가는지, 오른쪽을 향하는지, 왼쪽을 향하는 지는 매번 확인해서 알고 정비하면 좋겠다. 역시, 기찻길 방식으로, 당분간 샷 전에 확인하고 샷 뒤에 맞추어 보면 좋겠다. 그렇게 해서 공이 똑바로 간다면 그것이 바로 비거리 증가의 비결이 된다. 아이언이 하나여서 섭섭하다면 두 자루도 좋겠다. 세 자루는 필요하다고 생각하면 그리 쓰면 되겠다.

5. 어프로치 샷

아주 중요하다. 섬세하고 부드러운 샷이다. 여성들은 대체로 코치 말씀에 성실히 따르고 몸도 부드러운 편이어서 피칭이든지 치핑이든지 잘 하는 편이다. pin에 붙이는 것은 마음 속에 목표로 갖고 있으되, 공이 그린에 올라가면 그 자체로 행복해한다. 왜냐하면 이 어프로치는 성공한 것이기 때문이다. 그린에 올라갔으니 그것만으로도 short game이 재밌어진다.

6. 벙커 샷

배운 데로 딱 한 가지 방법만 있다. 공 3 cm 뒤를 겨냥하고, 훼이스 약간 열고, 머리 고정하고, 올라간 뒤, 잠시 쉬고, 머리 고정하고 다시 내려온다. 휘니쉬는, 가는 기분 그대로 끝까지 지나간다. 이 때도 몸과 머리는 제 자리를 단단히 고수한다. 그렇다면 공은 벙커를 나갔을 것이다. 물론이다. 그린에 잘 올라가 있다. "Nice out, nice on"

7. 퍼팅

실망할 것이 없다. 남자도 잘 못한다. 5 m까지는 two putt이라고 생각한다. 5 m 이상은 three putting임을 받아들인다. 그러면 마음이 차분해지는 나를 알아차린다. 그린 속도는 게임 내내 바뀐다. 아침 처음에 느리다가 잔디가 마르면 빨라지다가 다시 자라면 또 다시 느려진다. 변덕이 심하다. 미국처럼 평평하지도 않고 울퉁불퉁한 그린이 많다. 산 속 골프장이라 향(向)에 따라 홀 위치에 따라 속도도 들쭉날쭉. 잘 치는 것이 불가능한 구조다. 무리다. 다만, 공을 똑

바로 보내는 훈련은 평소에 해두면 좋겠다. 그것도 때리지 말고 부드럽게 스윙하는 스타일로. 그러려면 휘니쉬를 길게 하는 게 좋겠다. 1 m를 concede 거리로 생각하면 마음이 편하다. 1 m 라면 39인치가 약간 넘는다. 모든 퍼터 길이보다 길다. 보통은 바닥에서 배꼽 높이의 거리다. 싱글을 하는 여성은 이 글에 관심을 두지 않아도 될 것이고 100 돌이 안팎이라면, 좋은 샷 하나하나를 축복으로 즐기면 재미가 있을 것 같다. 남자 아마추어도 실제 스코어는 100 돌이가 많다. 100 돌이 골프 인생은 못 치는 것이 아니다. 잘 치는 편이고 즐겨도 된다고 생각한다. 꼭 하나 명심할 것이 있다. 퍼팅 공은 컵에서 멈추는 거리가 아니라, 컵을 지나 1 m 되는 곳에서 멈춘다고 가정하고 보낸다. 그래야 방향을 쉽게 정확하게 잡을 수 있다. 즉, 컵 근처에서 라이를 덜 고려해도 된다.

여성이 어떻게 하면 골프를 더 재미있게 즐길 수 있는가 생각하고 다른 각도로 다시 한 번 정리해본다.

1) 골프 백에서 안 쓰는, 안 쓸, 필요 없는 골프채를 꺼낸다.

이 말보다는, 모든 클럽을 가방에서 꺼낸 뒤 드라이버부터 퍼터까지 하나씩 붙잡고, 내가 자신 있어 하고 아끼고 사랑하는 클럽을, 잘 치는 순간을 떠올리면서 골프 백에 집어넣는다. 골프 백이라는 무거운 짐을 덜어서 허리 부담을 줄이고, 클럽 선택의 번뇌 순간을 줄일 수 있다. 자연스레 엔트리 클럽 선수들의 역량이 올라간다. 많이 줄이면 대여섯 자루까지도 가능하다. 드라이버, 훼어웨이용 우드나 유틸리티 하나, 7-9i 중 하나, PW나 AW중 하나, SW, putter. 심했나? 심할까? 충분할 것 같은데요.

내 버디 멋치나 하니 수석(水石)과 송죽(松竹)이라
東山에 달(月) 오르니 긔 더욱 반갑고야
두어라 이 다섯 밧긔 또 더하야 머엇하리 _ 윤선도

고산(孤山) 선생께서 벗으로는 물, 돌, 솔, 대 그리고 달, 이 다섯이면 더할 것이 없다 하셨다. 선생께서 지금 골프를 치신다면 그의 백에는 무슨 클럽이 들어 있을까? 드라이버(水), 우드/유틸 하나(石), 피칭 웨지(松), 샌드 웨지(竹) 그리고 퍼터(月)일까? 그 밖에 또 더 하야 머엇하리.

2) 여성의 특징인 부드러움을 살린다.

샷은 때리고 패는 hitting이 아니라 swing이라고 생각한다. swing의 적절한 우리말은 없는 것 같다. 그저 스윙이다. 스윙이라는 그 느낌을 그대로 느끼면 좋겠다. '나는 swing한다, 고로 존재한다' 스윙이라는 낱말에는 '부드럽다', '아치를 그린다'는 느낌이 포함되어 있는 것 같다.

3) 훼어웨이의 친구, 진정한 나의 벗 하나를 열렬히 사랑한다.

5번 우드, 7번 우드 아니면 유틸리티. 훼어웨이에서 나는 너를 믿는다. 두 번 쳐도 좋다.

4) 아이언 한두 자루를 사랑한다.

세 자루 이상은 거리 변별력도 채 5 m가 되기 어렵다. 익숙함에서 오는 정확도가 더 내 마음을 편하게 해 준다.

5) 에임이 아주 중요하다.

내 공이 정면의 몇 시 방향으로 날아가는지 캐디나 동반자에게 수시로 체크한다. 똑 바로 가는 공이 재미있고 즐겁다.

6) 훼이스를 본다.

종종, 훼이스의 어느 곳에 공이 맞고 있는지 관찰한다. 가운데가 좋다. 거기를 스윗 스팟, 스윗에어리어라고 부른다. 스윗 스팟과 아닌 곳은 반발력 차이가 커서 거리 차이가 많이 난다. 이왕이면 가운데에 맞추자.

7) 어프로치는 나의 최대 강점

배운대로 부드럽게 한다. '스윙한다'는 느낌을 몸으로 알아차린다. 그린에 올라갔다면 나는 성공한 것이다. 나를 칭찬한다.

8) 퍼팅은 나의 강점

컵을 향해 공을 보낸다. 컵에 바로 넣으면 좋다. 그러나 애쓰느라 스트레스 호르몬이 나오면 나의 건강을 해친다. 홀의 지름이 108 mm가 아니라 108 cm라 생각하자. OK 받을 수 있는 거리에 보내면 성공한 퍼팅이다. 10 m 이상의 퍼팅은 two putt이 아니고 three putt 거리라고 생각한다. 그러면 마음이 편하다.

9) 골프장은 대한민국에서 뛰어난 명승지이다.

저 멀리 보이는 산과 구름, 하늘의 경치를 즐기며 딱따구리, 뻐꾸기 소리와 꽃, 나무의 아름답고 상쾌함을 즐긴다. 함께 즐기는 동반자들과는 좋은 케미를 나눈다.

흰구름 푸른 내는 골골이 잠겼는데
秋霜(추상)에 물든 단풍 꽃됴곤 더 죠해라
天公(천공)이 나를 위하여 뫼빛을 꾸며내도다 _ 김천택

가을 골프장의 아름다운 경치가 그대로 느껴지는 듯하다.

10) 클럽은 되도록 부드럽고 가볍고 편하고 예쁘고 맘에 드는 것으로 장만한다.

클럽의 성능과 스펙은 이미 내 몸 스펙에 충분히 맞춰서 만들어져 있다. 더 이상 나에게 변별해야 할 고려 사항이 아니다. 비공인이면 어떠하리. 나는 USGA 회원이 아니다. 공도 맘에 드는 색, 마음에 드는 디자인으로 고른다. 깨진 헌 공보다 깨끗한 새 공으로 즐긴다.

"공은 띄우면 좋아하고, 친구 얘긴 들어주면 좋아한다"

09 시니어 골퍼(Senior golfer)

Senior golfer라 함은 골프계에서는 50세 이상을 말한다. 미국 Senior PGA 투어 선수 자격은 50세 이상이다. 나는 시니어 골퍼다. 시니어가 듣기 좋은 단어는 아닐 수 있으나 슬퍼할 낱말도 아니다. 건강하고 활동적인 그리고 무엇보다, 인생 경험이 풍부한 골퍼가 시니어 골퍼다. 시니어 골퍼가 어떤 사람인지 이해를 한다면, 시니어로서 골프를 즐길 수 있겠다. 장점이 많은 골퍼가 바로 시니어 골퍼다. 시니어의 정신적 육체적 경제적 인간 관계적 상태를 체크해 보아야겠다.

1. 몸에 노화가, 인정하기는 싫지만, 어느 정도 진행되었다.
2. 뼈마디, 관절에 퇴행성 변화가 와 있어서, 이것도 인정하기 싫지만, 유연성이 떨어진다.
3. 스윙 파워가 스피드가 힘이, 아니라고 말하고 싶지만, 떨어진다.
4. 눈과 손과 몸의 조화와 균형이 떨어진다.
5. 무리하여 지나치게 스윙하면 부상 위험이 있다.
6. 몸에 고혈압, 당뇨, 고지혈증 같은 퇴행성 질환, 성인병이 대체로 있다.
7. 가끔 약간의 건망증이 있지만, 머리 회전은 그리 아쉽지 않을 정도로 돌아간다.
8. 살아 온 경험에서 쌓아 놓은 인생, 골프 데이터가 많다.

9. 경제적으로 어느 정도 먹고 살 만하다.

10. 동반자들과의 인연도 꽤 오래 되어서 같이 있는 것이 맘 편안하다.

11. 멀리 못 날아가는 공에 대한 아쉬움이 있다.

12. 정확히 임팩트 하지 못하는 것에 대한 아쉬움이 있다.

13. 노여움도 약간 는 것 같다.

14. 인자함도 조금씩 늘고 있다.

시니어 골퍼에게는 이 정도의 특성이 있는 것 같다.

이와 같은 나, 시니어 골퍼의 특성을 이해하였다면, 나는 앞으로 어떻게 골프를 하면 좋을까? 어떻게 하면 즐기는 골프가 될 수 있을까? 생각해 본다.

1. 즐거운 마음으로 골프장을 향한다. 자동차도 편안하고 여유 있는 마음으로 타고 간다.

2. 좋은 친구들과 오늘을 벗 한다.

3. 좋은 날씨를 골라서 간다. 비 오는 날, 눈 오는 날은 재미가 없고 몸이 힘들고 위험하기도 하다.

4. 음주 골프는 즐거움을 업시키는 것이 아니라 몸과 마음에 부담을 준다.

5. 골프백에는 내가 좋아하는, 내가 자신있어 하는, 내가 즐기는 클럽만으로 줄여서 갖고 간다. 3번 우드, 롱 아이언 같은 것은 무겁고 몸과 정신에 부담된다. 열네 자루는 물론이고 열 자루도 많다.

6. 골프백도 가벼운 것이 좋다.

7. 비거리가 간절하다면 비공인 드라이버를 써 본다.

8. 비거리가 또 간절하다면 비공인 골프공도 써 본다.

9. 로프트가 높은 드라이버가 멀리 간다.

10. 티가 높으면 잘 뜨고 멀리 간다.

11. 우드는 잘 맞는 것 하나만 챙긴다.

12. 유틸리티와 사귄다. 유틸리티는 하나씩 더하는 반면 아이언은 긴 것부터 하나씩 백에서 뺀다. 유틸리티는 5번도 6번도 있다. 여성용 유틸리티도 쓰기 편하다.

13. 아이언 비거리가 간절하다면 8번 대신 7번을 쓴다.

14. 아이언 비거리가 간절하다면 로프트 인심이 좋은 회사의 아이언을 산다.

15. 아이언 비거리가 간절하다면 wide sole을 산다.

16. 어프로치는 내 장기(長技)다. 맘에 드는 웻지 하나로 그린 주변을 즐긴다.

17. 10 m가 넘어가면 three putting이라고 마음을 정한다. 되지도 않을 어려운 Two putt에 미련 갖지 않는다.

18. 디봇 꺼진 자리, 위험한 라이, 물가 같은 곳에서는 치지 않는다. 몸 다친다.

19. 가벼운 클럽을 쓴다. 최소한으로 가볍고 낭창한 클럽, 카본 샤프트, 때로는 여성용 클럽을 쓴다.

20. 부드러운 골프공을 쓴다. 초록색, 파란색 숫자가 써 있는 공이 부드럽고 멀리 간다.

21. 그린에서 OK 거리를 확실하게 정하고 친다. 1 m는 39인치다. 세상 모든 퍼터 길이가 해당된다.

22. 편안한 골프장으로 간다. 티샷이 멀리 가야 되고 그린까지 경사가 심한 골프장은 힘이 든다.

23. 코치가 시키는 대로 허리를 어깨를 전부 비틀어 꼬면 내 뼈 마디가 골병이 든다. 간결하게 그리고 half swing을 한다.

24. 버디를 하게 되면 그 기쁨은 세종대왕과 캐디와도 함께 나눈다. 캐디에게 보람을 느끼게 해준다.

25. 중간 중간에 골프장의 아름다운 경치를 바라보고 감탄한다. 꾀꼬리에 딱따구리에 미소를 보낸다.

26. 골프장을 가꾸는 그린키퍼들에게 말로나마 감사한다.

27. 끝나면 탕(湯)에서 충분히 즐긴다. 온천 따로 찾아갈 필요 없다. 여기가 온천이다.

28. 앞 팀은 우리가 갈 길을 미리 살펴주고 뒷 팀은 우리가 온 길을 믿고 따라온다. 마음 속으로 칭찬하며 함께 이 날을 즐긴다.

29. 캐디는 나의 동반자요, 지도자다. 믿고 따르고 격려한다.

30. 내 뒤가 아름답게 보이도록 나의 흔적은 지우고 전진한다.

31. 다음 날 또 만날 것을 기약하며 골프장을 떠난다.

10 공의 비행 궤도(ball flight)

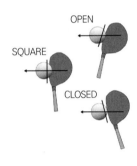

OPEN

SQUARE

CLOSED

임팩트 때의 훼이스 앵글
스퀘어이고 열려있고 닫혀있다. 공의 출발 방향을 알 수 있다.

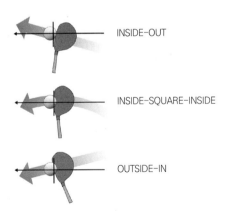

INSIDE-OUT

INSIDE-SQUARE-INSIDE

OUTSIDE-IN

스윙 궤도
임팩트 때 훼이스 앵글과의 상대적 관계에 따라 사이드 스핀을 만들고 공이 휜다.

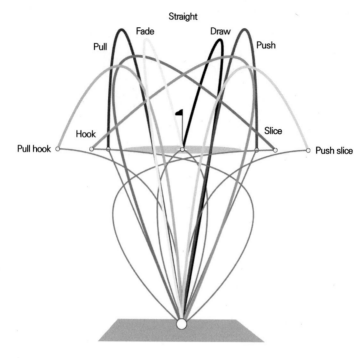

공이 날아가는 궤도
임팩트 때 훼이스가 열린 정도(face angle)와 스윙 궤도에 따라 크게 아홉 가지 구질이 나온다.

공이 오른쪽으로 가는 방법을 생각해 본다. 두 가지 커다란 물리학적 설명이 가능하다. 거창하게 물리학이라 말하지만 상식적인 수준의 이야기이기도 하다. 첫 째는 훼이스 앵글이다. 훼이스가 오른쪽으로 열린 채 공이 맞으면 공은 오른쪽으로 출발한다. 당연하다. 같은 이유로 훼이스가 닫힌 채로 공이 맞으면 공은 왼쪽으로 출발한다. 두 번째는 사이드 스핀이다. 공이 위에서 볼 때 시계 방향으로, 즉 오른쪽으로 스핀이 걸려서 돌면 공은 오른쪽으로 휜다. 슬라이스가 나는 이유다. 같은 이치로 공이 위에서 볼 때 반시계 방향으로, 즉 왼쪽으로 스핀이 걸려서 돌면 공은 왼쪽으로 휜다. 훅이 나는 이유다. 훼이스 앵글과 사이드 스핀, 이 두 가지를 갖고 조합하면 아래의 아홉 가지 구질이 형성된다. 이 두 가지로 공의 방향을 생각해 본다.

야구 좋아하는 사람은 다 안다. 투수가 얼마나 다양하게 피칭을 구사하는지. 이렇게 다양하게 능수능란하게 볼을 구사해야 하는 이유가 타자를 헷갈리게 해서 방망이를 공에 대기 어렵게 하려 함이리라. 그걸 잘 하는 투수를 명 투수라 말하고, 그들은 연봉이 높다. 특히, 그들이 공을 들여 구사하는, 난이도 높은 피칭은 사이드 스핀을 이용하는 투구다. Curveball, slider, cutter 같은 공이 그렇다. 이 세 가지는 사이드 스핀이 걸리는 방법이고 비슷한 그립에 고저 차이를 추가하여 난이도에 변화를 준다. 미국 프로 야구 MLB에서 Tampa Bay Rays의 Charlie Morton 투수는, 대개 다른 투수도 그렇지만, 매번 다양한 투구를 구사하는데 특히, 갑자기 고도 차가 낮은 슬라이더(slider)를 던지며 타자들을 당혹시킨다. 이것을 골프 티샷에 비유하면 극단적인 훅과 같다고 볼수 있다. 갑자기 타자 앞에서 옆으로 멀리 휘는 야구 공, 훼어웨이 끝에서 급히 휘는 골프 공과 같다. 슬라이스나 훅 공이 그렇듯이 마지막 부분에서 확 휘는 이유가 바로 이 사이드 스핀에 있다. 이 사이드 스핀의 비밀을 터득하면 연봉이 높은 투수가 될 수 있고, 골프장에서 휘파람을 부는 골퍼가 될 수 있다. 야구 투수와 반대로, 골퍼는 이 사이드 스핀과 멀어질수록 행복하다. 사이드 스핀이 있어도 약간, 아주 약간 훼이드나 드로 수준이면 좋겠다. 물론, 전략적으로 타이거 우즈처럼 종종 휘는 공을 구사할 수 있다면 좋겠지만. 참, 류현진을 빼고 미국선수만 얘기하면 섭섭하겠다. 류현진도 다양한 변화구를, 스핀이 걸리는 공을 비교적 짧은 손가락, 손으로 잘 구사한다. 당연한 얘기지만, 사이드 스핀이 걸리는 변화구만 계속 던지면 야구를 보는 재미도 없고 그 투수도 롱런하기 어렵다. 야구는 투타(投打)의 조합이 함께 가야 재미있다.

공이 날아가는 아홉 가지 방법; 임팩트 때의 훼이스 앵글과(출발 방향) 스윙 궤도에(사이드 스핀) 따른 공의 궤도를 알아 본다. 골프 공이 날아가는 궤도는 이 두 가지 변수의 조합이다. 이 내용을, 이 물리를 꼭 알고 골프를 쳐야 골프에 발전이 있다. 꼭 알자. 알아야 한다. 지식뿐 아니라 나의 스윙 실체를. 밑줄 쫘악~~

1. Straight; 스탠스와 에임이 중앙. 인사이드인 궤도에 훼이스도 스퀘어다. 더 바랄 것이 없다. 이렇게만 된다면 금새 싱글이 될 수 있다.

2. Fade; 약간 닫힌 스탠스. 훼이스는 닫혀 있으나 스탠스보다는 열린다. 그래서 약간의 사이드 스핀이 오른쪽으로 걸린다. 자연스러운 아웃사이드 인 궤도. Draw의 반대. 아주 좋은 스윙이다. 이렇게 되도록 노력한다.

3. Draw; 약간 열린 스탠스. 훼이스는 열려 있으나 스탠스보다는 닫힌다. 그래서 약간의 사이드 스핀이 왼쪽으로 걸린다. 자연스러운 인사이드 아웃 궤도. Fade의 반대. 이렇게 하고 싶다.

4. Pull; 에임이 왼쪽인 straight shot. 또는 아웃인 궤도와 일치하는 스퀘어 훼이스 앵글. Push의 반대. 고치려고 마음먹으면 고친다.

5. Push; 에임이 오른쪽인 straight shot. 또는 인아웃 궤도와 일치하는 스퀘어 훼이스 앵글. Pull의 반대. 고치려고 마음먹으면 고친다.

6. Slice; 아웃인 궤도. 훼이스는 닫혀 있으나 상대적으로 스윙 궤도 보다는 열려있다. Hook의 반대. 어서 명의(名醫)를 찾아 나서 치료를 받는다.

7. Hook; 인아웃 궤도. 훼이스는 열려 있으나 상대적으로 스윙 궤도 보다는 닫혀있다. Slice의 반대. 어서 명의(名醫)를 찾아나서 치료를 받는다.

8. Pullhook; Hook과 근본은 같다. 스탠스나 훼이스가 왼쪽을 향하여 닫혀있다. 훼이스는 궤도보다 상대적으로 닫혀있다. Pushslice의 반대. 치료가 필요하다.

9. Pushslice; Slice와 근본은 같다. 스탠스나 훼이스가 오른쪽을 향하여 열려있다. 훼이스는 궤도보다 상대적으로 열려있다. Pushhook의 반대. 치료가 필요하다.

Fade

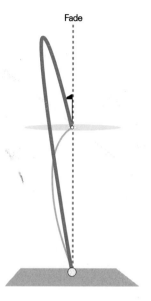

Draw

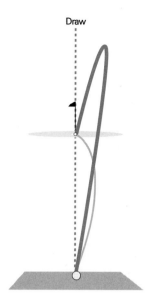

Pull

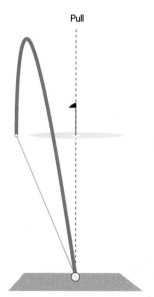

Push

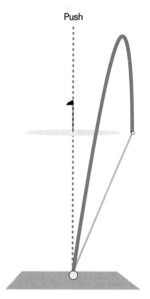

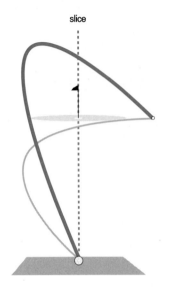

slice

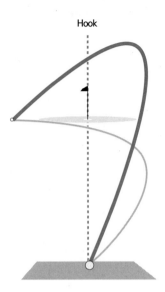

Hook

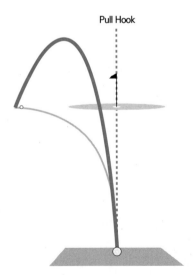

Pull Hook

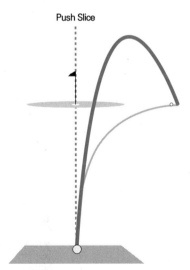

Push Slice

골프장에서는 스트레이트, 드로, 훼이드가 이상적이다. 프로 선수들은 이 셋 중의 하나를 구사한다. 잘 치는 아마추어도 그렇다. 풀이나 푸쉬는 아름답지는 않으나 근본적으로 공을 똑바로 보낼 수 있는 구질이기에 약간의 수정만 가한다면 훌륭해질 수 있는 아마추어다. 드라이버 티샷이 훼어웨이를 많이 벗어난 줄 알았는데 훼어웨이 끝자락에 공이 살아있는 경우를 종종 본다. 그런 경우는 대개 이런 경우는 풀이나 푸쉬인 것으로 보인다. 풀이나 푸쉬는 에임을 똑바로 하거나 스탠스를 스퀘어로만 해준다면 많이 좋아지는 경우를 본다. 특히, 여성들에게서 종종 보인다. 혹이나 슬라이스는 스윙궤도를 바로 잡아야 하는 커다란 숙제가 남아있다. 스윙궤도라는 인생의 난제가 해결되면 이어서 스탠스나 에임을 정확히 터득하고 임팩트를 스퀘어로 하려는 마지막 부분을 더한다면 좋을 듯하다. 풀혹이나 푸쉬슬라이스는 안타깝게도 총체적 난국이라고 볼 수가 있겠다. 어려운 과정이겠지만 훌륭한 선생님을 만나서 가르침을 받는다면 골프가 즐거워질 수 있을 것 같다.

"내 스윙이 공의 비행을 결정한다."

"Straight, fade, draw에게 골프장은 파라다이스다.
Pull과 push는 비교적 고치기 쉬운 병이다"

"열려 맞추면 공은 오른쪽으로 출발하고,
오른쪽 사이드 스핀이 걸리면 공은 오른쪽으로 휜다"

11 공을 왼쪽으로 보내기
(방금 내 공이 왼쪽으로 간 이유)

공을 왼쪽으로 보내는 쉬운 방법을 생각해 본다. 수도 없이 많은 방법이 있을 것 같다. 공을 맞추는 순간, 정면보다 클럽 훼이스가 닫혀서 맞으면 왼쪽으로 출발한다. 맞는 순간, 사이드 스핀이 왼쪽으로 걸리면(위에서 볼 때, 반시계 방향) 왼쪽으로 휜다. 이 두 가지 메커니즘을 알면 방금 친 내 공이 왼쪽으로 간 이유를 알 수 있고 또 내 공을 왼쪽으로 보내는 능력을 키울 수도 있다. 다음에 열거하는 것이 공이 왼쪽으로 가도록 하는 방법들이다. 왼쪽으로 가는 실수가 이렇게 나오고, 슬라이스를 고치는 해답도 이 속에 있으며 의도적으로 이렇게 하여 왼쪽으로 보낼 수도 있다. 물리학적인 바탕에서 이루어진다고 생각한다. '평소보다', '중간보다', '가운데보다'가 이야기의 기준점이 된다. 스윙하는 방법에 따라서 또는 클럽 자체의 구조에 따른 차이도 있겠다. 스윙 방법을 먼저 생각하고 클럽 구조로 진행해 본다.

1. 공을 왼쪽으로 보내기

1) 왼쪽을 조준한다.

오(誤)조준이다. 잘못 조준한 것이다. 잘못하여 왼쪽으로 어드레스한 것이다. 셋업이 왼쪽일 수도 있고 두 발이 closed일 수도 있다. 왼쪽을 정 중앙이라고 생각한다. 아주 흔한 사고다. 여성에게서, 아마추어에게서 눈에 띄게 흔히 일어난다. 고수(高手)가 의도적으로 일부러 오조준할 수도 있다. 바르게 에임하는 것이 중요하다.

2) 백스윙 탑에서 클럽이 뒤로 누워 있다.

탑에서 클럽이 뒤로 누워 있다. 탑에서 오른손 손바닥이 하늘을 향한다. 인아웃 궤도가 되기 쉽다.

3) in-out 스윙이다.

인아웃 스윙에 반시계 방향의 사이드 스핀이 작용할 수도 있다. 공이 왼쪽으로 휜다.

4) strong 그립을 잡는다.

5) 셋업할 때 훼이스가 이미 닫았다.

두 다리는 제대로 에임되었으나 훼이스가 닫혔다.

6) 공을 왼쪽 앞쪽에 놓고 셋업한다.

훼이스가 중앙을 지난 뒤 닫힌 상태에서 공을 만난다. 훼어웨이 우드 샷에서 주의할 일이다.

7) 몸통 스윙보다 손목 스윙을 한다.

오른손의 기능이 클 때 특히, 그렇게 된다. 이 자세는 왼쪽으로 간다기보다는 임팩트 때 손의 위치에 따라 왼쪽 또는 오른쪽으로 갈 수 있다.

8) 다운스윙 때 몸통보다 오른쪽 어깨, 팔이 먼저 온다.

9) 휘니쉬 때 몸이 공을 따라서 왼쪽으로 간다.

10) 훼이스의 스윗 스팟이 아니라 토우 쪽에 공이 맞는다.
기어 효과(gear effect)로 사이드 스핀이 걸린다. 위에서 볼 때 공이 반시계 방향
으로 돈다.

11) 클럽의 그립 사이즈가 작다.
작은 클럽, 여자용 클럽을 써 보면 쉽게 알 수 있다.

12) 클럽 플렉스가 낭창하다.
낭창한 샤프트는 비거리 레버리지 효과를 기대할 수 있으나, 지나치면 임팩트에
훼이스가 먼저 들어와서 닫혀 맞는다.

13) 샤프트가 가늘고 가볍다.
낭창하다거나 작다거나와도 일맥 상통한다. 여성용을 써 보면 알 수 있다.

14) 샤프트가 low kick이다.
mid kick보다 low kick이 닫혀 맞기 쉽다. 레버리지를 위하여 약으로 쓴 low kick
이 독으로 변할 수 있다.

15) 훼이스가 닫혀서 제작된 클럽이다.
여성용, 시니어용, 슬라이서용 클럽 중에 그런 것이 많다.

16) 헤드가 샤프트보다 오른쪽으로 progression 되어(off-set 디자인) 연
결되어 있다.
샤프트가 공을 지나서 훼이스가 닫힌 뒤에 맞는다.

17) 헤드가 draw 버전으로 제작된 것이다.

드로 버전은 슬라이서를 위하여 힐쪽에 무게를 더 추가한 헤드다.

위와 같이 하면 공이 왼쪽으로 간다. 공이 오른쪽으로 가던 슬라이서라면 가운데로 올 수도 있겠다. 슬라이서는 스윙을 잘 하도록 고쳐야 되겠지만 정 고쳐지지 않는다면 위와 같은 방법을 쓰면 임시 해결책이 된다. 근본적인 해결이 바람직하다. 위와 같은 이유가 있을 것이다. 그 안에서 개선책을 찾아봐야 되겠다.

2. 공을 오른쪽으로 보내기

1) 오른쪽을 조준한다.

오(誤)조준이다. 오른쪽을 정 중앙이라고 생각한다. 공이, 헤드 훼이스가, 두 발이 오른쪽을 에임한다. 아주 흔한 일이다. 여성에서, 아마추어에게서 눈에 띄게 많이 본다.

2) 백스윙 탑에서 클럽이 하늘로 높이 서 있다.

아웃인 궤도가 되기 쉽니다. 공이 오른쪽으로 휜다.

3) out-in 궤도 스윙이다.

4) weak 그립을 잡는다.

5) 셋업할 때 이미 훼이스가 열려있다.

6) 공을 오른쪽 뒷쪽에 놓고 셋업한다.

다운 스윙이 스퀘어가 되기 전에 공과 만난다.

7) 몸통 스윙보다 손목 스윙을 한다.

몸통 스윙은 일관성이 있는데 손목 스윙은 일관성이 없다. 그래서 좌우 어느 쪽으로든지 갈 수 있다.

8) 다운 스윙 때 몸통을 오른쪽 어깨, 팔이 못 따라 온다.

9) 휘니쉬 때 몸이 공을 따라 오지 못하고 지나치게 뒤에 남는다.

10) 훼이스의 힐쪽에 공이 맞는다.

기어 효과와는 반대로 시계방향 사이드 스핀이 걸린다.

11) 클럽의 그립 사이즈가 크다.

작은 손에 큰 그립은 버겁다.

12) 클럽 플렉스가 단단하다.

샤프트가 딱딱하여 쉽게 콘트롤하기 어렵다. 클럽이 따라오기 힘들다.

13) 샤프트가 굵고 무겁다.

단단하거나와 무겁다와도 일맥 상통한다.

14) 샤프트가 mid kick이다.

상대적으로 low kick보다 그럴 수 있다

15) 훼이스가 열려서 제작되었다면 오른쪽으로 간다.

실제 그런 클럽은 없다. 반대의 경우만 있다.

16) 헤드가 샤프트보다 왼쪽으로 progression되어 있다.

샤프트가 오기 전에 헤드가 공을 먼저 맞추어 오른쪽으로 간다.

17) 헤드가 fade 버전으로 제작된 것이다.

훼이드 버전은 후커를 위하여 토우 쪽에 무게를 더 추가한 헤드다. 흔치 않다.

클럽의 구조로 보면 여성용 시니어용 클럽은 원래 공이 오른쪽으로 갈 거라는 나쁜 가정 아래, 그들을 도와준다고 생각하여 공이 왼쪽으로 가기 좋게 제작되어 있는 경우가 많다. 그립, 샤프트를 가볍고 가늘게 만들며 플렉스를 부드럽게 하고 기본적으로 low kick으로 만들고, 헤드는 오른쪽으로 프로그레션해 놓았거나 훼이스를 닫아 놓기도 해서 느린 스윙 스피드로 생길 수 있는 오른쪽 방향 공을 보강하여 왼쪽으로, 궁극적으로는 가운데로 공이 날아가도록 만들고 있다. 스윙 스피드가 있는 여성은 오히려 이런 클럽이 공 방향을 왼쪽으로 나쁘게 유도할 수 있으므로 여성용보다 남성용(R, R2플렉스)이 잘 맞을 수도 있다. 그러므로 훈련을 통하여 스윙이 정상화된다면 neutral을 지향하는 클럽으로 회군할 필요가 있다.

캘러웨이 사(社)의 epic flash 남성 유틸리티와(왼쪽) 마루망 사(社)의 여성용 shuttle 유틸리티 헤드
남성용 훼이스는 샤프트보다 왼쪽에 있고
여성용 훼이스는 샤프트 중앙에 있고
토우 쪽이 닫혀 제작되어 있다.
여성용은 샤프트도 그립도 가늘고 가볍다.

"방금 나의 공이 왼쪽으로 간 이유를 알면
골프가 즐거워진다"

12 장타 치기

장타(長打); 공을 멀리 보낸다는 뜻.
거리(distance) = 비(飛)거리(carry) + 달린 거리(roll)

드라이버 거리를 늘리기 위한 물리적 조건은 세 가지가 있다. 딱 세 가지다. 첫 째는 헤드 스피드. 빠르면 빠를수록 멀리 간다. 두 번째는 미트율(smash factor=ball speed/head speed). 스윗 스팟에 맞출수록 멀리 간다. 마지막 세 번째는 백스핀이다. 백스핀이 크면 클수록 위로 잘 뜨고 작을수록 뜨지 않는다. 최적의 거리는 백스핀이 3,000 rpm 안팎일 때 나온다. 위와 같은 세 가지 물리량을 달성하는 구체적인 방법으로 아래와 같은 부연 설명을 하게 된다.

비거리와 달린 거리가 길면 거리도 길어진다. 장타가 된다. 높은 각도로 (high trajectory. 그것도 적은 백스핀으로) 날아가면 비거리가 크다. 스윙 스피드가 빠르면 많이 달린다. 스윙 속도가 느리면 달리기는 어렵다. 그렇다면, 아마추어는 되도록 멀리 날아가야 한다. 비(飛)거리를 늘려서 골프 거리를 늘려야겠다. 스윙 스피드가 느린 아마추어 남자나 여성은 비거리를 늘려야 멀리 간다. 즉, 띄워야 한다.

Bubba Watson의 스윙 그림을 잘 분석해 보면 장타치는 비결이 모두 보인다. 그림은 2012년 6월 TIME지에 나온 그의 스윙 분석이다. Strong이 아니라 더 센 stronger 그립으로 시작한다. 어깨는 엉덩이보다 크게 아크를 그려 백스윙하여 토크를(비틀림) 올리며, 탑에서는 오버 스윙을 하고 이를 받쳐주기 위하여 오른발 뒤꿈치를 든다. 온 에너지를 다운 스윙에 쓰는 데 임팩트 직전 샤프트가 휘어 있는 것을 보면 얼마나 스피드가 빠른지 알 수 있다. 여기까지가 Watson의 장타 비결이다. 운동 에너지 $1/2\ mv^2$에서 속도 V가 어디서 나오는지, 그것은 왜 제곱 효과를 내는지 알 수 있다. 나머지 휘니쉬 동작은 그 만의 특유 동작으로, 멀리서 보아도 Watson인지 알 수 있다. 임팩트 후 오른 무릎이 돌면서 땅과 떨어지고 high finish를 하며 마지막 모습은 몸 균형이 흔들리는 듯(off-balance) 하기까지 한다. 그는 이 순간을 skating away라고 자신을 설명하며, 관절에 무리를 주지 않고 오래오래 골프를 즐기기 위해서라고 말한다.

　　여기서 빠진 설명이 하나 더 있다. 스윗 스팟이다. 위의 조건을 다 맞춘 뒤에 face의 중심인 스윗 스팟에 맞춰야 그 노력한 에너지가 최대한 모아져 공에 전달된다. 이 스윗 스팟에 잘 맞추는 정도를 미트율(smash factor)이라고 부른다. 이보미 선수가 키가 작은데 장타를 치는 비결은 미트율이 높기 때문이

Bubba Watson의 스윙 모습
2012년 TIME誌에서는 버바 특유의 스윙 폼에서 장타의 비결을 찾았다.

라고 일본 골프 전문가들은 분석한다. 아마추어의 미트율은 1.3 정도라고 한다. 반면에 프로들의 미트율은 1.5 정도라 한다. Bubba도 이 미트율이 대단히 높을 것이다. 그는 왼손잡이다. 따라서 대부분이 오른손 스윙하는 우리로서는 이해가 어려운 스윙일 수 있으나, 거울에 비친 나라고 생각한다면 이해할 수도 있겠다. youtube에도 좌우를 바꾸어서 오른손잡이인양 분석한 동영상이 많이 있다. 스윗 스팟에서 1 cm 벗어나 맞으면 비거리가 보통 10 m 줄어든다고 한다.

자, Shall we? Let's Go Further.

골프계에는 정말로 문(文)과 무(武)를 겸비한 사람이 많은 것 같다. Tiger Woods한테서 그런 감을 느끼고 Bubba Watson에게서도 그런 느낌을 강하게 받는다. 물론 나머지 수많은 선수에게서도 느낀다. 지식과 지혜가 건강한 몸과 함께 가야 즐거운 운동이 되는 것 같다. 축구에서 받는, 농구에서 받는 그리고 football에서 받는 느낌이나 정서와는 다른 면이 있다. 그래서 그런가? 전문직 아마추어 골퍼에게서 그런 지적 호기심의 모습을 많이 관찰한다.

나이가 들어서 기운이 없다. 스윙 스피드가 나지 않는다. 젊은 시절의 내 비거리가 그립다. 그저, 젊었을 때의 비거리를 돌려다오. 장타는 바라지도 않는다. 나이듦에 대한 회한과 함께 짧아지는 비거리는 가슴 아프고도 남을 일이다. 그러나, 그렇다고 그 이유로 골프를 피한다면 그것도 슬픈 일이다. 나이든 사람이, 힘없는 여성이 비거리를 올리는 방법 중에 하나는 백스핀을 주어서 공에 양력(揚力)이 붙게 하는 것이다. 양력이 있으면 공이 뜬다. 공이 뜨면 일단 멀리 간다. 반대로, 스윙 스피드가 느린 상태에서 공이 낮게 깔리면 잔디의 저항에 걸려 얼마 가지 못한다.

그러면, 백스핀을 주는 방법은? 로프트를 올린다. 11도, 12도, 13도도 좋다. 더 높아도 좋다. 남성용으로 로프트가 높은 것을 구할 수도 있고 이미 로프트가 높은 여성용 여성용 헤드에 나름의 샤프트를 붙이는 것도 방법이다. 티를 높이 꽂아서 티샷하는 것이 돈 안들이고도 할 수 있는 지혜로운 방법이다. 다만, 높이 뜰수록 사이드 스핀의 영향이 큰 점은 있다. 좌우로 흩어질 가능성이 있다. 비거리를 늘리는 기쁨을 생각하면서 임팩트를 야무지게 스퀘어로 하여 치면 좋겠다.

나이 들어, 아이언도 마찬가지로 예전처럼 멀리 보내고 싶다. 클럽 로프트는 이미 정해져 있다. 아이언은 티도 없다. 어쩌면 좋은가? 바닥이 넓은 아이언이 있다. 이른바, wide sole, 이 클럽은 바닥이 넓은 덕에 무게 중심(center of gravity)이 훼이스로부터 뒤로 멀리 그리고 낮게 자리한다. 따라서 탄도가 높아진다. 공이 일단 높이 뜬다. 실거리가 는다. 사실 숏 아이언으로 갈수록 이렇게 생겼고 여성용이 이렇게 생겼다. 마루망 아이언의 구조도 그렇다. Wide sole! 나이들수록 필요한 아이언 헤드 구조다. 다시 생각해보면, 젊은이에게도, 아마추어 누구에게도 필요한 구조인 것 같다. Wide sole, it means deep and lower center of gravity. Also means, go further. 스윙 스피드가 빠른 사람에게는 이것은 다른 얘기다. 속도가 빠른 경우에는 무게 중심이 앞에 있을수록 백스핀을 줄이고 더 구르게 되어 멀리 간다.

"정, 멀리 보내고 싶으면 비공인 드라이버, 비공인 공을 쓴다"

13 셋업(Set up)

Set up이 영어 단어이기 때문에 우리말 사전이 아닌, 오리지널 영어 사전에서 그 뜻을 알아보기로 하였다. 英英사전에는 이렇게 써 있다.

: The process of making something, such as a machine or computer program, ready to be used
: The way that something is done or organized
: If you set something up, you create or arrange it
: To build or establish
: Place something in position

something을 golf (swing)이라 바꾸면 골프에서 set up의 의미를 알 수 있을 것 같다. 즉, 골프 스윙을 할 수 있게 하는 과정, 골프 스윙을 준비하는 것, 골프 스윙 장비 즉, 클럽을 스윙이 될 수 있게 하는 것, 골프 클럽을 스윙 위치에 두는 것 등의 의미라 이해가 된다. 중요하다. 공이 제대로 맞기에 이르는 모든 프로세스를 의미하므로 이 과정만 살펴보더라도 공이 어디로 갈지 이미 반은 결정은 나 있다고 볼 수도 있겠다. 이렇게 중요한 셋업을 잘 해야겠다.

보통 흔히 하는 드라이버 티 샷이라면, 훼어웨이를 유심히 관찰하여 목적지를 마음에 담아두고, 적절한 곳에 적절한 높이로 티를 꽂은 뒤 공을 올려 놓고, 공과 떨어져서 한두 번의 연습 스윙을 하고 공 옆에 다가 선다. 공은 좌우 발의 약간 앞쪽에 두며 훼이스를 공에 90도 스퀘어로 둔다. 스퀘어로 훼이스를 둔 것을 정확히 확인한 뒤 두 발 끝이 훼이스에 스퀘어가 되게 선다. 훼이스가 먼저고 그 다음이 내 두 발 끝이다. 등을 세우고 적절한 각도로 수그려 선 뒤 숨을 가다듬고 부드럽게 백 스윙을 하고 탑에서 잠시 멈춘다. 다운 스윙을 시작하고 정확히 스퀘어로 헤드를 임펙트 시킨 뒤 휘니쉬한다. 이 셋업 과정의 적절함 여부에 따라 사람마다, 훈련 받은 내용에 따라, 몸 상황에 따라 다양한 모습 다양한 결과가 나온다. PGA선수와 달리 특히 아마추어가 그렇다.

1. 티

2.25″ 티를 주로 많이 쓰는 것 같다. 종종 3.25″ 긴 티를 쓰는 분이 있는데, 내 관찰 경험으로는 긴 티를 쓰는 분들이 티샷을 잘 한다. 멀리 간다. "Tee it high and let it fly"라는 좋은 말도 있다. 특히, 스윙 스피드가 느린 시니어나 여성은 티가 높을수록, 클럽 로프트가 높을수록 높이 떠서 비거리가 많이 난다. 적절한 깊이로 티를 땅에 꽂아서 원하는 티 높이가 되도록 한다. 그리하여 원하는 공 높이가 이루어진다. 티 높이는 일관되게 할 필요가 있다. 이것이 일관되어야 드라이버 훼이스의 스윗 스팟에 일관되게 맞출 수 있다. 티 역시 되도록 나의 것으로 일관되게 사용한다. 남에게 얻은 티, 바닥에서 주은 티 같은 아무 티나 쓸 일은 아니다. 경험상 중요하다. "Aim High"는 미국 공군의 로고다. Aim은 high한 게 좋겠다. 그래야 공이 뜨고 멀리 간다. 또 이런 말도 있다. "Taller tees equal longer drives"

2. 골프 공

중요할 지도 모른다. three piece냐, two piece냐 심지어 four piece냐. Two piece는 싸고 멀리 가고 스핀이 덜 먹는다고 말해 왔다. 보통 공 박스에 distance라는 말이 많이 써 있다. three piece, four piece 공은 상대적으로 비싸고 덜 날고 스핀이 잘 먹는다고 알려져 왔다. 그러나 공 제작 기술의 발전으로 피스 수에 따른 특성이 지금은 그렇게 일방적이지는 않다. 투 피스 공도 벙커에서나 어프로우치 때 적절한 임팩트를 하면 백 스핀이 잘 먹어 그린에 바로 서기도 하고 잘 맞은 three 피스 공은 티샷이 아주 멀리 가기도 한다. 그리고 보통 아마추어들의 플레이에서는 공의 피스 수가 결과에 미치는 impact factor가 그리 높아 보이지 않는다. 다른 많은 것에 비하여 공 종류는 크게 신경쓰지 않아도 좋은 항목이다. 다만, 너무 상해서 그린을 똑바로 구르지 못할 정도라면 바꾸는 것이 좋겠다.

3. 공 위치

7번 아이언 샷 할 때 좌우 가운데에 놓고 이후 클럽이 길어질수록 왼쪽으로 약간씩 옮기고 클럽이 짧아질수록 오른쪽으로 아주 약간씩 이동해 놓는 것이 보통이다. 어떤 이는 모든 공을 좌우 중간에 놓기도 한다. 타이거 우즈가 그랬다. 정답은 없다. 자신의 스윙스타일에 맞춰서 결정할 일이다. 왼쪽에 놓은 공이 자꾸 훅이 나고 뒷땅, 탑볼이 난다면 가운데로 옮겨볼 수도 있다. 가운데에 둔 공이 자꾸 슬라이스가 난다면 왼쪽으로 약간 옮기는 것도 한 가지 해결 방법이다. 훼어웨이 우드 샷에 공을 많이 왼쪽에 두는 것은 부적절하다. 많이 왼쪽에 있으면 체중 이동을 많이 해야 하는데 그러면 부정확하게 맞을 가능성이 높다. 모든 공은 정 가운데를 기준으로 공 하나 정도 좌우 범위까지 놓는 것이 좋겠다. 그 이상 멀리 두면 무리가 따른다.

4. 발 넓이

발 넓이는 여러 가지 방법이 있다. 샷 마다 바꾸어줄 필요도 있다. 발 넓이는 보통 어깨 넓이를 많이 하는 편이나(normal stance) 드라이버의 경우에는 장타를 내기 위하여 어깨 넓이보다 더 벌리기도 하고(wide stance) 키가 작은 사람도 장타를 원하면 이렇게 발 폭을 넓게 할 수도 있다. 웨지 샷이나 퍼팅에서는 약간 좁게 서기도 한다(narrow stance). 또 특별히 아주 가까운 거리의 칩샷 같은 경우에는 몸통 고정을 위하여 두 무릎을 거의 붙인 상태에서 샷을 하기도 한다(very narrow stance).

5. 발 끝 방향

두 발 끝은 에임 방향에 맞추어 정렬한다. 두 발을 평행하게 목표에 스퀘어로 두는 것(no flare)이 보편적이다. 이렇게 셋업하면 에임하는 방향에 대하여 비교적 쉽게 얼라인먼트를 할 수 있다. 일관성이 좋다. 왼쪽 발을 약간 오픈하는 방법(left foot flare)은 생각보다 많은 사람이 하는데, 임팩트 후에 휘니쉬가 비교적 부드럽게 진행된다는 장점이 있다. 휘니쉬가 부드러우니 무릎 손상이 적을 수도 있다. 다만, 에임이 약간씩 변화하여 목표를 겨냥하는 능력에 일관성이 떨어질 수 있다. 몸 유연성이 떨어져서 백스윙이 약간 힘든 분 중에는 오른발을 약간 오른쪽으로 열고 서기도 한다(right foot flare).

6. 발 방향(stance)

보편적으로 두 발 끝이 에임 방향에 스퀘어를 이룬다(square stance). 필요에 따라 두 발이 모두 왼쪽을 향해야(open stance) 하는 경우가 있다. 왼 발을 뒤로 빼고 오른발을 약간 왼쪽으로 돌린다. 공을 왼쪽으로 보내고 싶을 때다. 오르막 샷에서 필요할 수 있다. 훼이드 샷에서 필요하기도 하다. 반대로, 오른발을 뒤로 빼고 왼발을 오른쪽으로 살짝 돌려야 할 경우도 있다(closed stance). 내리막 샷에서 필요할 수가 있다. 드로 샷을 구사하고 싶을 때 이렇게 준비한다.

7. 헤드 훼이스를 어디에?

너무나 다양하게 플레이 한다. 땅 바닥에 놓기도 하고 공 적도 옆 공중에 두기도 하고 공에서 멀리 놓기도 하고 바짝 붙여 놓기도 하고 토우쪽에 놓기도 힐쪽에 놓기도 하고. 의도에 따라, 스윙 궤도에 따라 일정하게 일관되게 두는 것이 중요하다. 백스윙 탑에서 어디로 들어오냐에 따라 다르겠지만 스윗 스팟이 적도보다 약간 아래에 맞도록 두는 것이 좋다. 이것은 일관성을 유지하는데 도움이 되고 이 자리가 바로 공과 클럽이 만나야 하는 자리이기 때문이다. 즉, 겨냥했던 곳으로 정확히 다시 돌아오는 것이 일관되고 좋다.

8. 훼이스를 어느 방향으로?

Square로 clubface를 세우는 게 기본이다. 타겟으로 바로 향하는 구조이다. 대체로 스퀘어로 한다. 훼어웨이에서 공이 발끝보다 높게 있으면 공이 왼쪽으로 휠 것에 대비하여 open face를 하고, 낮게 있으면 공이 오른쪽으로 휠 것을 예측하여 closed face를 할 수 있다. 훼어웨이에서 왼쪽이 높은 오르막이라면 공이 오른쪽으로 휘게 마련이므로 face를 닫고 셋업을 한다. 물론, 공을 왼쪽에 놓을 수도 있다. 또는 왼쪽을 겨냥하고 거기에 맞춰 스퀘어로 셋업을 한다. 반대로, 훼어웨이에서 왼쪽이 낮은 내리막이라면 공이 왼쪽으로 휘게 마련이므로 face를 열고 셋업을 한다. 물론, 공을 오른쪽에 놓을 수도 있다. 또는 오른쪽을 겨냥하고 거기에 맞춰 스퀘어로 셋업하는 것도 방법이다. 상황에 따라서 그립을 스트롱으로 또는 위크 그립으로 하는 방법도 있다. 자신의 그립은 일정하게 하고 훼이스를 열고 닫는 것이 일관성이 좋다.

9. 에임과 얼라인먼트(aim and alignment)

어렵다. 쉬운 것 같은데 의외로 에임을 제대로 못하는 경우가 많다. 중요하다. 그리고 일관성이 있어야 한다. 공을 똑바로 보내고자 한다면 일단, 조준부터, 조준선 정렬부터 정확해야 한다. 방법은 이렇다.

1) 정확히 공 뒤에 서서 클럽을 들고 헤드와 공이 도착하고자 하는 목적지까지 일직선을 그린다.

2) 공 앞쪽 50 cm 정도에 가상의 중간 과녁을 정한다. 그것이 나뭇잎이어도 좋고 디봇이어도 좋다. 적당한 자연물이 없다면 호주머니에서 볼 마커나 티를 꺼내서 놓아도 좋겠다. 여분의 클럽을 공 오른쪽 즉, 타겟 라인 오른쪽에 평행하게 놓는 것도 골프 초기에는 좋은 방법이다. 티샷인 경우에는 처음부터 공에 써있는 공 회사 이름이나 화살표 라인을 티 위에 타겟 방향으로 정리하는 것도 좋다.

3) 공과 중간 과녁이 그리는 선을 보고, 클럽 훼이스를 공 옆에 스퀘어로 놓는다.

4) 스퀘어가 된 훼이스에 맞춰 타겟 라인에 평행하게 발끝을 정렬하여 애드레스한다. 이 때 순서가 중요하다. 헤드 훼이스를 스퀘어로 놓는 것이 먼저이

고 그 다음에 발 스탠스를 취한다. 골프 생활 초기에 얼라인먼트에 자신이 없을 때에는 양 발끝 앞에 클럽 샤프트를 내려 놓는다.

5) 처음 자리로 돌아 가서, 타켓 라인과 놓여진 클럽 샤프트가 평행한지 확인한다. 조준선 정렬이 잘 이루어진 것을 보고 나면 마음이 평화로와진다. 생각보다 많은 사람이 에임을 잘 못하는 것으로 알려져 있고 오른쪽으로 치우치는 경우가 많다고도 한다.

사격을 처음 배울 때, 탄착군이 흩어지는 것보다, 중앙은 아니지만 틀리더라고 한 쪽에 몰려있는 것이 더 좋다고 하였다. 사격에 일관성이 있다는 이야기일 것이고 교정하기에 변수가 간단하다는 뜻이다. 골프의 에임도 비슷하다고 생각해 본다. 일관된 실수가 교정이 쉽다.

단원(檀園)의 해탐노화도(蟹貪蘆花圖)
게 두 마리가 갈대꽃을 탐한다. 그림 속에는 해룡왕처야횡행(海龍王處也橫行)이라는 단원의 글에서
꿋꿋하게 옆으로 가려는 게의 의지가 엿보인다. 골프는 옆으로 하는 운동이라 모든 것이 게처럼 어색하다.

"골프는 게처럼 왼쪽으로 간다. 그래서 어색하다"

14 자기만의 독특한 스윙

Swing의 영어사전 풀이

: If you swing it, it moves repeatedly backwards and forwards or from side to side from a fixed point.

: To move backward and forward or from side to side while hanging from something.

: To move with a smooth, curving motion.

우리말로 해석해 보면, '고정된 상태에서 앞뒤로 또는 좌우로 아취를 그리며 되도록 부드럽게 움직인다'는 뜻이 된다. 때리는(打) 동작이 아니고 가격하는(hitting) 동작이 아니다. 무언가 부드럽게 연속적으로 앞뒤로 반복하는 느낌이다. 그러니 golf swing은 우리 말로도 '골프 스윙'이라고 똑같이 말하고 그 주는 느낌대로 받아들여야 될 것 같다. 그래야 스윙을 잘 할 수 있을 것 같다. 때리지 않고 패지 않고.

우리가 요새 배우고 실천하는, 그리고 텔레비전 중계로 보는 현대 골프 스윙의 표준, 시작은 보통 Ben Hogan이라고 한다. 그는 골프 스윙의 원조다. 이어 Jack Nicklaus, Arnold Palmer 등의 기여도 손에 꼽는다. 그리고 마지막,

완성은 Tiger Woods라고 한다. Tiger의 스윙은 완벽하고 인간이 할 수 있는 최상의 스윙이라고 했다. Perfect swing. 그런 완벽한 스윙이 아닌, 독특한 스윙도 존재함을 우리는 알고 있다. 한 번 타이거와 비교해 보아야겠다. 참고가 될 수 있겠다. 삼인행(三人行)이면 필유아사(必有我師)라 했다. 어디서든지 그들의 장점, 나의 스승을 찾아보자.

1. 매튜 울프(Mattew Wolff)

2019년 현재 그의 스윙은 revolutionary하기까지 하다. 셋업하며 타겟을 한 번 관찰하고 수직으로 백스윙하여 올라가며, 탑이 많이 내려간 상태에서 다운 스윙으로 진행한다. 회전력을 더 얻기 위하여 그의 다리와 발은 땅에서 약간 춤을 추는 듯하고 고정되어 있지 않는데, 야구에서 힌트를 얻은 듯하다. 하지만 몸의 밸런스와 일관성은 확실히 유지하고 있으며 그의 파워는 상상을 초월한다. 그의 근력, 체력은 대단하다. 2019년 프로에 데뷔했고 데뷔한 지 얼마 안되어 PGA의 3M Open에서 우승하였다. 유튜브에서 그의 스윙을 보면, 스윙 폼이 아름답지 않은 나도 위안을 받는 듯하다. 임팩트만 정확하면 폼이란 것은 그리 아름답지 않아도 되는구나 하는 생각이 든다.

2. 브라이슨 디쉠보(Bryson DeChambeau)

미국 텍사스 주 휴스턴의 물리학도 출신인 디쉠보는 보통 괴짜라고들 많이 부르는데, 남들이 하지 않는 것을 독특하게, 그것도 물리학에 근거를 두고 하기 때문이다. 싱글 플레인 스윙으로 유명하고, 퍼팅도 특이하게 가운데 정면 퍼팅을 시도하기도 한다. 현대 골프 스윙의 창시자는 Ben Hogan이었다. 그후, Jack Nicklaus 등을 거쳐 실질적인 현대 골프 스윙의 완성자가 된 것은 타이거 우즈였다. 그의 스윙을 우리는 완벽하다고 말한다. Dual plane swing 이었다. 이것은 올라가는 백 스윙과 내려오는 다운 스윙의 평면이 약간 달랐다. 이렇게 보편화된 이런 듀얼 플레인 스윙에 반기를 들고 이륙(백스윙)과 착륙(다운스윙)을 똑같이 하자는 싱글 플레인 스윙은 이론적으로는 완벽하였고 여러 사람이 시도도 하였으나 구체적인 성과는 보지 못하였다. 그런데 그것을 디쉠보가 몸소 결과로 좋은 스윙임을 증명하였다. 그가 싱글 플레인 스윙을 하면서 PGA에서 승리를 한 것이다. 한 번도 아니고 두 번씩이나. 그렇게 해서 싱글 플레인 스윙은 현실에 정착을 해보게 된다.

그가 또 하나 제시하는 아름다운 방법은 side-saddle putting이다. 우리 말로 하면 '오른쪽 정면 퍼팅'이라고 이름 붙이고 싶은데 그가 동의할 지는 모르겠다. 몸은 컵을 향하고 오른발 옆에 공을 둔 뒤, 헤드 훼이스가 정면을 향하는 특유의 퍼터로 공을 앞으로 보낸다. 게의 옆걸음이 아니라 정면 걸음이어서 자연스러워 보인다. 애석하게도 USGA는 이 퍼팅은 인정하였으나 퍼터를 인정하지 않았다. 과거에 Sam Sneed도 비슷하나 다른 정면 퍼팅을 시도하기도 했다. 유튜브로 디쉠보는 연구해 볼 만하다.

3. 최호성

낚시꾼 스윙으로 유명한 최호성 선수의 스윙은, 얼핏 보면 스윙하는 전과정에 무리가 없어 보이지만, 마지막 휘니쉬 동작에 뒷발을 들면서 자연스럽게 (지나치게 보일 수도) 한 바퀴 돌게 된다. 조금 어색해 보인다. 정확히는 모르나, 무릎에 그리 무리가 안 가서 좋겠다는 생각도 든다. 예전에 몸에 부상을 입어서 그렇게 적응한 듯하다. 몸에 장애가 있거나, 맥일로이처럼 완벽하지 못한 우리 아마추어는, 오래 건강하게 골프치고 싶다면 참고할 만한 스윙 폼이다. 그는 2019년 일본프로투어(JGTO)에서 특유의 스윙으로 우승컵을 거머쥐었다. '축하합니다. 최호성 선수!'

4. 버바 왓슨(Bubba Watson)

버바 왓슨의 스윙도 최호성와 비슷한 느낌이지만 그는 아직 부상은 없는 것 같다. 대표적 장타자인 왓슨의 스윙은 스트롱 그립에서 시작하여 아크를 크게 그리며 탑이 오버 스윙이 되며(여기까지는 장타자의 공통 모습이다) 정확한 임팩트를 하고 이어서 휘니쉬 과정에 앞발(그의 오른발)을 땅에서 살짝 띄어준다. 휘니쉬는 조금 높게 high finish를 한다. 이게 그의 스윙을 약간 불완전한 듯, 엉거주춤한 듯 보이게 하는데 이것을 그는, 스케이트를 지치고 나간다는 뜻으로, skating away라 말한다. "내 발이 땅에 끝까지 붙어 있으면 모든 관절, 특히, 무릎에 무리가 갈 것이다"고 그는 말하며, 부상 없이 오래오래 골프를 즐기고자 하는 의도라고 설명한다. 그의 스윙 동영상도 꾸준히 살펴볼 필요가 있다. 골프다이제스트 잡지에도 그에 대한 얘기가 많이 나온다.

위에 들어 본 여러 선수들의 공통점은 공을 똑바로 멀리 잘 쳐서 좋은 성적을 내고 좋은 수입도 있다는 것. 그리고 골프 이론은 여러 많은 것이 있지만, 결국은 선수가 원하는 곳으로 공을 잘 보내면 된다는 것. 그러기 위해서 중요한, 공통의 하나는 어떤 셋업, 어떤 백스윙, 어떤 다운스윙을 하든지 마지막 임팩트 순간 전후가 완벽해야 한다는 것이다. 우리는 모두 독특하다. Unique 하다. 세상에 이 몸매는 나 하나 밖에 없고 이 생각도 나 하나 밖에 없으며 당연히 내 스윙은 나만의 것이다. 나의 기쁨이고 자랑이다. 내 몸과 내 스윙을 사랑한다.

"임팩트 순간 전후가 완벽해야 한다"

15 그립 잡기

1. 뉴트럴 그립(neutral grip), 스트롱 그립(strong grip), 위크 그립 (weak grip)

그립 잡는 방법도 딱 하나 정답이 있는 것은 아닌 듯하다. 각 스타일 모두 특징이 있기에 자신이 편하게 느끼고 공이 잘 맞는다면 그것이 좋은 그립인 것 같다. 이렇게 다양한 방법이 있으니 이렇게 저렇게 여러 가지를 시도해 봄직 도 하다. 그리고 지금은 이 방법이 편하지만 다른 방법이 좋아질 때도 있다. 뉴 트럴 그립을 기준으로 하여 스트롱 그립은 셋업 단계에 엄지가 오른쪽에 있다. 그리고 임팩트 순간에는 이것이 닫힌다. 즉, 뉴트럴 그립이 맞는 사람이 이 그 립을 하면 훅이 나는 구조가 된다. 힘이 없어서 슬라이스가 잘 나는 여성이나 노년기에 하면 좋을 그립이다. 단적으로 말하면, 임팩트 때 스트롱하게/닫히게 해주는 그립이라고 할 수 있다. Bubba Watson은 그 특유의 장타를 위하여 스 트롱 그립을 잡는다. 반대로 위크 그립은 셋업 단계에 엄지가 이미 왼쪽에 가 있는 구조다. 임팩트 순간에 열려 맞게 되는 구조. 힘이 너무 세서 평소에 훅 이 잘 나는 사람이 그 힘을 줄이고 싶을 때, 열려 맞추고 싶을 때 쓰는 그립이 다. 위크하게 해주는 그립이다. 스트롱이나 위크 그립은 어찌되었든지 무난한 정상 그립은 아니므로 언젠가 스윙이 좋아져서 정상화되면, 정상화된 다음에는 뉴트럴 그립을 잡는 것이 좋겠다.

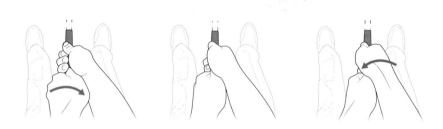

왼쪽부터 strong, neutral 그리고 weak grip

2. 오버랩핑 그립(overlapping grip), 인터라킹 그립(interlocking grip), 베이스볼 그립(baseball grip), 권총 그립(trigger finger grip)

　사람들은 대체로 오버래핑 그립을 많이 한다. 왼손이 주가 되면서 살짝 오른손이 거드는 형세의 그립이 보편적으로 남자가 많이 하고 대체로 안정적인 악력을 유지할 수 있다. 인터라킹 그립은 손에 힘이 약하다고 느끼는 여성이나, 힘은 괜찮은데 손가락이 약간 짧다고 느껴지는 사람들이 한다. 상대적으로 그립 힘이 떨어지는 사람이 하는 그립이라 할 수도 있겠다. 아니면 단단하게 쥐고 싶은 마음이 간절하면 할 수 있겠다. 타이거 우즈가 이 그립을 선호하는 것으로 알려져 있다. 왼손 검지와 오른손 새끼손가락이 서로 꽉 잡고 있는 형상이어서 그립력이 단단하다. 좌우 두 손가락이 단단하게 잡기 때문에 두 손이 풀어질 염려가 없다. 오버래핑보다는 오른손의 비중이 커질 수도 있다.

　베이스볼 그립은 말 그대로 단순하게 야구방망이를 잡듯 좌우 손가락이 겹치지 않는다. 야구 선수들이 골프를 칠 때 이렇게 하는 지는 의문이다. 실제 골프장에서 이 야구 그립을 하는 사람을 보지는 못했다. 또 하나 추천할 만한 그립은 권총 그립이다. 오른손 검지를 권총 방아쇠를 당기기 직전의 자세로 샤프트 밑에 대고 중지와는 떨어져 있는 모습으로, 가볍게 잡는 듯하지만 약간 스트롱 그립을 지향하는 듯하다. 안정감이 있고 샤프트 콘트롤이 편하게 느껴질 수 있다. 검지는 그렇게 잡지만 그 바탕은 오버래핑일 수도 있고 인터라킹일 수도 있다. 그립잡기에 정답은 없고 내내 고정되는 것도 아니다. 이것저것 시도해 보면서 나에게 맞는 그립을 찾을 일이며 각각 특징이 있으니 그 특징을 이해하며 나이에 따라 분위기에 따라 변화해 갈 수 있겠다.

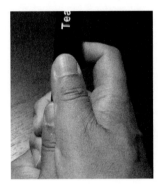

권총 그립
의외로 가볍고 안정감이 있다.

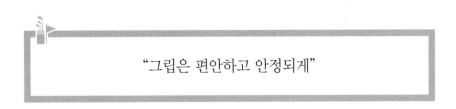

"그립은 편안하고 안정되게"

16 破 90 보기 플레이하는 어떤 방법

'내가 5번, 6번 또는 7번 아이언으로, 아니면 유틸리티 하나로 일관되게 140 m를 보낼 수 있다면 나는 스코어 90을 돌파할 수 있다.'

전제 조건은 이렇다. 여러 클럽을 쓰면 일관성, 재현(再現)성이 떨어진다. 한 가지 클럽만 쓴다면 반복함으로 해서 정확성이 좋아진다. 일관된다. 이 클럽을 7번 아이언이라고 하자. 티 샷도 세컨 샷도 모두 한 클럽, 140 m 가는 7i 클럽으로 보낸다. 물론, 완벽하지는 않겠지만 꽤나 일관성 있게 140 m를 보내게 된다. 140 m 이하가 남았다면 평소처럼 그 거리에 맞는 클럽으로 친다. 140 m 보다 멀리 보내는 드라이버나 우드 등 긴 클럽은 백에 없다. 어프로치 샷 한 번, 퍼팅은 두 번으로 계산해본다. 첫 홀 par 4, 320 m. 티 샷 140, 세컨 샷 140, 남은 어프로치는 40, 그린 위에서 퍼팅 두 번. 첫 par 4홀은 보기가 된다. 다음은 par 3, 160 m 홀. 140 m 7i 티 샷, 칩샷 20 m, 그리고 역시 그린에서 투 퍼팅. 이번 par 3 홀도 보기가 된다. 다음은 par 5, 460 m. 7i로 세 번 가고 남은 40 m는 칩샷, 그리고 투 퍼팅. 역시 보기가 된다. Par 3, 4, 5 모두 보기가 된다. 물론 중간에 어프로치 실수가 있을 수 있고 벙커에 들어갈 수도 있고 three putting도 가능하지만 먼 거리가 아니라 140 m씩만 가기에 실수는 평소보다는 확연히 적다.

긍정적인 경우도 있을 것 같다. 바로 one putting에 끝날 수도 있겠다. 운 좋게 온 그린이 생각보다 적은 타수로 될 때가 있을지도 모른다. 올 보기면, 보기 플레이어이고 성적은 90이 된다. 기쁘다. 이론상은 그런데 실제로는 어떻게 될까? 궁금하여 시도해 보기로 마음 먹는다. 7i로만 하면 중학교 동창인 동반자들에게 조금 머쓱해 보일 것 같아서 5번 유틸리티로 클럽 모우 cc에서 시도해 보았다. 비교적 고르게 150 m씩 날아가더니 스코어가 87이 나왔다. 만세. 기뻤다. 보기 플레이를 하는 어떤 방법이 성공하였다.

특이한 것은 한 클럽만 계속 써서 그런지 5번 유틸리티의 샷이 점점 더 정확해지더라는 것이다. 가운데로 비교적 일관되게 날아갔다. 가끔 쓰는 것이 아니라 티 샷, 세컨 샷 심지어 종종 써드 샷까지. 그러니 점점 더 일관되게 좋아지는 것을 느꼈다. 한 번은 티 샷에서 덤불 속으로 들어가 해저드 처리를 하긴 했다. 하나 아쉬운 것은 클럽 모우에는 티 박스 앞에 깊은 도랑이 있어서 훼어웨이까지 거리가 170 m가 넘는 곳이 두 곳 있어서 할 수 없이 친구 드라이버를 쓰게 되었다. 드라이버 없이 한 클럽만으로도 破 90이 가능하다는 것을 알았다. 다음 번에는 비거리가 160 m인 4번 유틸리티를 시도해 보면 어떨까 생각해본다.

홀	진양 밸리 Hill course									진양 밸리 Valley course								
	1	2	3	4	5	6	7	8	9	10	11	12	13	14	15	16	17	18
거리m	313	327	421	160	307	303	115	462	362	424	175	306	292	339	461	310	128	314
파	4	4	5	3	4	4	3	5	4	5	3	4	4	4	5	4	3	4
6i	140	140	140	140	140	140	115	140	140	140	140	140	140	140	140	140	128	140
6i	140	140	140		140	140		140	140	140		140	140	140	140	140		140
6i			140					140		140					140			
남은거리	33	47	1	20	27	23		42	82	4	35	26	12	59	41	30		34

진양 밸리 CC에서 가상으로 해 본 보기 플레이
6i를 140 m 간다고 가정한다.

충청북도 음성의 진양 밸리 CC에서 시뮬레이션 해본다. Hill course에서 on green까지 샷 수는 26번이 되고, Valley course에서도 on green까지 샷 수는 26이 된다. 그린에서 퍼팅은 두 번씩 36번 친다고 하면, 오늘 내 스코어는 26+26+36=88이 된다. Wow, 보기 플레이는 물론이고 그 보다 좋은 88이네. 괜찮은 걸! 백돌이라면 한 번 정도 시도해 보는 것도 좋을 것 같다.

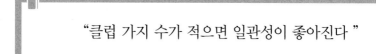

"클럽 가지 수가 적으면 일관성이 좋아진다"

chapter

2

골프 이야기

01 골프 역사

골프 게임의 고대 기원은 불분명하고 논쟁의 여지가 많은 듯하다. 당연하다. 과거사란 그런 경우가 많다. 대한민국에서 지금 일어난 일에도 사실 여부가, 의견이 분분한 경우가 있는 것을 보면 과거사는 늘 그렇게 판단이 어려운 경우가 있었던 것 같기도 하다. 대체로 현대 골프는 15세기 스코틀랜드에서 기원한 것으로 보고 있다. 먼 과거의 역사는 불분명한데, 일부 역사 학자들은, 참가자들이 구부러진 막대기를 사용하여 봉제 가죽 공을 치는 로마 시대의 이교도의 게임 paganica를 골프의 기원으로 추정하기도 한다.

한 이론은, 로마 시대가 기원전 1세기 동안 대부분의 대륙을 점령하면서 그 영향으로 이 paganica게임이 진화하면서 유럽 전체로 퍼져 나갔을 거라고 말하기도 한다. 또 다른 주장은, 8세기에서 14세기 사이에 중국에서 유행한 추환(捶丸, 공을 치기)을 원조로 보기도 한다. 화가 Youqiu가 1368년 명나라 때에 그린 "가을 연회"라는 제목의 그림에는, 중국 황실 사람이 골프 클럽처럼 보이는 막대로 작은 구멍에 공을 넣으려는 모습이 보인다. 이 게임이 중세 유럽으로 소개된 것 같다고도 했다.

현대 골프를 닮은 또 다른 초기 게임은 영국의 cambuca 그리고 프랑스의

chambot으로 알려져 있기도 하다. 페르시아 게임 chaugán도 또 다른 골프의 기원이 아닌가 회자된다. 또한 구부러진 방망이로 공을 치는 게임인 kolven이 네덜란드 Loenen에서, 1년 전에 자객 Floris V를 체포한 것을 기념하여 해마다 거행되었다고도 알려져 있다.

현대적인 의미의 골프는 스코틀랜드에서 시작된 것으로, 최초 기록은 '제임스 2세가 1457년에 골프를 금지했다'는 것으로서, 그때 아이러니하게도 양궁이 인기를 얻지 못한 때문이라고도 한다. 제임스 4세는 1502년에 자신이 골프를 즐기면서 골프 금지령을 해제했다. 1503~1504년에는 골프 클럽이 기록되어 있다. "그가 골프를 치는 골프 클럽과 볼에 대해서는…"이라는 기록이 있다. 많은 골퍼에게 St. Andrews old course는 1574년 이전의 링크스 코스로서 성지로 간주된다. 1764년 St. Andrews 22홀을 18홀 골프 코스로 회원들이 변경했다. 1672년 3월 2일 스코틀랜드 East Lothian의 Musselburgh Links코스가 기네스북에는 세계에서 가장 오래된 골프 코스로 인증되어 있다.

가장 오래된 규칙 중 남아있는 것은 스코틀랜드 Company of Gentlemen Golfers를 위해 1744년 3월 제작된 것으로서, 나중에 스코틀랜드 Leith에서 치러지며 Honorable Company of Edinburgh Golfers로 개명되었다. 현존하는 가장 오래된 골프대회는 1890년 10월 17일 스코틀랜드의 Ayrshire에 있는 Prestwick 골프 클럽에서 처음 시작한 The Open Championship이며 첫 번째 메이저이기도 하다. 스코틀랜드 Dunfermline 출신 John Reid와 Robert Lockhart가 1888년 과수원에 구멍을 뚫음으로써 미국에 골프를 처음 선보였고 같은 해 Reid는 미국 최초로 뉴욕 주 Yonkers에 Saint Andrew's Golf Club이라는 골프장을 세웠다.

위 글은 위키피디아 영문 버전에 나온 내용을 기초로 소개한 것이다. 비교적 객관적인 사실 기록만 언급한 것 같아 옮겨본다. 어떻게 보면, 더 중요한 것은 최근 50년 정도의 현대, 우리가 즐기고 있는 지금의 골프 역사인지도 모르겠다. 최근에 많은 변화, 발전이 있었다.

1. 골프 클럽

우리가 현재 쓰고 있는 골프 클럽이, 우드가 지금과 같은 모습을 갖춘 것은 그리 오래전의 일이 아니다. 1990년대 초만 하여도 130 cc 작은 헤드 드라이버 그것도 대부분 감나무(persimmon)로 만들어 속이 꽉 찬 진정한 나무, wood를 쓰고 있었다. 그러던 것이 갑자기, 당시로는 대형인 190 cc 크기에 재질도 금속으로 바뀌고 속은 텅텅 빈 메탈 우드 시대가 열린다. 이를 본격적으로 연 회사는 캘러웨이. 드라이버 이름도 특이하게 Big Bertha라 지었다. 1차 대전 때 연합군을 공포에 떨게 한 거대한 대포 이름이었다. Bertha는 거포의 개발자 Gustav Krupp의 부인이었다. Big Bertha는 당시 연합군이 엄두도 못 내던 구경 42 cm의 초대형 대포로서 810 kg 포탄을 9 km까지 날려 보낼 수 있었고 연합군에게는 당연히 공포의 상징이 되었다. 이런 거대한 공포의 대상인 Big Bertha.

캘리포니아에서 와이너리로 돈을 많이 벌었던 사람이 있었다. 그는 친구들과 함께 골프를 즐기는, 엄청나게 좋아하는 사람으로 이름은 Ely Callaway. 그에게 골프 사업이라는 새로운 기회가 왔다. 시의적절하게 당구 큐 디자이너를 영입하였고 과감하게도 헤드를 190 cc로 키웠고 남들은 상상도 못하게 속이 빈 헤드, 재질도 steel로 바꾸었다. 결과는 대 힛트. 이어서 1991년 Big Bertha War Bird 195 cc 드라이버의 등장. 대포가 점점 커진다. 결과는 또 힛트. 1차 세계대전 때 연합군을 공포에 떨게 한 거대한 독일의 대포이름을 붙인 이 드라이버로, 아마추어 골퍼가 "더 멀리, 더 바르게 공을 보낼 수 있도록"이라는, 보통 사람이 드라이버 샷을 즐길 수 있는, 그의 철학을 실현하게 되었다. 연이어 250 cc로 더 커진 GBB (Great Big Bertha) 또 힛트. 더하여 290 cc로 또 커진 BBB (Biggest Big Bertha)로 키움새를 이어갔고 함께 팀을 이룬 Annika Sorenstam이라는 골프 여신(女神)이 이 클럽으로 LPGA에서 연전연승의 쾌거까지 이루어 갔다.

지금 생각해보면 BBB의 290 cc는 그리 크지 않고 작아 보이기까지 하다.

실제로 당시에는 내게 꽤 큰(제일 큰 클럽이므로) 드라이버였고 지금 가끔 써봐도 그리 아쉬운 크기는 아니었다. 그리고 이어진 진화는 현재의 460 cc 초대형 헤드에까지 이르게 되었다. 아마, USGA가 마냥 뒷짐지고 구경만 하였다면 지금도 헤드는 계속 커져가고 있을지도 모르겠다.

Callaway의 metal wood 드라이버
BIG BERTHA

제1차 세계대전 때 독일 군의 거포(巨砲)
BIG BERTHA
연합군을 벌벌 떨게 하였다.

2. 290 cc vs. 460 cc

두 숫자만 비교해보면 큰 차이가 있는 듯 보인다. 290 기준으로 460은 59% 더 큰 크기다. 그러나 크기 차이가 그렇게까지 눈에 띄지는 않는다. 부피 공식을 알면 짐작할 수 있다. $\frac{4}{3}\pi\gamma^3$. 구의 부피는 반지름의 세제곱이기 때문이다. 부피가 세제곱인 것이지, 셋업 때 눈으로 보는 크라운 지름은 평면의 제곱이거나 단순 길이다. 460 cc 헤드 크라운 지름은 11 cm 안팎이다. BBB 290 cc도 9 cm는 넘는다. GBB도 8.5 cm이다. 셋업 상태에서 보면 2 cm 차이도 나지 않는다. 생각보다 위에서 내려다 보는 시각적 차이가 작다. 그래서 그런가? 잘 맞춘 경우를 기준으로 보면, GBB 헤드보다 460 cc 헤드가 그다지 멀리 가지도 않는다. 그래서 실제 경험은, 헤드가 이렇게 460 cc까지 커졌는데 가운데에 못

맞히나 하고 자신을 안타까와 하기도 한다. 또한 290 cc 헤드, 작은 헤드로 쳤는데도 결과가 좋아서 기뻐하는 나를 알아차리기도 한다.

mygolfspy.com에서는 여러 프로 선수들의 스윙으로 이 두 클럽을 비교해 보았다. 1997년의 290 cc 캘러웨이 BBB와 2017년 제작의 460 cc 캘러웨이 EPIC을. 290과 460의 헤드 크기 차이는 사진으로 알 수 있다. 460이 290보다 크기는 크지만 아주 큰 느낌은 아니 든다. 볼 스피드는 138 대 143, 스핀은 2970 대 2500, 캐리는 222 대 239야드 그리고 총 거리는 236 대 252야드. 20년간 발전한 공학과 커진 헤드로 보면, 샤프트 발전 및 길이 증가가 기여한 부분도 있을 진데, 16야드 전진은 대단하게 생각할 수도 있지만 그다지 위대하게 느껴지지 않을 수도 있겠다. 어찌되었든, 20년간 늘기는 늘었다. 물론 헤드가 커지면서 좋아진 관성 모멘트(MOI) 덕에 미스샷 관용도는 틀림없이 좋아졌다. 특히, 아마추어에게 도움이 되었다.

캘러웨이 드라이버 헤드 290 cc vs. 460 cc
헤드를 내려 보는 시각적 크기 차이가 있고 비거리도 약간의 발전이 있고 샷 관용도 차이는 크다.

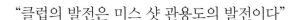

"클럽의 발전은 미스 샷 관용도의 발전이다"

02 골프 클럽 회사

골프 클럽을 만드는 회사의 과거 역사를 이해하면 골프 클럽이 어떻게 발전 진화해왔는지 알 수 있다. 또 앞으로 어떻게 진화해 갈지 짐작을 해볼 수도 있겠다. 더 중요한 것은, 내가 쓰는 클럽 회사의 역사를 알고 내가 쓰는 클럽의 특성을 이해하게 되어 내 클럽을 사랑하게 되고 자연스레 나의 골프가 즐겁게 되고 또한 발전을 이룰 수 있지 않을까 생각한다.

1. Callaway

세계에서 제일 큰 골프 클럽회사로 Ely Callaway가 설립했다. 섬유업과 와이너리로 성공한 골프애호가 Callaway는 Hickory라는 유서 깊은, 그러나 망해 가는 골프 클럽 회사를 인수한다. 뛰어난 당구 큐 디자이너를 초빙하고 컴퓨터 디자인 발전에 힘입어서 당시만 해도 대형인 190 cc 메탈 헤드 드라이버를 1991년 만든다. 드라이버 이름은 Big Bertha. 제 1차 세계대전 때 연합군을 벌벌 떨게 하던 독일의 초대형 대포 이름, 빅 버사(Big Bertha)였다. 그리하여 우드는 나무가 아닌 금속의 시대로, 그리고 대형 헤드의 시대로 들어 서게 된다. 진정 중요한 것은 메탈 헤드는 나무와 달리 속이 비었다는 점이다. 헤드가 커서 치는 사람 마음이 편해져서 좋고, 타구음도 아름답고, 더 멀리 가고, 스윗 스팟에 덜 맞아도(off center hit) 관용도가 나무 우드보다 월등하였다. 이런 메탈 우드를 누가 마다할까? 공전의 히트. 아마추어를 위한 Metal 우드 시대가 열린 것이다. 시장의 반응이, 골퍼들의 반응이 너무 좋았다. 사람들은 이런 메탈 우드를 지금도 여전히 우드(Wood, 나무)라고 부른다. 이어서 내 놓은 Big Bertha War Bird, Great Big Bertha (GBB), Biggest Big Bertha (BBB) 시리즈. 헤드는 점점 더 커져만 갔다. 사람들은 더욱 더 뜨거운 반응을 보였다. BBB는 헤드 크기가 290 cc 였다. 90년대 후반 이 BBB는 80만 원 정도. 웬만한 회사원 한 달 봉급 수준이었다. BBB는 모두가 갖고 싶어하던 드라이버 그러나 비싼 드라이버였다. 헤드도 제일 크고 거리도 멀리 나갔다.

이를 본 다른 골프 클럽 회사들도 헤드 크기를 경쟁적으로 키웠다. 급기야 USGA가 여기에 제동을 걸게 된다. 그래서 진화를 멈춘 헤드의 크기는 460 cc. 여기서 더 커지면 USGA는 비공인 드라이버라 부르고 공식 경기에서 기록을 인정하지 않는다. 지금도 아마추어에게 판매하는 비공인 드라이버나 장타 대회용으로는 그 이상 크기의 드라이버가 등장하기도 한다. 캘러웨이의 발전 사(史)에는 스웨덴 출신의 걸출한 골퍼 Annika Sorenstam의 활약이 궤를 같이 한다. 언제나 캘러웨이와 함께한 그녀는 깔끔하고 완벽한 스윙으로 '독일 병

Callaway 사(社)의 BIGGEST BIG BERTHA 드라이버

정 같다'는 명성을 얻는다. LPGA에서 수년간 연전연승을 이루는 그녀는 골프 여제(女帝)로 등극하였다. Big Bertha의 명성도 그녀와 함께 한다.

2. Ping

"피~잉~" 잘 맞은 퍼터 소리. 회사 이름 중에 이렇게 회사 설립 취지에 걸맞고, 듣기 좋고, 기억하기 좋은 이름이 있을까? Sony 정도? 아니 없다고 생각한다. 최고로 멋진 작명(作名)이다. 그렇다, 핑은 퍼터 회사다. Karsten Solheim이라는 노르웨이 태생의 GE 엔지니어가 있었다. 그는 퍼터를 너무 사랑해서 직장 GE (General Electric)에 다니면서도 집안 작업장에서(garage) 퍼터를 만들었다. 그는 기존 퍼터 구조에 아쉬움이 많았다. 그때는 뭉뚝한 쇳덩어리 Bull's eye류가 퍼터의 주류(主流)던 시대였다. 보통 아마추어로서는 멋진 퍼팅이 어려웠다. 어떻게 하면 퍼터를 퍼팅을 개선시킬 수 있을까? 그래서 쉬운, 즐거운 퍼팅을 할 수 있을까? 생각 또 생각, 연구 또 연구, 디자인 또 디자인하였다.

드디어 첫 발명, PING 1A 퍼터. 이제까지 헤드 뒤꿈치에 붙어있던 샤프트를 그는 가운데에 꽂았다(center shafted). 성공! 그리고는 이전에 꽉 차 있던 퍼터의 무거운 속 쇳덩어리를 비우기 시작하였다. 퍼터의 무게는 변두리로, 껍데기로 이동하여 토우와 힐쪽으로 분산시켰다(perimeter weighting). 이렇게 하니 관성 모멘트가(MOI) 커지고 퍼터 훼이스의 스윗 에어리어가 넓어졌다. 자연스레 관용도가 좋아졌다. 스윗 스팟을 벗어나더라도 실수가 확연히 줄었다. 빙고! 그의 처가 여기에 화답한다. 이름을 "answer(정답)"라고 하자고. 나중에 이름은 줄여서 anser로 간단해진다. 그렇다. 이것이 정답이었다. 가운데 쇠를 빼서 무게를 덜고 앞뒤 끝, 변두리로 무게를 넓게 배분하는 구조. MOI가 커져서 잘 못 맞아도 뒤틀림이 적다. 관용도가 몹시 커졌다. 그것이 지금 우리 모두가 쓰는 스탠다드라는 이름의 퍼터, 블레이드 타입의 퍼터, 모든 퍼터 회사가 만드는 퍼터, 이름하여 anser타입 퍼터다. 거기에 또 하나 보너스. 속이 텅 빈 금속 퍼터에서 아름다운 소리가 공명한다. "pi~ng~" 회사 이름 Ping도 이렇게 탄생한다. 나는 핑 퍼터의 "피~잉~" 소리가 좋다.

Ping은 아이언에서도 큰 일을 해냈다. 두드려서 만들어 왔던 단조(鍛造, forged) 아이언, 단순한 구조 머슬백(muscle back) 형태를 보기 좋게, 치기 좋게, 아름답게 만들었다. 성형(成型)이다. Anser 퍼터의 MOI 개념처럼 아이언 헤드를 주조(鑄造, cast)하여 원하는 모양을 만들고 속은 비웠다. 바라는 모양으로 쇠를 덧붙여서 조립할 수도 있다. 헤드도 커지며 쓰는 사람 마음도 편하게 커졌다. 아마추어에게 아이언도 치기 편한 시대가 도래한다. MOI가 좋아진다(perimeter weighting). 바로 캐비티(cavity) 구조다. 본격적인 주조 아이언 시대의 도래를 알린다. Thank you! Ping. 덕분에 관용도가 좋아져서 치기 쉬워졌다. 간단히 말해서, 공이 잘 뜬다. 생산 공정마저 간단하고 쉬워졌다. 디자인이 다양해진 것은 보너스다. 이렇듯 주조 아이언 덕분에 아마추어 골퍼의 아이언 실력이 늘고 샷이 재미있어진다.

핑에는 특유의 분류 시스템이 있다. Ping Color Chart라고 한다. Ping만의 fitting system이다. 골퍼가 자기 신체의 data를 입력하면 거기에 맞춰서 몸에 맞는 클럽을 고를 수 있다. 몇 가지 입력할 수치가 있는데, 핵심은 라이 앵글이다. 키, 팔뚝에서 바닥까지 거리를 참고하면서 원하는 라이 앵글을 입력하면 된다. 라이 앵글은 12가지 색의 점(dot)으로 구분하고 키가 클수록 라이 앵글이 높아져서 서는 듯한 경향이 있고 키가 작을수록 낮아져 눕는 경향이 있다. 검정 점(black dot)을 중간이라 정한다. 1도 커질 때마다 파랑, 초록으로 바뀌고 1도 내려갈 때 마다 빨강, 주황으로 색이 변화한다. 아이언뿐 아니라 퍼터에도 적용된다. 나에게 맞는 핑 퍼터는 어느 색, 어느 dot인가? 이런 시스템에 힘입어 factory fitting system이 만들어진다. 백화점 기성복처럼, 아마추어가 자기 스펙을 기재하면 편하게 클럽을 고를 수 있는 시대가 열린다.

1990년부터 시작한 Solheim Cup이라는 골프 대회가 있다. 유럽과 미국 여성팀 간의 대회로 이태마다 유럽과 미국을 오가며 열린다. 초기에는 짝수 해마다 열리다가 911 영향으로 지금은 홀수 해에 열리게 되었다. 이 재미있는 여성 골프 대회는 Karsten Solheim(1911~2000)의 적극적인 후원으로 시작하였고 대회 이름도 그의 성에서 따왔다. 그가 태어난 유럽(노르웨이)과 그가 평생 일하고 살고 묻힌 미국을 이어주고 있다.

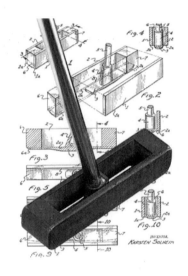

Ping의 혁명적인 디자인 퍼터, 1A 퍼터
샤프트를 헤드의 가운데에 연결하고, 속을 비우고,
앞뒤로 길게 하여 MOI를 크게 하였다.
off-center로 공이 맞아도 공의 뒤틀림이 적다.
소리도 "피~잉~"한다.

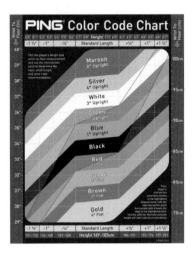

Ping의 Color Code Chart
라이 앵글을 중점으로 몸 스펙을 입력하여
기성복 고르듯 아이언을 고른다.
Black dot이 중간이다.

"Moment of Inertia, 이것이 Anser다"

3. Adams golf

지금은 명성이 예전만 못한 듯하다. 훼어웨이 우드로 명성이 자자했었고 그 이후에는 유틸리티로도 유명했다. 특히, Tight Lies라는 우드의 sub name은 한 때 훼어웨이를 석권하기도 했다. 그린 주변에 풀이 없어 치기 어려운 라이가 tight lie다. Tight lies에서 치기 좋다고 이름을 붙인 듯하다. 효과가 좋았다. 아담스 우드 tight lies의 특징은 shallow face다. 고전적인 Callaway처럼 deep face가 아니고, 키는 낮고 앞뒤로 길어서 중심점에 맞추기 쉽고 잘 떴으며 더 중요한 것은, 토우나 힐에 맞았을 때 side spin에 대한 관용도가 좋았다. Deep face 구조 우드는 티 위의 공에는 훌륭했지만, 키가 큰 이유로 훼어웨이에서는 뒷땅이나 타핑이 나기 쉬웠다. 훼어웨이에서 Adams 우드는 인기 짱이었고 지금도 이런 구조의 우드는 인기가 좋다. 이 명성은 유틸리티 클럽에도 이어 나갔다. Cleveland의 웨지도 그렇고 이 Adams golf의 우드도 그렇고, 한 가지 종목 클럽만 잘 만들어서는 골프 클럽 회사의 생존이 어려운 시대인 것 같다. 2012년 Adams 회사는 Taylormade에 인수된다.

Adams 사(社)의 Tight Lies 훼어웨이 우드
shallow face구조여서 앞뒤 끝에 맞더라도 관용도가 좋은 편이다. 훼어웨이에서 최고다.

4. PXG

PXG는 신설 골프 클럽 회사로 미국 Arizona주 Scottsdale에 본부가 있다. 골프광(狂)이자 부호인 Bob Parsons는 '완벽한' 골프 클럽을 만들겠다는 일념으로, 늦깎이 나이인 예순넷에 이 회사를 설립하였다. 그의 성(性) Parsons에서 이름을 따와 Parsons Xtreme Golf라 하였고 그 첫 글자 셋을 따서 회사명을 PXG라 하였다. 그는 인생 후반기에 그의 골프에 대한 열정과 재산을 PXG 즉, '완벽한 골프 클럽'을 만드는데 매진하여 지금에 이르고 있다.

Bob Parsons의 이력은 특이 하다. 그는 베트남전에 참전한 베테랑 해병으로 전투 중 부상당하기도 하고 공훈으로 훈장을 여럿 받았고 퇴역 후 군인재활 프로그램을 통하여 볼티모어 대학에서 공부하여 우등으로 졸업하기도 하였다. 이후, 공인회계사를 하고, 컴퓨터 프로그래머이자 CEO로서 소프트웨어 회사인 Parsons Technology를 차려서 비즈니스에서 두각을 나타낸다. 이후 그는 GoDaddy.com 이라는 도메인 호스팅 회사를 차리게 되는데 이 회사가 세계 최대 도메인 등록 서비스업체로 등극하게 되며 이를 통해 엄청난 부를 쌓게 된다. 2017년에는 경영 전문지(誌) Forbes의 400대 부자 명단에서 315번째에 오르기도 한다. 어린 시절 그는 지독히 가난한 집에서 태어났고 아버지는 도박꾼이어서 모든 것을 스스로 벌고 스스로 배워서 알게 되었다고 회고한다.

골프에 대한 열정이 대단한 골프 애호가 Parsons는 기존의 골프 클럽들에 대하여 만족스럽지 못한 점을 발견하게 되고 이는 그로 하여금 뒤늦은 나이임에도 불구하고 스스로 골프 클럽 회사를 설립하게 만든다. 그의 목표는 오직 하나, 역사상 전례가 없는 최상의 골프 클럽을 만드는 것이었다. 엄청난 열정과 돈을 투자하고 최고의 전문가들을 팀으로 끌어들여서 최고 클럽을 만드는 R&D에 전력을 질주한다. 좋은 클럽이 샷의 질을 좋게 만들 수 있다고 그는 생각했고 완벽한 클럽을 만드는 것이 그의 목표였다. 그가 스카웃한 최고 엔지니어, 디자이너들은 비용을 얼마든지 들여서라도 최고의 클럽을 만들겠다는 그의 바램대로, 가장 좋은 재료로 가장 좋은 클럽을 이 세상에 내놓으려고 노력한다. 특히, 힘을 쏟은 곳은 소재 분야. 다양한 합금재질을 연구하는 것이었다. 이를 통한 클럽의 품질 향상이 주 목표가 된다. 엄청난 연구 개발비가 들어 갔고 그 덕에 수많은 특허도 낼 수 있었으며 마침내 그가 원했던 완벽한 아이언을 세상에 내놓는다. 칼날 같은 샤프함과 더 넓어진 스윗 스팟, 그래서 더 멀리 보낼 수 있는 아이언 세트가 탄생한다.

PXG 아이언 클럽의 특징은 다음과 같다.

1) 훼이스 두께가 얇다. 매우 얇다.

2) 훼이스 뒤의 감춰진 캐비티 속을 열성형(thermoplastic)이 가능한 엘라스토머(elastomer)로 채운다. 아무도 가보지 않은 시도였다. 이 기술 덕분에 PXG 아이언은 훼이스는 얇으나 쿠션(cushioning)이 있고 그래서 퍼포먼스가 좋고 감(感, feel)이 좋다고 한다. 부상이 줄어드는 것은 보너스이다. 구체적으로는 훼이스의 기능(functional) 부분이 15%나 넓어지고 헤드 바운스는 20%가 빨라지며 미스 힛(miss hit)에도 공 스피드를 빠르게 유지할 수 있다고 한다. 또한

3) 헤드에 있는 여러 스크류는 미세조정을 통하여 무게 중심을 바꿀 수 있으며 그렇게 해서 스핀과 런치 앵글, 헤드 밸런스를 맞추어 플레이어가 원하는 구질을 구사할 수 있다고도 한다.

4) 이런저런 이유로 재료비, 공정의 섬세함 등에 따라 클럽 값은 꽤 한다.

PXG 아이언
세상에서 가장 얇은 훼이스, 감이 좋아지는 내부 엘라스토머
그리고 나사를 활용한 perimeter weighting이 특징이다. pxg.com에서.

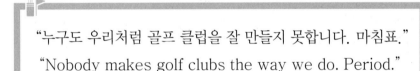

"누구도 우리처럼 골프 클럽을 잘 만들지 못합니다. 마침표."
"Nobody makes golf clubs the way we do. Period."

5. Odyssey putter

ODYSSEY, 'THE #1 PUTTER IN GOLF'라고 홍보한다. 지금은 Callaway 사(社) 소속이다. 2001년 2-Ball Putter라는 이름의 퍼터가 나왔다. 말렛 퍼터로 헤드는 크고 무겁다. 말 그대로 공이 두 개 일렬로 그려져 있는 디자인이다. 정렬하고 서면 나의 공까지 더하여 하얀 공 세 개가 한 줄로 서 있게 된다. 복잡하게 설명하는 '셋업'이 필요 없다. 고민할 것이 없다. 공 세 개가 줄 서있는 것만 확인하고 쓰윽 퍼팅한다. 지금도 이 퍼터로 컵에 쏙쏙 넣는 아마추어가 있다. 내 친구가 그렇다. 이제까지 이렇게 쉬운 퍼터는 없었다.

사실 물리학이나 공학이 아닌 지도 모른다. 디자인이요, 심리학이다. 마음이 편안한 퍼터. 마치, 20세기 초반 Ford 자동차의 model T와 같다고나 할까? 이것 저것 모든 복잡한 것을 빼고 간단, 심플한 디자인이었다. 혁신이었다. 복잡하지 않다. 간단하다. 그저 생긴대로 따라 한다. 결과도 좋았다. 직진성이 최고였다. 그 이후, 샤프트의 위치를 바꾸거나 인서트를 바꾸거나, 무게를 바꾸거나, 심지어 공을 하나 더 넣은 3-Ball Putter까지 수도 없이 많은 다양한 2-Ball Putter의 변형, 진화형이 쏟아져 나온다.

Odyssey 사(社)의 two ball putter
공 세 개를 줄 세우면 준비 끝이다. "참 쉽죠?"

'THE #1 PUTTER IN GOLF'

6. Maruman(マルマン)

일견 떠오르는 마루망의 이미지는 일반 골프 클럽과 달리 금장(金裝) 클럽이고 화려하고 장인의 예술품이라는 느낌이다. 물론 클럽의 값도 최고가일 것이다. Maruman Majesty Sublime 그리고 Prestigio, 이름만 들어도 황홀한 단어의 연속이다. 도대체 누가 이런 골프 클럽을 만든단 말인가? 그들은 누구인가? 스기야먀 겐죠(杉山 健三)를 필두로 하는 오직 몇 명의 장인(匠人) 만이 만든다는 Maruman Prestigio 클럽. 마루망이 골프 클럽을 만든 지는 40년이 되었고 회사의 모토는 "innovation & technology"라 한다. 세계 최초로 metal wood를 만들었고 high COR driver를 만들었다. 그들은 Nano Technology를 골프 클럽 생산에 도입하였고 그들이 만든 클럽으로 PGA tour에서 이룬 우승도 100번이 넘는다 한다.

처음 1950년에 설립된 회사 이름은 의외로, Nippon Gold Metal Industry Co. 골프 클럽과는 거리가 먼 업종이었다. 손목시계 벽시계 그리고 시계줄을 만들었으며 전기 금도금(electric gold plating)에 뛰어난 회사라 하였다. "그래서 마루망하면 금장이 멋지구나?" 여기서 오스트리아 화가 Gustav Klimt가 데자뷰된다. 그는 금세공업자의 아들. 그는 Kiss 등 그의 많은 작품에 물감뿐 아니라 금을 얹는다. 그래서 마루망 클럽은 금장 기술이 뛰어난가 보다. 가스 라이터도 잘 만드는 회사였다고 한다.

이후 세계 최초로 전자 가스 라이터도 만든다. 이 회사가 라이터 생산에서 축적한 금속 가공술은 퍼시먼 우드를 최초로 메탈 우드로 바꿔 만드는 선구자가 되게 한다. 너무 고급만 만들면 아마추어가 접근하기 어렵다. Maruman 생산 라인의 Shuttle은 우리 같은 아마추어용 클럽이고 Conductor는 프로용이며 Majesty는 이름이 시사하듯이 최고의 소재를 cutting edge technology로 최고의 장인 몇 명만이 만드는 지상 최고의 예술품 골프 클럽이다.

Maruman 사(社)의 Majesty Prestigio 드라이버
골프 클럽 기술은 물론이고 예술까지 보태졌다.

"innovation & technology"

7. Honma(本間)

"From Start To Finish"

1959년 일본 요코하마의 작은 골프 클럽 수리점 Tsurumi Golf Center Co.에서 시작하였다. 골프 클럽을 예술 작품처럼 만드는 것을 처음부터 회사 모토로 삼았으며 '디자인부터 최종 생산까지를 회사 건물 내에서' 마무리하는 것을 원칙으로 지금까지 임하고 있다. 1973년 black carbon graphite 샤프트를 만들었고 이를 장착한 우드도 선보였다. 1988년에는 처음으로 타이태늄 금속섬유와 탄소섬유를 섞은 titanium boron 샤프트를 만든다. 1998년, 혼마는 타이태늄 우드를 만들어 내놓는다. 다음 해에는 첫 번째 밀링 퍼터 CNC를 소개한다. 그 이후 BERES 시리즈, TOUR WORLD 시리즈, BE ZEAL 시리즈가 등장한다. "From Start To Finish" 이것이 혼마의 모토다. 처음부터 끝까지 모두 혼마 장인의 손으로 만든다. 'artisan의 기술, 최신 technology, 그리고 최고급 material' 등을 통하여 세계 최고 품질의 클럽을 만든다는 것이 혼마 장인들의 작업 정신. 클럽 하나를 만드는데 장인 100명이 6개월간에 걸쳐, 결점이 없는 것을 확인하여야 마무리 한다는 혼마 골프 클럽.

클럽을 뛰어나게 마무리 하고(Superiority), 창조된 작품이 완벽하고(Precision), 장인의 혼이 들어가 아름답고 제대로 활약을 할 수 있는(Ultimate craftsmanship) 것, 이 세 가지 덕목을 혼마의 가치라고 한다. 일본 아베 총리는 골프 좋아하는 미국 트럼프 대통령에게 최고급 혼마 BERES 드라이버를 선물한다. 주는 사람도 좋고 받는 사람도 더없이 기뻐했으며 혼마 회사에게는 더없는 홍보이자 홍복이기도 하였다.

"PURSUING PERFECTION"

"PURSUING PERFECTION"

8. XXIO, 젝시오

"Easy, more consistent swing."

'치기 쉬운 클럽'이라고 흔히들 말한다. "XXIO Offers Clubs With Real Distance Gains For Moderate Swing Speed Golfers(젝시오는 보통 스피드 골퍼에게 거리가 나게 해드립니다)." 젝시오 회사의 모토이며 R&D의 방향이다. 너무나 반갑다. 나 같은, 스윙 스피드가 느린 보통 아마추어를 위하는 골프 클럽 회사라니. 다른 모든 회사들은 최고 최상이라는 홍보만 하는데. 그래서 그런가? 젝시오를 쓰는 아마추어 골퍼들은 젝시오 클럽에 대한 만족도가 높다. 젝시오는 DUNLOP의 자(子)회사이며 Srixon과 Cleveland Golf도 같은 계열이다. 성장세가 최근 20년새에 몹시 빠른 곳으로 최고급 소재와 혁신적인 기술로 골프 클럽을 만든다고 한다. 그것도 오직 스윙 속도가 보통인 나 같은 아마추어만을 위하여. 'Moderate swing speed golfer 에게 designs and technologies로 truly better performance를'. 이런 모토로 20년간 연구를 하다 보니 클럽의 특징이 뚜렷하다.

스윙 스피드가 80~95 mph인 아마추어에게 맞춘 XXIO X 드라이버의 특성은 이렇다. 전체 무게가 270 g으로 다른 회사 것보다 30~40 g 가볍다. 아주 가볍다. 헤드 무게는 196 g으로 다른 회사 클럽보다 4~6 g 정도만 가벼운데 클럽이 전체적으로 가벼워서 헤드 무게가 잘 느껴진다. 훼이스에 스윗 에어리어가 커졌다. 아마추어가 미스 샷을 많이 한다는 토우쪽 위와 힐쪽 아래로 스윗 에어리어를 넓혔다. 샤프트는 40 g으로 10~20 g 가볍다. 매우 가볍다. 샤프트 밸런스 포인트가 495로 그립 쪽에 가깝다. 그래서 스윙이 쉽다. 그립 무게가 27 g으로 다른 그립보다 무려 23 g이나 가볍다. 아주 가볍다. 그렇게 해서 만들어 낸 balance 숫자가 D6. 와우, D6라니! 이렇게 가벼운 클럽을 D6로 만들어 헤드 무게를 느끼게 하다니. 다른 회사의 비슷한 클럽은 보통 D2 정도이다. 대단한 기술이다.

간단히 정리하면, 헤드만 비슷하고 부품 하나하나가 모두 가볍다. 가벼워서 스윙하기 부담이 없고 상대적으로 헤드는 무겁게 느껴지고 스윗 에어리어는 넓다. 그렇게 해서 easy swing이 된다. 그리하여 공이 높고 멀리 간다고 (higher and farther). 이런 것을 나, 아마추어를 위한 기술이라고 할 수 있겠다. 그것도 Tiger Woods가 아니고 나 같은 아마추어를 위한 기술이다. XXIO X 드라이버의 R플렉스는 스윙 스피드가 33~42 m/s인 보통 사람에게 맞추어져 있다. 한 편으로, 스피드가 45 m/s(100 mph) 이상인 플레이어는 젝시오 클럽에 매력이 느껴지지 않을지도 모르겠다. XXI Onward, 이름도 잘 만들었다. XXIO. 21세기가 시작하는 해인 2000년에 런칭하며 21의 로마숫자 XXI에다가 앞으로를 뜻하는 Onward의 O를 덧붙였다. 이것을 또 재미있게 젝시오라고 발음한다. 젝시오 클럽을 쓰는 사람들은 좋겠다. 골프가, 스윙이 쉬워서.

XXIO 사(社)의 XXIO X 드라이버
스피드가 느린 아마추어를 위하여 가볍고 관용도가 좋게 만들었다.

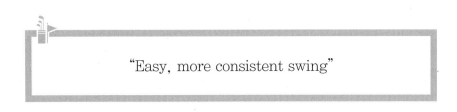

"Easy, more consistent swing"

03 PGA 기록과 그 용어

PGA, LPGA 등 각국의 골프 대회에는 어마어마하게 많은 통계 자료가 있다. 골프 대회 중계를 보다 보면 방송 사회자가 선수들의 각종 기록, 통계를 말해주는데, 어느 정도는 알고 들으면 재미있을 것 같다. 프로 야구 이상으로 통계의 가짓수는 많으나 그 중 중요한 몇 가지는 알고 가는 것도 좋겠다. 나에게 적용하면 재미가 있을 수 있겠다. PGAtour.com에 들어가보면 어마어마하게 많은 양의 최고 선수들 자료가 연대별로 있다.

1. Driving Accuracy(드라이버 정확도)

우리가 훼어웨이 안착률이라고도 흔히 말하는데 의미는 같겠지만 원어가 드라이버 정확도이니 나라간 비교를 위해서도 원어에 맞춰 말하는 것이 좋겠다. 드라이버로 티샷한 공이 훼어웨이에 떨어지는 비율을 말한다. 우리 모두가 꿈에도 그리는 기록일 것 같다. 드라이버로 친 공이 훼어웨이로 간다. 100%이면 좋겠다. 14번 중에 14번. PGA tour 최고 기록은 2019년 현재 Chez Reavie의 75.62%이다. 네 번 티샷하면 그 중 세 번 훼어웨이에 간다. 다른 기록과 달리

PGA tour 선수 내에서 편차가 있는 편이다. 보통 75~55%이다. Bubba Watson이 58.13%이고 Jordan Spieth 52.91%이고 요새 Tiger Woods는 200위 안에 없는 것을 보면 그의 부상이 염려스럽고 훼어웨이에 잘 보내는 것이 꽤나 어려운 일이라는 짐작도 든다. 특히, 장타자들에게는 드라이버 거리와 드라이버 정확도가 동전의 양면과 같아 보인다. 우리 아마추어는 얼마나 될까? 나는? 아마 30%나 될까? 네 번 정도 가면 30% 가까이 된다. 그랬으면 좋겠다.

2. Driving Distance(드라이버 거리)

비거리(飛距離, carry)는 공이 날아서 가는 거리이고 드라이버 거리는 run 까지 포함하여 멈출 때까지 모든 거리다. Cameron Champ가 평균 317.2 yd 로 일등이다. 2000년 그 어마어마하던 John Daly가 301.4 yd로 1등하던 시절에 비해서 16 yd나 늘었다. 그때 Tiger Woods가 298 yd로 2등이었다. 남자 인류는 점점 강해지고 있다. 2019년 현재, Rory McIlroy가 313.6으로 2등, Bubba Watson이 311.6으로 5등이다. 어마어마한 사람들이다. 어떻게 하면 칠 때마다 평균 310 yd를 넘길 수가 있는지. 우리 안병훈이 306.7로 16등이다. 남자 176등이 여자 1등과 드라이버 거리가 같다. 이것이 남녀의 체력 차이인 것 같다. 우리 아마추어는 어떤가? 잘 맞으면 200, 아주 잘 맞으면 조금 더 가서 220 yd쯤 되겠다. 그렇지만, 우리는 전반적으로 들쭉날쭉해서 평균이라는 통계가 의미가 있을까 하는 생각이 들기도 한다.

3. Greens in Regulation (G.I.R.)(그린 적중률)

par보다 둘 이상 적은 샷 수에 그린에 올라간 것을 말한다. Par 3에서는 한 번에, par 4에서는 두 번 이내에, par 5에서 세 번 이내에 올라가는 것. 이

GIR 숫자가 선수의 실력/스코어를 평가하는데 단일 자료로서는 제일 신빙성이 높다고 말한다. 예를 들면, Tiger Woods는 대개의 장타자들이 그렇듯이 드라이버 정확도는 떨어지나 GIR이 높다. 위기를 극복하는 세컨 샷 실력이 좋다는 뜻이고 물론 거기에 퍼팅 실력까지 겸비하면 챔피언이 된다는 뜻으로 해석된다. 2019 현재, Corey Conners가 72.93%로 일등이다. 그의 우승 기억이 잘 안 떠오르는 것을 보면 퍼팅이나 sand save가 떨어지지 않나 싶다. 한 번 PGA 우승 기록이 있다. 기록으로 본다면 그는 틀림없이 유망주이다. Corey의 발전을 기원한다. Justin Thomas가 70.92%로 5등, Brooks Koepka가 70.37%로 10등이다. 우리 임성재가 67.88% 로 61등이다. 임성재의 더 많은 발전을 성원한다.

Tiger Woods는 200등 안에 보이지 않는다. 그의 허리, 무릎 건강을 기원한다. 나 같은 아마추어는 얼마나 될까? 20%나 될까? 그러면 좋겠다. 스코어가 90인 보기 플레이어가 보통 세 번 그린에 올린다 한다. GIR이 17%다. 와우! 세 번만 올려도 90이 된다니. 아니, 와우가 아니다. 세 번도 못 올리다니. 만약 여덟 번 올리면 80 스코어가 된다고 한다. GIR이 44%다. 와우, 싱글 핸디캐퍼가 되는 것이다. 그래, 다음에는 기필코 그린을 여덟 번 맞춰 보아야겠다. 또 다시 싱글 핸디캐퍼가 되고 싶다. 그러면 도대체 백돌이는 몇 번 그린에 올라가는가? 아마 한두 번? 운 좋으면 par 3에서 한두 번 가능할 것 같다.

4. Scrambling(스크램블링, 리커버리율)

그린 적중을(G.I.R.) 하지 못한 경우에도 par나 그 보다 좋은(birdie) 스코어로 마무리한 경우를 말한다. par 4에서 three on one putt, par 5에서 four on one putt 그리고 Chip in par, chip in birdie를 시킨 경우가 된다. 2019년 현재, Tommy Fleetwood가 67.45%로 일등이다. 어쩐지 요새 Fleetwood가 잘 하더라니. Webb Simpson이 67.22%로 2등이다. 그는 Belly 퍼터로 왼팔

뚝에 샤프트를 정형외과 부목 대듯이 고정시켜 퍼팅도 잘 한다. 우리 임성재가 7위로 높다. 기대가 크다, 임성재. 우리 아마추어는 얼마나 될까? Three on one putting 그리고 four on one putting 그리고 chip in par, chip in birdie 이런 것을 한 나에게 칭찬을 해주고 싶다. 자랑스럽다. 오늘 골프도 즐겁다.

5. Sand Saves(샌드 세이브율)

그린 사이드 벙커에 들어가는 비운을 겪다가, 거기서 탈출함과 동시에 par로 마무리하는 멋진 광경을 말한다. 2019년 현재 Dustin Johnson이 65.22%로 일등을 달리고 있다. 벙커에서 한 번에 바로 탈출하는 장면도 멋진데 거기에 더하여 one putt으로 마무리 하다니. 멋지다. Ernie Els, Tommy Fleet-wood, Francesco Molinari 등이 수위를 달리고 있다. 김시우도 57.62%로 25등이다. 잘 한다. 아마추어와 프로의 차이가 확연히 나는 분야가 이것이 아닐까 싶다. 잘 하고 싶다. 벙커 탈출도 잘 하고 이어서 one putt도 하고.

6. Putts per Round(라운드 당 퍼팅 수)

한 라운드에 퍼팅을 몇 번 하였을까? Justin Rose가 평균 27.69로 일등이다. 이어서 Jordan Spieth 27.75, Aaron Baddeley 27.80. 김시우는 28.19타로 7등이다. 멋지다. 그들은 200등이어도 30번 밖에는 퍼팅하지 않는다. 프로들의 퍼팅 수는 서로 그다지 차이는 없어 보인다. 한 홀에 1.5번에 해당한다. 보기 플레이어는 35~40번쯤 될 것이다. 우리 아마추어는 평균 two putt 이상할 듯하다.

7. Scoring Average(평균 스코어)

한 대회의 평균 점수를 말한다. Rory McIlroy가 69.062타로 일등이다. 세상에! 60대 타수가 평균 스코어라니? 대단한 인물이다. Patrick Cantlay, Webb Simpson, Brooks Koepka, Dustin Johnson, Justin Rose, Jon Rahm, Justin Thomas, Tommy Fleetwood, Matt Kuchar 등이 뒤를 이으며 모두 69타 대이다. 이것이 성적이고 아마 대체로 우승 성적, 그리고 상금 성적과 관계가 깊은 숫자이리라. 어찌되었든 방금 호명한 사나이들은 어마어마한 성적의 사나이들이다. 우리의 임성재가 26등이다. 계속 건투하기를 바란다.

"오늘 나는 세 번 par on을 한다. 그래서 90이 된다"
"내일 나는 여덟 번 par on을 한다. 그래서 80이 된다"

04 LPGA 기록과 그 용어

남자의 기록을 열심히 살펴보았고 무엇이 어떻게 중요한지 이제 알았다. 그러면 이제부터 여자들의 기록도 궁금하니 살펴봐야겠다. lpga.com에 들어가서 2019년도 어느 날의 기록 통계를 들여다 본다.

1. Driving Accuracy(드라이버 정확도)

누구나 꿈에도 그리워하는 드라이버 정확도. 미국의 Dana Finkelstein이 83.4%로 일등이다. 남자 일등의 75.62%에 비하면 8%P 정도나 좋다. 남자 1등보다 엄청나게 훼어웨이에 잘 갖다가 올린다. 대단히 정확하다. 어째서 여자가 남자보다 이렇게나 잘 올릴 수 있을까? 여성이 위대하기는 위대한가 보다. 한편, 남자 일등의 드라이브 거리는 Cameron Champ의 317.2 yd이고 여자 챔피언 Anne van Dam이 284.1 yd다. 무려 33 yd 남자가 더 나간다. 그렇다. 여자가 훨씬 정확하게 훼어웨이에 떨어뜨리지만 그 배경에는 드라이버 거리가 남자에 비해 짧다는 점이 있다. 멀리 갈수록 정확도는 떨어지게 마련이다. 그래서 남자에서는 드라이버 정확도가 여자보다 의미가 적어진다. 드라이버 정확도는 최운정이 2등, 지은희가 3등이다. 현재 최고 전성기를 달리는 고진영이 79.9%로 10등, 전설의 박인비는 80%로 9등이다. 중요한 데이터이기는 하지만 이것 하나로 전반적인 능력을 알아차리기는 어렵겠다.

2. Driving Distance(드라이버 거리)

Anne van Dam이 284.1 yd로 1등이다. 우리의 장타 박성현은 277.4로 4등이며 또 다른 장타자 Lexi Thompson이 276.9로 5등이다. Jessica Korda 7등, Brooke Henderson이 9등이다. Ariya Jutanugarn이 19등으로 269 yd인데 그의 드라이버 거리가 생각보다 멀리 가지 않는 것을 보면 요사이 도(道)를 닦거나 명상(瞑想)을 하면서 차분하게 거리 조절을 하고 있지는 않을까 하는 생각이 든다. 최근 몇 년간 그녀 표정에서 차분함이 느껴진다. 우승을 그렇게 많이 하는 한국 낭자들이 20등 안에 박성현 하나뿐인 것을 보면, 여자 선수에게 있어서 장타가 그렇게 중요한 우승 덕목은 아니겠다는 생각이 든다.

3. Greens in Regulation (G.I.R.)(그린 적중률)

Par on하는 비율이다. 고진영이 79.6%로 1등이다. PGA 남자 1등의 73%와 비교하면 여기서도 여자가 꽤나 잘 한다. 그 차이는 어디서 오는 걸까? 혹시 LPGA 코스 길이가 PGA보다는 짧아서 여자에게 수월한 것일까? 아니지, 여자가 남자보다 섬세해서 그린에 잘 올리는 것이겠지. 그 다음 순서로 Nelly Korda, 박성현, Lexi Thompson, Yu Liu, 이민지 등. 역시 그린 적중률이 우승 승수와 관계가 가까워 보인다. 우승이 많은 우리 낭자들이 20등 안에 일곱 명이나 있다. G.I.R.을 잘 만들어 보아야 되겠다고 나 자신에게 다짐해 본다. 한 라운드에 세 번하면 90 돌이, 여덟 번하면 80 돌이가 된단다. 가자. 가 보

자. 그린 적중 여덟 번 하여 싱글 플레이어가 되어보아야겠다.

4. Scrambling(스크램블링, 리커버리율)

그린 적중을 하지 못한 경우에도 par나 birdie를 한 경우를 말한다. 대단한 위기 대처 능력이다. 누가 누가 잘 하나 보자. 그런데, 그런데 아무리 찾으려 해도 통계를 찾을 수 없다. LPGA에서는 PGA와 달리 scrambling을 기록하지 않는다고 한다. 애석하다. 골프는 난세(亂世)가 아니라 태평성대(太平聖代)에 하는 운동이므로 세종(世宗)과 같이 골고루 잘 하는 치세(治世) 능력이 중요하지 삼국(三國)시대 격변기 조조(曹操)처럼 응급 대응 능력이 큰 인물이 필요한 것은 아닐지도 모른다. 골프에서 응급에 대처하는 능력을 Lay up이라 부른다. Lay up을 잘 한다면 '마음 알아차리기'를 잘 하는 것이다. 욕심을 비우고 자기 조절을 하는 것이다. 나도 래이 업을 즐겨야겠다.

5. Sand Saves(샌드 세이브율)

벙커에서 탈출하여 one putting으로 마무리하는 능력이다. 샌드 세이브도 중요한 자료다. 그러나, 전체를 짐작할 수 있는 대표적인 척도라기 보다는 여러 자 가운데 하나다. 어찌 보면 이도 역시 위기 관리 능력이다. 벙커 플레이를 잘 하는 것은 대단한 능력이다. 더구나 그것이 par로 이어진다는 것은 최고의 플레이어라는 뜻이다. 특별한 뛰어난 능력이다. 이 샌드 세이브율을 보고 티 샷을 잘 했는지, on green을 잘 했는지를 어림짐작하기는 어렵다. Katherine Kirk가 62.5%로 1등이고 우리 김효주가 61.1%로 3등이다. 다시 한 번, 머리에서 벙커 샷을 정리해 본다. 벙커플레이를 잘 하고 싶다. 채를 잘 잡고, 땅을 발로 비벼서 안정을 찾고, 탑에서 1초 쉰 뒤, 머리를 고정하고, 공 뒷땅을 친다.

물론, 끝까지 머리를 고정한다. Nice out, nice on.

6. Putts per Round(라운드 당 퍼팅 수)

한 라운드에서 퍼팅한 수다. 김효주가 자랑스러운 1등이다. 27.92개. PGA 남자 1등의 기록인 27.69개와 별로 차이가 나지도 않는다. 이어서 일본의 하루 노무라, 스즈카 야마쿠치 그리고 6, 7 등에 우리의 Jenny Shin, 허미정이 있다. On green만 pin 가까운 곳에 올린다면 나도, 우리 아마추어도 잘 할 수 있을 텐데. 당연히 퍼팅을 잘 해야 이룰 수 있는 대업이지만, 그 전에 어프로치를 잘 하는 것도 중요한 대목인 듯하다.

7. Scoring Average(평균 스코어)

고진영이 69.034로 1등이다. 스코어가 좋으면 1등을 많이 하고 상금도 많다는 것을 알 수 있다. 역시 스코어다. 스코어를 줄여 보자. 나에게 다짐한다. 이어서 김효주, 박성현, 이정은. 우리 낭자들이 휩쓰는 분야다. 자랑스럽다. 내 어깨가 들썩한다. 또 한 번 나에게 말해 본다. 스코어를 줄인다. 이어서 Brooke Henderson, 이민지, Nelly Korda 순이다.

외국에서 종종 질문을 받는다. "어째서 한국 여자 선수들이 골프를 잘 하냐고?" "글쎄요. 글쎄요. 잘은 모르겠습니다만(I don't know exactly why? But,) 아마도 열심히 해서….." 그럴 때마다 무척 자랑스러웠다. 그러나 매번 왜 인지 구체적인 이유는 잘 떠오르지 않았고 지금도 그 특별한 이유는 잘 모르겠다. 우리나라 여자들이 왜 세계적으로 골프를 잘 하는지? 조선잔디처럼 악착같은가, 지독한가? 유전적으로 우리와 같은 일본 그리고 중국은 그렇게 잘 하지 않는데. 그들은 인구도 우리보다 훨씬 많다. 그들도 골프를 친다.

한국이 전세계적으로 특이하게, 골프와 달리 아주 나쁘게 하는 1등이 여러 가지 있다. 남자 흡연율, 이혼율, 남자 급사율(急死率), 무고율(無告率), 민사 소송 건수, 병원 방문율 그리고 다른 나라보다 배 이상 압도적으로 십 수년째 높은 자살률. 척박한 환경이다. 인간 관계가 힘들다고 말해주는 통계 자료다. 사람과 사람 사이가 어찌 보면 매우 stressful한 것 같다. 이런 환경에서 골프를 잘 하니 훌륭하고 자랑스럽다. 꽃을 피우려 하는 어린 새싹들도 Korean dream의 꿈을 이어가기를 바란다.

"한국 낭자들이 왜 골프를 잘 하냐구요? They're talented and of course, worked hard, very very hard."

LPGA의 기록도 PGA기록과 함께 재미있게 살펴 보았다. 세월에 따라 점점 기록이 좋아지는 것에 놀라기도 하고, 별로 바뀌지 않는 기록에 또한 놀라기도 한다. 그 전에 들었던 그 수많은 멋진 선수들의 이름과 얼굴이 떠오르기도 하고 사라지기도 한다. 요새 등장하는 혜성과 같은 젊은 신성(新星) 무리들에 경탄을 하기도 한다. Annika Sorenstam, Grace Park, 박세리, Karrie Webb, Lorena Ochoa, Yani Tseng, 미야자토 아이, Paula Creamer, Stacy Lewis, 최나연, Suzann Pettersen, Lexi Thompson, Lydia Ko, 유소연, Shanshan Feng, 박인비, Ariya Jutanugarn, 박성현, 이정은, 고진영 순서로. 한 시대, 한 때를 석권하고 풍미(風味)한 뒤 사라진, 사라지는 그리고 지금 활짝 핀 선수들 인물들이다.

화무십일홍(花無十日紅)이고 권불십년(權不十年)이라 했나? 꽃은 열흘 붉지 않고 권력은 십 년을 가지 않는다 했다. 달도 차면 기우는 지도 모르겠다. 그렇지만 내일은 또 내일의 해가 떠오를 것이다. 그렇게 그렇게 흘러서 LPGA의 꽃은 아름다움을 이어 갈 것이다. 다음에는 또 어떤 새 별이 또 어떻게 새로운 빛을 발할 지 궁금하다. 기대해 본다.

"내일은 내일의 해가 떠오른다"

05 골프장에서 마음 알아차리기
(마음 챙김, mindfulness, awareness)

"We might never have a day like this on the golf course again, so let's enjoy the next half an hour."

"That's what I did."

"골프 코스에서 이런 날이 다시 없을 지도 모르니, 나머지 반 시간을 즐기자."

"전 그렇게 했습니다."

Shane Lowry가 셋째 날을 마치고 기자회견장에서 한 말이다. The OPEN 세 번째 날, 긴장하고 있던 그는 캐디 Brian의 조언을 듣는다. 그리고, 마음의 안정을 찾는다. 그날 그는 버디만 여덟 개를 하였고, 기어이 다음 날 2019년 the OPEN의 우승컵을 들어올렸다. 골프장에서 프로선수들이 너나 할 것 없이 겪는다는 그 긴장. Lowry도 예외 없이 라운드 내내 그런 긴장 속에 있었을 것이다. 다음은 마지막 날 상황이다.

2019년 7월 21일 The OPEN, 북아일랜드 Portrush의 Royal Portrush Golf Club. 마지막 라운드 마지막 조인 잉글랜드의 Tommy Fleetwood는 티 샷을 훼어웨이에 안착시켰다. 다음은 아일랜드의 Shane Lowry. Fleetwood 보다 네 타 앞선 그는 긴장 가득한 얼굴로 티박스에 들어섰다. 공은 곧장 날아가는 듯 하더니 순간, 왼쪽으로 심하게 꺾였다. 갑자기 조용해진 갤러리들. 처음에는 OB인 줄 알았으나 다행히 아주 심한 러프였다. 방송 사회자는 이를 보고 1, 2위가 바뀔 가능성을 말하였다. 링크스 코스의 러프에서 친 그의 세컨 샷은 다시 그린 앞 깊은 벙커로 들어갔다. 상황은 점점 Lowry에게 나쁘게 돌아가고 있었다. 더구나 그는 몇 년 전 US Open에서 마지막 날, 네 타 차 선두로 시작해 Dustin Johnson에게 1위를 내준 트라우마까지 있었다.

흥미진진해진다. Fleetwood가 훼어웨이에서 세컨 샷을 한다. 공은 가볍게 그린에, 그것도 핀 가까이 안착한다. 누가 보아도 첫 홀에서 두 사람 사이에는 두세 타 차이의 변화가 감지되는 순간이었다. 잘 하면 마지막에는 Lowry가 Fleetwood에게 뒤집어질 수도 있겠다는 생각이 드는 순간이었다. The OPEN 장소는 언제나 비와 바람이 심하게 변덕스럽고 링크 코스라는 변화무쌍한 악조건을 갖추고 있다. 결과는, 예상을 많이 벗어났다. Lowry는 벙커로부터 나와 멋지게 보기로 마무리하였고 Fleetwood는 기회를 살리지 못하고 파를 하였다. Lowry를 응원하던 아일랜드 사람들에게서 함성이 터져 나왔다. 이 난관을 보기로 선방한 Lowry와 좋은 기회를 살리지 못한 Fleetwood. 이 첫 한 홀에서 두 사람에게는 어떤 일들이 일어난 것일까? 잔뜩 긴장하여 티샷이 OB가 될 뻔한 선수는 안정을 찾았고, 여유 있게 훼어웨이와 그린을 향하여 날아간 선수는 안타깝게 파를 하였다.

이후 Lowry는 평정한 마음을 이어가 파, 파, 버디로 진행하였고 Fleetwood는 파, 보기, 파로 이어갔다. 셋 째날 그의 캐디가 들려주었다는, "골프 코스에서 이런 날이 다시 없을 지도 모르니, 나머지 반 시간을 즐기자"는 말. 긴장하고 있던 그에게 캐디의 이런 조언이 그의 마음에 평화를 찾아주었던 것이다. 그날 그는 63타, 버디만 여덟 개를 기록하였다. 캐디의 이 말이 스트레스 상황의 Lowry 마음을 다독여준 것이다. 다음 날, 제 148회 The OPEN 마지막 날, 그는 여섯 타 차로 Fleetwood를 제치고 우승하였다. 인생의 한 모습이 골프이고 골프 그 자체가 인생의 한 단면이다. The OPEN 이라는 거대한 산 앞에서 여유 있게 골프 코스를 즐긴 Lowry는 우승까지 거머쉰다.

골프 선수의 몸과 마음을 안정시키는 방법으로 명상이 인기다. 명상을 하는 방법은 매우 다양하다. 그 많은 방법 가운데 하나인, 마하시 위빳사나 수행을 소개해 본다.

1. 걷기 명상(瞑想)(경행, 행선, 行禪)

두 손은 팔짱을 끼거나 뒷짐을 지거나 앞으로 모은다. 1m 80cm 정도 앞의 바닥에다가 눈을 둔다. 한 발자국 정도 앞뒤 보폭으로, 넘어지지 않을 정도로 좌우로 벌리고 걸음을 음미한다. 목과 허리는 자연스러이 곧게 펴서 앞으로 굽거나 뒤로 젖혀지지 않도록 한다. 걸음걸이를 자연스럽게 하면서 마음은 다리에, 발에 그리고 발바닥에 둔다. 오른발이 움직이고 멈출 때까지 '오른발'이라 하고 왼발이 움직이고 멈출 때까지 '왼발'이라고 되뇌며 오른쪽 왼쪽 다리의 움직임을 "관찰"한다.

2. 좌선(坐禪)

두 다리가 겹치지 않도록 편안하게 평좌로 앉는다. 엉덩이가 덜 불편하도록 적당한 두께의 방석을 받치면 좋다. 양 무릎 옆에도 불편함이 있는지 살핀 뒤 방석을 끼울 수도 있다. 허리는 편안하게 하여 바로 세운다. 손은 무릎 위에 편안하게 얹거나 모아서 아랫배 밑에 둔다. 눈은 지그시 감는다. 자연스럽게 숨을 쉬면서 마음은 배에 둔다. 배가 부풀어 오르는 모든 과정을 관찰하고 또 배가 꺼지는 모든 모습을 관찰한다.

숨이 들어오고 나가는 모든 과정을 느끼면서 관찰한다. 때로 때때로 이런 저런 생각으로 마음이 거북해지면, "망상(妄想)한다", "망상한다"고 되내인다. 이어서 "생각한다", "생각한다"하며 생각하는 자신을 여러 번 관찰한다. 불편한 생각이 멀어지면 다시, 마음을 제자리로 한 뒤, 배가 부풀고 배가 꺼짐을 다시 관찰한다. 망상이 생각이 반복되면 또 다시 그런 나를 관찰하고 다시 배가 부풀어 오르고 꺼지는 곳으로 마음을 되돌린다. 배의 움직임을 관찰하는 것은 base camp로 돌아오는 것이다.

3. 의자에 앉아서 명상

행선과 좌선을 하기 적당하지 않을 때, 허리가 아플 때, 의자에 앉아서 잠시 가벼운 명상을 할 수도 있겠다. 편안한 자세로 의자에 앉되 허리는 세운다. 몸을 충분히 이완시키고 두 손은 편안하게 무릎 위에 얹거나 아랫배 앞에서 모은다. 그리고 마음을 편안하게 한다. 숨이 들어 오며 배가 부푸는 것을 관찰하고 숨을 내쉬며 배가 꺼지는 것을 관찰한다. 15분에서 20분 정도 할 수가 있다.

'골프는 멘탈이 90%다.' 90이란 숫자가 어디서 나왔는지, 정확한지 알 수는 없으나 골프에서 마음가짐이 몹시 중요하다는 것을 강조하는 말 같다. 다른 어떤 스포츠도 골프만큼이나 또는 그 이상으로 마음이 정신이 중요하지 않을 리는 없다. 일상 삶을 살면서도 우리는 많은 경우에 마음이 힘들어함을 느끼고, 신앙생활을 하거나 명상을 할 때 마음이 차분해지고 머리가 맑아지는 것을 느낀다. 또한 그렇게 들어서 알고 있다. 실제로 명상을 하면 흥분했던 마음이 가라앉는다.

화가 몹시 났을 때, 긴장했을 때 그렇게 벌렁거리던 심장 박동이 조금씩 느려지고 혈압이 내려가며 집중이 잘 되는 것을 느낀다. 과학적으로 증명도 되어 있다. 흥분했던 교감신경이 차분해지면서 부교감신경과 조금씩 조금씩 균형을 맞추어나간다. 넘쳐나던 스트레스 호르몬 레벨이 내려간다. 너무 긴장하여 골프공과 핀만 보이던 나의 눈에 훼어웨이 경치가 들어오고 나무가 한 그루한 그루 보이며 딱따구리 소리가 들리게 된다. 내 동반자의 멋진 스윙이 보이고 웃는 표정이 보이고 캐디의 조언이 귀에 들어 온다. 골프가 즐겁고, 골프를 즐기게 될 것 같다. 이렇게 하도록 해야겠다.

마음을 알아차리는 것은, 지금 내 마음속에 일어나는 것을, 지금 여기서 (here and now) 스스로 관찰하여 그것이 있다는 자체를 알아차리는 것이다. 그것은 기쁜 것일 수도 슬픈 것일 수도 불안한 것일 수도 있다. 그 슬픈 마음이, 그 불안한 마음이 지금 여기 내 마음속에 존재한다는 것을 알아차리기만 하여도 마음에는 여유가 생긴다. 평화가 생긴다. 받아들이기 싫은, 내 안의 지금 그런 마음을 떨쳐버리려는 것이 아니라, 그것이 있는 그대로 '내가 지금 슬프구나', '내가 지금 불안하구나', '내가 긴장하고 있구나' 하고 마주쳐 바라보는 것이다.

받아들이기 싫다고 해서 떨쳐 버려지지도 않는다. 부정적인 마음이더라도 마주해 본다. 마음의 반응을 조금이라도 늦춰 본다. 천천히 느리게 반응해 본다. 내가 느끼기 싫어하는 감정이라고 해서, 무시하여 떨쳐내려 하면서 나와 싸우지 않는다. 마음을 분석하고 비판하며 판결내리지 않는다. 그냥 그대로(as it is), 그저 그대로 그 불편한 내 마음의 존재를 지금 이 자리에서 알아차리고 인정한다. 그리고, 한 편으로는 좋은 결과가 있기를, 하는 긍정적인 바램을 가져도 본다.

때로는 자애(慈愛)명상을 해 보기도 한다. 편안한 자세로 앉은 뒤 눈을 지그시 감고 고요한 마음으로 숨이 들어 오고 나가는 것을 알아차리면서 나를 향해 다음의 기원을 외워 본다.

내가 안전하기를 기원합니다.

(또는, 내가 위험에서 벗어나기를 기원합니다.)

내가 건강하기를 기원합니다.

(또는, 내가 육체적인 행복을 얻기를 기원합니다.)

내가 평화롭기를 기원합니다.

(또는, 내가 마음 편하기를 기원합니다.)

내가 행복하기를 기원합니다.

(또는, 내가 정신적인 행복을 얻기를 기원합니다.)

편안한 자세로 앉아서 눈을 지그시 감고 배가 부풀고 꺼지는 것을 알아차리면서(미울지도 모르는) 그를 향해 아래의 기원을 외워 본다.

그가 안전하기를 기원합니다.

그가 건강하기를 기원합니다

그가 평화롭기를 기원합니다.

그가 행복하기를 기원합니다.

수많은 골프선수들이 골프에서 오는 스트레스, 입스(yips), 잦은 부상 그리고 그에 따른 통증으로 힘든 시절을 보내기도 하는 것 같다. 그 가운데 어떤 이는 이를 극복하고 화려하게 또는 소박하게 부활을 하기도 한다. 그 과정에서 명상이, 마음 알아차림이 도움을 주고 있다는 것이 알려져 있다. 유튜브나 신문 방송 기사에서 최나연이, 강욱순이, Luke Donald가, Tiger Woods가, 아리아 주타누간이. 헤아릴 수 없는 많은 선수들이 힘들었던 시련을 겪고 받아들이고 극복하는 데에, 스트레스 골프에서 즐기는 골프로 가는 데에 명상의 도움이 있었다고 말한다. 1번 홀 티박스에서 느끼는 긴장, 컵 1 m 앞에서 버디를 마주하는 긴장을 잘 알고 있다. 그래, '나, 지금 긴장하고 있구나', '안 들어갈까 봐 이렇게 신경이 곤두서 있구나', 있는 그대로 나의 그 마음을 알아차리고 받아주어야겠다. 그리고 티샷을 해야지, 그리고 퍼팅을 해야지. 그러면 뻣뻣했던 어깨 근육이 조금은 풀릴 것 같다.

GolfDigest 2017년 4월호의 'Why meditation could be just what your game needs'의 삽화
명상이 골퍼에게 도움된다는 것을 말해준다.

일본의 정형외과 의사이자 소설가인 와타나베 준이치(渡辺淳一)는 그의 책, '둔감력(鈍感力)'에서 세상을 살아 가는 좋은 방법으로, 세상에 대하여 둔감해 지기를 추천한다. 둔감하다는 것이 주변에서 무엇이 일어나는지 알아채지 못하는 모자람을 일반적으로 뜻하지만, 그는 이것을 역으로 활용하여 이 복잡다단(複雜多端)한, 스트레스 가득한 이 시대를 살아가는 우리에게 있어 긴장을 피해가는 줄여가는 좋은 방법이라고, 파워라고 자신의 경험을 바탕으로 권유한다.

"ぶつぶつ"に "はいはい." 누가 옆에서 "웅얼 웅얼"하더라도, 그저 가볍게 반복하면서 "네, 네" 하면 자연히 한 귀로 흘러 나가니 마음속에 담아두지 않고 살아보자는 그의 조언이다. "집착 않게, 생길 때, 물질 정신, 관찰해" 집착(執着)을 하지 않으려면, 그것이 생길 때마다 바로 바로 그 물질과 정신성을 관찰해 본다. 또 한 번 자애 명상을 해 봐야겠다. '그'는 나이기도 하고, 내게 소중한 사람이기도 하고, 내가 미워하는 사람이기도 하다.

그가 위험에서 벗어나기를 기원합니다.

그가 육체적인 행복을 얻기를 기원합니다.

그가 마음 편하기를 기원합니다.

그가 정신적인 행복을 얻기를 기원합니다.

"Here and Now"

06 내게 멋진 골퍼를
나는 따라 한다

1. Tiger Woods

Tiger Woods가 멋있었다. 거의 완벽한 스윙 폼이라는 그의 스윙 자세를 따라 하고자 했다. 그의 책에 잘 기술된 스윙 자세. 어떻게 그리 젊은 나이, 아니어린 나이에 그런 명 저서를 남겼는지? 'How do I play golf' 골프 책의 고전이다. 그렇지만, 그렇게 똑같이 따라서 되지는 않았다. 할 수가 없었다. 아마추어에게는 참고 자료로써 좋았다. 특히, 숏 게임은 아주 훌륭한 교과서로, 따라하고 있다. 그는 나의 우상이다. 여러 번 무릎 부상, 허리 부상으로 힘들어 하고질곡의 시간이 길었으나 2018년 그가 다시 Tour Championship에서 우승하였을 때 나도 감격하였다.

그에 그치지 않고 2019년에 Masters에서 우승하여 포효하던 그는 나를, 수많은 사람들을 눈물 글썽이게까지 하였다. Tiger가 부활하였고 나마저 따라서부활한 듯 열광하였다. 그가 빨강색 나이키 티셔츠를 입고 TW라고 자기 이름약자를 새긴 검정 Nike 모자를 쓰고 18번 홀에서 우승 포효를 하는 모습은 내게 최고의 골프 scene이었다. 포효하며 울면서 자신의 부활을 외치는 범이었다, Tiger였다. 마치 나의 부활인 듯한 착각에 그것을 코스프레 하느라 나이키의 검은 모자와 빨간 티셔츠도 황망히 장만하였다. 안정된 그의 퍼팅 스트로크는 지금도 나의 스승이다. 나도 그처럼 anser 타입 퍼터를 좋아한다. 그의 몸이 건강하기를, 그의 마음이 건강하기를 기원합니다.

Tiger Woods; 빨간 나이키 상의, TW라고 써 있는 검정 야구 모자

2019년 Masters에서 Tiger Woods
18번 홀에서 우승을 확정한 뒤 포효한다. 검정 모자, 빨간 티, 그는 울었고 울부짖었다.

2. Bubba Watson

Bubba Watson은 귀엽다. 표정은 순진 그 자체다. 스트롱 그립과 넓고 큰 아크의 백스윙은 나에게는 무리지만 수직에 가까운 스윙 궤도, 하이 휘니쉬는 따라 할 만한 가치가 충분하다. 멀리 보내기 좋은 조건이다. 마지막으로 휘니쉬 때의 그의 두 무릎은 춤을 추는 듯하지만 다리가 땅에 굳어있지 않아서 무릎 건강에 좋을 것 같다. 따라해본다. 사실, 진짜 따라 할 것은 그의 Ping 로고 바이저다. 골프할 때 흔히들 쓰는 야구 모자는 머리카락 혈액 순환에 좋지 않다는 얘기가 많다. 그래서 그런가 젊은 PGA 골퍼 중에 앞대머리가 많다. Tiger Woods, Jordan Spieth, Justin Thomas, Matt Kuchar, Danny Willett, Zach Johnson etc.

바이저는 머리 피부 혈액 순환에 좋아 대머리를 막아줄 것 같다. 그는 주로 하얀색 바이저를 쓴다. 그의 오른쪽 반대쪽 연습 스윙도 참고한다. 반대로 스윙 연습을 하면 좌우 밸런스가 좋아져서 목허리 건강에 좋을 듯하다. Driver-driver-putter 이렇게 특이한 클럽 조합으로 쳐서 이룬 이글도 감동적이다. 그의 드라이버는 Ping 사(社)에서 특별히 만들어준 것으로 핑크색이다. 그의 서정적인 분위기가 드러나는 것 같다. 그는 울기 잘하는 울보란다. 우는 사람은 마음이 건강하다고 상담(相談)계에서는 말하고 있다. 나도 종종 울어 보아야겠다.

Bubba Watson; PING이라고 커다랗게 써 있는 바이저를 쓰고 핑크색 드라이버로 멀리멀리 쳐 보낸다.

Bubba Watson
바이저를 쓰고 핑크빛 드라이버로 하이 휘니쉬를 한다.

3. Jordan Spieth

Jordan Spieth 젊고 싱싱해서 좋다. 표정이 자연스럽고 진지하다. 순진한 표정, 성실한 성정, simple한 성격이 느껴진다. 그의 스윙 특징도 Simple이라고 생각한다. 물론 그의 스윙 스피드는 내가 따라할 수 있는 바는 아니다. 그의 간결함, 그 자체는 골프 스윙에서 중요한 본질이 무엇인지 알게 해주는 듯하다. 군더더기가 없으니 따라 해보자고 나에게 말해 본다. 안쓰러운 것은, 20대 나이인 그가 벌써 앞대머리라는 것이다. 야구 모자를 너무 눌러서 써서 그런지도 모르겠다. 야구 캡을 벗으시게나 조던, 대신 바이저를 쓰면 어떻겠나? 그가 Texas 출신인 것도 마음에 든다.

Jordan Spieth
2015년 Masters우승 후. 앞머리 숱이 아쉽다.

4. Phil Mickelson

　Phil Mickelson. 나는 그의 미소가 좋다. 그의 나이는 점점 더 나에게 편안한 매력으로 다가 온다. 나이 먹으면 어떠리. 이렇게 치면 되는 것이지 하는 듯한 편안하고 인자한 미소. 그가 원래 오른손잡이인데 왼손방향으로 그렇게 골프를 잘 칠 수 있다는 점에 경의를 표한다. 오른손잡이나 왼손잡이나 이 모든 태생적 dominancy는 공허한 말이고 훈련을 잘 한다면 좌우 어느 쪽이든 잘 할 수 있다는 것을 증명하는 것 같다. Lamarck의 용불용설(用不用說)이 다윈의 적자생존(適者生存)보다 마음에 와 닿는다.

왼손 퍼팅하여 우승한 그가 갤러리 모자에 오른손으로 사인을 해 준다. 어려서 남의 눈에 띄어 보고 싶어서 반대쪽으로 골프를 해 보았다나 어쨌다나. 그의 웨지 플레이, 특히 Extreme wedge play는 감탄을 자아낸다. 바로 앞에 서있는 사람 머리 위로 웨지 샷을 하여 공을 넘긴다. 그 말고 또 다른 누가 이런 샷을 할 수 있을까? 그의 L자 퍼터는 아무나 쓸 수 있는 물건이 아니다. 보통 사람은 어려워서 쓰지 못하는 퍼터다. 그의 뛰어난 퍼팅 스트로크 역시 나의 감탄을 자아낸다. I love you Phil!

Phil Mickelson; 오른손잡이가 왼쪽으로 골프를 한다. 그것도 아주 잘 한다. 미소가 포근하다.

Phil Mickelson
그는 웨지 샷의 귀재이며 원래 오른손잡이다.

5. Bryson DeChambeau

Bryson DeChambeau는 텍사스 휴스턴에서 물리학을 공부했다. 그의 웃음은 순진 그 자체다. 자신의 골프 이론에 대학서 전공으로 배운 물리학이 큰 역할을 하는 것 같다. Single plane swing, Same length iron이 그렇고, Side saddle putting은 가히 물리학의 천재인 듯한 느낌마저 준다. 그가 PGA에서 우승도 여러 번 한 것을 보면 그의 철학이 현실과 동떨어진 환상이 아니라 관습을 벗어난 과학적 실용주의임을 증명했다. single plane swing은 아직 나에게 무리이나 same length iron은 충실히 따라 한다.

아이언 한 셋트의 길이, 라이 앵글, 헤드 크기를 같게 하고 로프트에만 차이를 둔 이 아이언 셋트는 많은 아마추어에게 도움이 될 것이다. 게처럼 옆 걸음이 아니라 정면으로 공을 보내는 side saddle putting. 멋지고 자연스러운 아이디어다. 퍼팅 기술은 인정되었으나 안타깝게도 그 퍼터는 USGA에서 인정을 받지 못하였다. 그는 앞으로도 계속 물리학이라는 실용 학문을 관습적인 골프계에 도입하며 혁신으로 이어나갈 것이다. 그의 또 하나 걸작은 모자, Hunting cap이다. 멋지고 귀엽다. 그의 개성이 좋다.

Bryson DeChambeau; 야구 모자만이 넘쳐나는 골프계에 hunting cap을 쓴 것이 귀엽다. single plane swing도 간단하여 좋을 것 같다.

브라이슨 디쉠보의 side saddle putting
스윙은 인정을 받았으나 퍼터가 공인을 받지 못하였다.

'그리워하는 데도 한 번 만나고는 못 만나게 되기도 하고, 일생을 못 잊으면서도 아니 만나고 살기도 한다. 아사코와 나는 세 번 만났다. 세 번째는 아니 만났어야 좋았을 것이다.' – 피천득 선생의 수필, '인연' 중에서.

골프를 즐기다 보면 좋아하는 선수가 있게 마련이다. 그의 어떤 장점을 좋아하게 되고, 좋아하는 만큼 스윙을 따라 하기도 한다. 어떤 이는 골프를 잘 쳐서 성적이 좋은 박인비를 좋아하고, 어떤 이는 이정은이 고향 사람이라 좋아하기도 한다. 또 어떤 이는 Paula Creamer가 예뻐서 좋아하기도 한다. 그렇게 좋아하는 사람을 응원하고 후원하며 따라하여 골프 생활을 즐겨야겠다. 골프장에서 만나는 인연은 소중하다. 좋은 벗으로, 좋은 스윙으로 사귀어서 좋은 인연을 맺어야겠다.

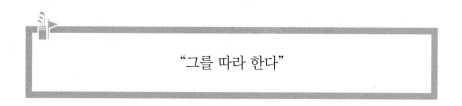

"그를 따라 한다"

07 골프 부상(golf injury)과 골프장 사고(accident)

1. 골프 부상

골프치다가 부상을 당하고 싶지 않다. 그러지 않아도 아플 일 많은 인생의 생로병사(生老病死)에 상(傷)이라는 괴로움까지 더하다니. 죽을 때까지 즐겁게 아프게 않게 골프를 치고 싶다. 골프 부상을 피해 보자. 골프 부상은 다른 sports injury와 마찬가지로 몸의 어디라고 할 것 없이 많은 곳에 생기는 것 같다. 특히, 우리 몸의 마디마디 관절에, 근육에, 인대에 잘 생기는 것 같다.

골프는 몸을 휘감았다가(coiling; backswing) 다시 풀면서(re-coiling; downswing) 그 힘으로 공을 하늘에 날려주는 스포츠다. 그래서 근육과 관절에 긴장을 주기도 하고(tension) 척추를 중심으로 몸을 비틀기도 한다(twisting). 이런 것을 반복 또 반복한다(repeat and repeat). 그것도 좌우 대칭이 아니라 한 쪽 방향으로만(one way) 반복한다. 산행처럼 부드럽게 이어지는 운동이 아니라 순간 에너지 이동과 같은 급격한 폭발적(explosive) 스윙 변화는 순간 엄청난 에너지로 우리 몸에 스트레스(stress)가 된다. 근육, 뼈마디, 뼈, 힘줄 그리고 인대에 무리가 되는 운동이다. 그것도 점점 나이 먹어 몸이 탄력을 잃어가는 우리 같은 아마추어에게. 골퍼의 몸에는 부상이 많다. 프로는 프로대로, 아마추어는 아마추어대로. 이를 어찌하면 좋을까? 골프 부상의 특성을 이해하여 되도록 그 부상으로부터 멀어져 가보고자 한다. 골프는 재미있다.

누구나 할 것 없이 부상 없이 멋지게 골프 인생을 즐기고 싶어 한다. 안타깝게도 우리 주변에는 골프 부상으로 인하여 골프를, 조용히 그만두는 사람들이 보인다. 아니면, 전과 달리 소극적으로 골프에 임하기도 한다. 맥아더 사령관이 퇴역식에서 말하기를, "노병(老兵)은 죽지 않는다. 다만, 스러져(fade away)갈 뿐이다." 그렇다. 나도 노병이 되어 스러지고 싶지 않다. 골프장에서, 살아 있는 동안 골프를 즐기고 싶다. 그것도 부상 없이. 전까지는 아주 좋은 스코어로 골프를 즐겼지만 어느 순간, 손목, 팔꿈치 부상으로, 허리가 아파서 전처럼 멋진 아이언 샷이 이루어지지 않는다. 그런 것이 신경 쓰여, 화가 나서 골프를 그만두기도 한다. "요새, 공이 안 맞아" 이렇게 말하면서. 한 편으로는, 아프지만 참아가면서, 물리치료를 받아가면서, 한방 치료나 심지어 수술을 받으면서까지도 골프에 의지를 불태우기도 한다. 골프 부상. 안쓰러운 일이다.

이런 부상을 피하고 싶다. 건강하게 살고 싶다. 건강하게 골프를 즐기고 싶다. 골프 스윙은 그 특성상 부상과 인연이 깊다. 플레이어의 나이가 많은 편이다. 40~60대가 대부분이다. 이미 30대에서, 실제는 20대부터 시작한다고도 한다. 시작하는 인체 근골격계의 퇴행성 관절 변화가 가속화하는 시기다. 아마추어는 평소의 운동량도 그리 많지 않은 사람들이다. 골프 연습도 많이 하기 어렵다. 그러나, 골프장에 가면 멀리 날려보내고 싶은 마음이 앞선다. 당연히, 실패할 가능성이 높고 부상당하기 쉬운 상황이다. 똑 같은 샷을 한 쪽으로만 하고 또 하고, 또 반복한다. 우리 아마추어의 이야기다.

골프 비(飛)거리를 얘기할 때 말하는 운동 에너지 $1/2\ mv^2$은 공이 날아가는 에너지다. 뉴턴의 제 3운동 법칙, 작용 반작용의 법칙으로 다시 이해해 본다면 이 에너지는 바로 내 몸이 받는 충격 에너지이기도 하다. 공이 날아가는 작용, 그리고 그걸 보내느라고 내 몸이 받는 반작용은 같다. 내 몸에 충격, 부상을 주는 에너지다. 무거우면 무거울수록, 빠르면 빠를수록 공이 잘 날아가지만, 내 몸에 끼치는 에너지, 부상 에너지도 커져만 간다.

한 번의 큰 부상도 문제겠지만 조금씩 반복해가면서 쌓이는 이 에너지는 그 중에서 비틀림 에너지는 내 몸 관절을 비틀어 간다. 무릎이 비틀리고, 발목이 비틀리고, 팔꿈치가 비틀리고 마지막에는 중심인 목허리를 비튼다. Tiger Woods의 허리 부상, 무릎 부상이 남의 일처럼 느껴지지 않는 이유이기도 하다. 샷 중의 샷, 아이언 샷, 특히 딱딱한 땅, 매트 위에서 하는 스크린 골프장, 연습장의 샷. 치고 또 치고. 똑같은 동작이 수도 없이 반복되는 그 샷. 그 즐거운 순간에 내 몸 속 마디마디는 절규를 하고 있을지도 모르겠다. 오늘 밤도 별이 바람에 스치운다. 내 몸을 사랑해야겠다.

골프로 생기는 중요하고도 흔한 부상을 부위 별로 들어 본다. 이 외에도 수많은 여러 가지 부상이 있을 것이다. 큰 종류를 얘기해 보고 내부의 세세한 설명을 또 덧붙여 본다. 골프 스윙 중에 생기는 부상은 대개 다음과 같은 커다란 메커니즘에 따른다. 그리고, 이것은 각각 혼자가 아니라 복합적으로 작용하며 더구나 한 곳이 아닌 우리 몸의 여러 곳에 아마도 함께 부상을 일으킬 가능성도 높다. 지금도 이런 다양한 골프 부상은 노화와 함께 계속 진행하고 있을지도 모른다. 일반적으로 부상이 생기는 메커니즘은 크게 다음과 같다.

• 과잉 사용, 과잉 연습: 과유불급(過猶不及)이란 말이 있다. 연습도 지나치면 모자람만 못하고. 한두 번에는 별 영향이 없을 수 있으나, 이것이 지나치게 긴 세월 반복된다면 병이 될 수밖에 없다. 한두 번이 아니라 꾸준히, 반복해서, 연습장 매트 위에서 친다면 팔꿈치 인대가 힘줄이 남아날 수 없을 것 같다. 그것도 자세마저 잘못되어 있다면? 이렇게 충격으로 부상이 오고, 부상을 당한 자리는 퇴행성 변화가 빨리 진행하며 이것은 이어 퇴행성 관절염으로 서둘러 이어진다. 부상 질환의 기본 메커니즘이다.

• 부적절한 스윙 메카닉: 스윙이, 관절운동이 부적절하여 마디마디에 지나

친 스트레스를 주게 된다. 제대로 배워서 몸을 위하는 스윙을 해야될 듯하다.

• 오버 스윙: 관절이 소화할 수 있는 범위를 넘어서 과하게 스윙하면 관절은 아파한다. 특히 나이가 들어서 퇴행성 변화가 온 사람들이 무리하면 염증이 생기고 붓고 심지어 찢어진다.

• 근육의 워밍업이 불충분: 워밍업이 되어 있지 않다면 견딜 수 있을 것도 못 견디게 된다.

• 척추에 가해지는 심한 회전력: 사실은 무시무시한 힘이다. 위아래 척추뼈를 이어주고 잡아주는 인대가 지치며 두꺼워진다. 힘줄이 하도 당겨대니 척추뼈도 힘들어서 삐죽삐죽 불거진다. 목허리뼈 사이사이의 디스크(disc)가 사방으로 압력을 받아 그 디스크를 감싸 보호해주는 껍데기(annulus fibrosus)가 조금씩 조금씩 찢어지며 디스크는 터질 준비를 한다. 언젠가는 터질 수 있고 기존에 디스크 병이 있다면 악화될 수도 있겠다.

• 불량 그립, 불량 셋업: 그립이 불완전하면 공도 제대로 날아가기 어렵지만 손에도 많은 충격이 전해질 수 있다. 장갑은 그립을 단단하게 잡도록 도와주기도 하고 충격을 덜어주기도 한다.

이 모든 것을 더하여 미국 정형외과 스포츠 의학 협회(American Orthopaedic Society for Sports Medicine)에서 정리해 주기를, "The golf swing involves repetitive, high-velocity movement of the neck, shoulders, spine, elbow, wrist, hips, knees, and ankles. The percentage of injuries directly correlates with the number of rounds or the number of range/practice balls struck per week"라고 하였다. "골프 스윙은 빠른 속도로 반복적으로 이루어지기에 목, 어깨, 목허리, 팔꿈치, 손목, 엉덩이 관절, 무릎 그리고 발목에 무리를 준다. 그 부상의 정도는 라운드한 만큼 연습한 만큼에 비례한다." 살살, 알맞게 즐기라는 말로 들린다.

1) 허리 통증

골프가 아니더라도 75~85% 사람은 살면서 평생에 한 번 이상 여러 가지 이유로 심한 요통을 겪는다. 골프가 이것을 가속화시킨다. 회전 운동은 척추와 근육에 심한 스트레스를 준다. 같은 동작을 네다섯 시간 반복하는 골프는 허리에 무리가 된다. 근육 염좌는 물론이고 허리 디스크를 유발하기도 한다. 이미 허리가 아픈 경우에는 더 나빠질 수도 있다. Tiger Woods가 그렇고 최나연이 그렇고 Michelle Wie가 그렇고. 허리 통증으로 고생들을 많이 한다. 좋은 스윙이 무엇인지는 알지만 내 허리의 상황도 살펴보면서 할 일이다. 물론, 제대로 배워야 할 것이며 평소에 core muscle을 키우는 일에도 힘써야겠다.

2) 팔꿈치 부상(golfer's elbow)

상당히 흔하고 상당히 아프다. 팔꿈치 안쪽과 바깥쪽 힘줄(腱, tendon)이 자극을 받아서 찢어지고 염증이 생겼다. 바깥쪽(엄지쪽)에 생기는 것을 tennis elbow라고 하고 안쪽(새끼 손가락)에 생기는 것을 golfer's elbow라고 한다. 골퍼에게 생기는 부상의 실제 빈도는 테니스 엘보우가 골퍼 엘보우보다 더 많다. 많이 칠수록 생기고 나이들수록 더 많이 다친다고 한다. 아이언 세컨드 샷에 주의할 일이고 스크린 골프장이나 연습장 매트 위에서 반복하여 칠 때 주의하면 좋겠다. 심해지기 전에 의사의 처방에 따르는 것이 좋을 듯하다. 아마추어에게 참으로 많은 부상이다.

3) 무릎 부상

무릎은 단순한 관절이다. 구부리고 펴고만 한다(굴신운동, 屈伸運動). 어깨나 엉덩이 관절처럼 한 바퀴 도는 관절(pivotal motion)이 아니다. 그런 관절을 스윙하면서 비튼다. 무릎에게 못할 짓이다. 할 줄 모르는 일을 시켰기 때문이다. 심지어, 몸은 돌아가며 휘니쉬를 하면서 무릎더러는 왼쪽에 벽이 있다고 가정하고 고정시키라고 한다. 무릎 입장에서는 버틸 수 있는 일이 아니다. 무릎 관절 속의 여러 인대와 반월판이 힘에 지쳐 찢어질 수 있다. 왼 무릎뿐 아니라 오른쪽 무릎도 손상이 가능하다.

　그래서 선수들은 이것을 견디기 위하여 평소에 어마어마한 운동을 하며 무릎 근육을 다지고 키운다. Dustin Johnson처럼 빠르고 급격한 휘니쉬를 할 때 그의 무릎이 어떤 충격 에너지를 받을지 생각해 본다. 그는 얼마나 단단하고, 얼마나 튼튼해 보이는지. Bubba Watson의 특이한 휘니쉬에서 그가 얼마나 무릎을 보호하려는지 그 의지를 알 수가 있다. Tiger Woods의 무릎 부상은 안쓰럽다. Anthony Kim 재미 동포 선수도 무릎 부상으로 조기 은퇴하였던 것 같다. 다친 사람을 떠올려보면, 장타를 치려고 그렇게 심하게 몸을 비틀 필요가 있겠나 하는 생각도 든다. 아껴서 써야 할 관절이 무릎이다. 아프면 무릎 의사를 찾아가자.

4) 어깨, 회전근개

　어깨가 아프고 돌리기 힘들고. 스윙이 엉성하거나 단단한 바위를 치거나 디봇을 파거나. 어깨에 무리한 충격을 꾸준히 오랫동안 또는 한 번에 세게 주면 어깨에 건염, 활액낭염 그리고 회전근개 파열이 온다. 어깨는 섬세한 관절이다. 무릎과 달리 다양한 운동을 할 줄 안다. 그러다 보니 부품이 많고 고장의 종류도 섬세하고 다양하다. 무리하지 않는 것이 좋으나 한 번 다치면 어깨 전문 의사를 찾도록 한다.

5) 손목

　골프에서 손목이 참 중요하다. 그립을 잡기 때문이다. 딱딱한 400 g짜리 클럽을 휘두르는 접점이다. 반복되는 동작, 단단한 그립, 빠른 스윙 속도. 골프를 잘 치기 위하여 필요한 동작이고 구비 사항이기는 하나 이것이 손목에게는 스트레스가 된다. 임팩트라는 힘찬 충격의 순간을 손목 관절이 마주한다. 손목 관절에는 디스크도 있고 인대도 있고 힘줄(건, 腱)은 무척 많다. 이것들이 완충제가 되기도 하지만 그 자신들은 만성 스트레스에 휘둘린다. 건염이 흔하다. 오른손 장갑을 끼면 오른손, 오른 손목도 보호해준다.

6) 손과 손가락

손목이 당하는 메커니즘과 같은 메커니즘으로 손과 손가락도 충격을 받는다. 손가락에는(퇴행성) 관절염도 올 수 있고 염증이 생겨 부어 오르기도 한다. 손뼈 중에 유구골(有鉤骨, hook of hamate)이라는 작은 갈고리 뼈가 새끼손가락쪽 손바닥에 있다. 이것이 종종 부러진다. 신지애가 그랬었다. 골프에서 손바닥, 손뼈도 어지간히 스트레스를 받는가 보다. 내 몸을 사랑해야겠다. 그립을 똑바로 잘 배워서 잡아야겠고, 매트에다가 반복적으로 쳐대는 것은 삼가야겠다. 부드러운 그립을 장착하는 고려해 볼 수 있다. WINN 사(社) 그립이나 Iomic 사(社) 그립은 GolfPride 사(社)의 tour velvet보다 부드러워서 손에 도움이 될 수도 있다.

목허리를 사랑해주는 맥킨지 운동
목과 허리를 위하고 즐거운 골프를 위한다면 날마다 이 운동을 한다.
서울대 재활의학과 정선근 교수의 책 '백년목'에서.

7) 목

목근육도 회전 운동에 많이 시달린다. 특히, 처음에 자세도 불량하고 근육 훈련이 되어 있지 않는 상태에서 목근육 경련이나 염좌는 흔한 편이다. 디스크 질환은 훨씬 더 큰 문제가 되겠다. 허리와 같은 이유로, 목은 스윙의 회전운동을 하며 심한 스트레스를 인대와 근육 그리고 디스크에 받는다. 목 디스크 병이 생기기 좋은 상황이다. 평소에 잘 단련하여 코어 근육을 키워야 할 것이며, 가끔은 프로 선수들처럼 반대쪽 스윙을 가볍게 하여 좌우 회전에 균형을 잡아주는 것도 좋은 일이다. 유튜브 동영상에서 Rickie Fowler와 Bubba Watson이 서로 반대쪽 스윙을 하며 경쟁을 즐기는 것도 좋아 보인다. 골프 여제(女帝) Annika Sorenstam의 은퇴도 그의 목 디스크와 허리 디스크 병이 앞당겼는지도 모르겠다. 황제 Tiger Woods도 허리뿐 아니라 목에도 어려움이 있다.

8) 발과 발목

골퍼가 스윙을 할 때, 온 몸으로 그 뒤틀림을 잡아주는 곳은 또 있다. 바로 발이다. '#1 shoe in golf'라고 자랑하는, 신발을 잘 만드는 FootJoy 회사는, 다른 회사도 마찬가지지만, 신발의 접지력(接地力, stability)을 강조한다. 골프화가 하는, 해야 하는 중요한 일이 접지력이다. 땅을 붙잡아 주는 힘. 신발이 헐렁거리며 돌아다닐 것이 아니라 땅을 붙잡아주어야 스윙을 안정되게 할 수 있다. 그러나, 부상 측면에서 바라보자면, 스윙하는 동안 발은 꼼짝없이 땅에 고정되어 있어야 한다.

여기도 어김없이 회전, 비틀림 운동이 발에 작용한다. 발은 고정되나, 회전 운동을 하는 발목은 뒤틀려야만 하는 운명이다. 어찌 보면 동전의 앞뒷면이기도 하고 작용 반작용의 법칙이기도 한 것 같다. Bubba Watson의 특이한 휘니쉬 동작은, 땅에서 발을 놓아주려는, 다리를 건강하게 유지하려는 그의 안간힘이기도 하다. 비틀리는 발목. 손목이 비틀리는 것과 같은 메카니즘이다. 근육은 뒤틀릴 수 있고, 건염이 생기기도 한다. Tony Finau가 한 때 발목 부상으로 힘들었다고 한다.

9) 엉덩이 관절(고股관절)

엉덩이 관절은 운동 범위가 넓고 아주 튼튼하다. 건강할 때 우리 몸을 모두 받쳐 준다. 상체라는 무거운 짐을 지고 사는 마디다. 그러나, 골프 하는 동안에는 구부리고 펴는 굴신(屈伸) 운동뿐 아니라 추가로 회전(pivoting) 그리고 뒤틀리는(twisting) 운동을 감내해야 한다. 이런 운동 모두가 엉덩이 근육에 무리를 주고 고관절에 스트레스가 된다. 어깨 관절과 비슷한 메카니즘으로 회전 운동의 부작용을 입게 된다. 평소에 코어 근육(엉덩이 근육과 척추 주변 근육)을 키우고 운동 전 미리 워밍업을 해야겠다. Jack Nicklaus가 엉덩이 치환 수술을 받았고 내 친구 중에도 수술 받은 이가 있다.

10) 화상

피부는 인체에서 제일 큰 기관이다. 태양에 이렇게 긴 시간 자주 노출된다면 피부에도 무리가 될 것이다. 피부 손상에 이어 심해지면 피부암까지 가능할 수도 있겠다. 선크림을 발라야겠다. 그것도 자주 발라야겠다. 여성이 오른손에도 장갑을 끼우면 오른손등은 자외선으로부터 보호받기도 한다.

"선블록이나 꾸준히 바르거라. 시간이 흐를수록 나이보다 젊어 보일거야"
아들아, 삶에 지치고 힘들 때 이 글을 읽어라. _ 윤태진 저(著)

다시, 대책을 정리해 본다. 골프 스윙에 따른 부상을 줄이려면,

1. 알맞은 스윙 자세를 취하고
2. 부드럽게 움직일 것이며
3. 무리한 오버 스윙은 피할 것이고
4. 웜업이 필요하니 성급히 말 것이며

5. 평소에 코어 근육을 키울 것이며
6. 적절한 스트레칭을 미리 하고
7. 들고 다니는 백 무게를 줄이고
8. 쓸데없는(돌이나 땅) 곳을 때리지 말며
9. 적절한 신발, 장갑을 끼고 선크림을 바른다.

이 정도가 될 것 같다. '장타 치는 법'과는 정 반대의 다른 해법일지도 모르겠다. 마음에 새겨두어야겠다. 그 중 특히, 하지 말아야 할 것은 뒷땅이다. 타핑은 그래도 부상이 덜 하다. 뒷땅은 부상으로 가는 지름길이다. 꾸준히 뒷땅을 치고 있는 자신을 발견한다면 몸이 더 망가지기 전에 전문가의 지도를 받아서 교정하는 것이 좋겠다. 디봇자리에서도 그대로 공을 칠 일이 아니다. 욕심과 함께 충격도 크다. 디봇자리에 있는 공을 그대로 놓고 치라고 강요하는 동반자는 나의 건강에 무심한 이일 것이다. 건강을 위하여 옮겨 놓고 칠 일이다. 평생 재미있게 그러면서 안 아프게 골프를 즐기고 싶다.

2. 골프장 사고; 안전제일(安全第一, safety first)

'안전제일'. 우리 어렸을 때 공장이나 공사장 어디에나 보이던 글귀다. 지금도 아파트 공사 현장 곳곳에 써 있다. 물건 제작이 중요하지만, 아파트 공사가 중요하지만, 그 속에서 일 하는 사람이 다쳐서는 안 되겠다. 골프를 즐기러 골프장에 왔는데 사고라니? 끔찍하다. 골프장 사고를 피해야겠다. 서양 말에 있다. 'Accident happens(사고는 나게 마련이다).' 다치기 싫다.

골프를 즐기며 내 몸이 덜 상하도록 하는 방법을 인지하였다. 이제부터는 사고를 조심해야겠다. safety first. 골프장에서는 1) 내 몸 안전이 먼저다. 그 다음에는 2) 공의 안전을 도모한다. 전략을 잘 세워서. 공이 안전하다는 것은 골프를 잘 친다는 뜻이다. 병은 불가피할 수도 있으나 사고는 피해야 한다. 그

동안 내 주변에서 직접 보고 들은 얘기를 나열해 보면,

골프장에서 쓰러져 사망하였다. 아마도 심장 마비일 듯하다. - 지인의 남편.
골프장 물가에서 공을 주우려다 물에 빠져 돌아가셨다. - 지인의 아버지.
티샷하다가 어지러워서 힘들어했다. - 지인.
훼어웨이 아이언 샷이 오른쪽 앞에 있는 동반자를 맞췄다. - 내 동반자 둘이서.
티박스에서 여럿이 스윙 연습하다 드라이버 머리로 동반자 머리를 때렸다. -
캐디 말.
카트가 굴러서 골퍼가 죽었다. - 모 골프장에서.
카트가 급경사를 잘못 내려가기에 급히 뛰어 내렸다. 다칠 뻔 했다. - 내 경험.
티샷 중 드라이버가 앞으로 날아갔다. 프로 야구 타자에게서도 종종 본다. -
내 동반자가.
티샷 공이 동반자 눈알에 맞아 실명했다. - 캐디 말.
티샷 후 티 주우러 언덕 내려가다가 다쳤다. - 캐디 말
공 찾으러 언덕에 오르다/내려가다 굴러 넘어져서 다리를 다쳤다. -캐디 말.
뱀에 물려요. -강원도 어느 캐디 말

이런 상황이 벌어지면 안될 것 같지만 사고는 일어나기 마련이다. 특히, 우리나라같이 안전 불감증이 만연되어 있는 사회, 전문가 캐디의 말을 안 따르는 사회에는 이런 사고가 은연 중에 생긴다. 위에 말한 사고 내용을 바탕으로 몇 가지 대책을 정리해 본다면 다음과 같겠다.

평소에 건강 관리를 한다.
골프 클럽은 살인 무기가 될 수 있다.
티 박스에는 칠 사람 한 사람만 올라간다.
스윙 연습은 주변에 사람이 없음을 확인하고 한다.
샷하는 사람은 내 앞에만 있다. 내 뒤에서 샷 하는 사람은 없다. 샷하는 오른쪽 앞은 위험지대다.
언덕이나 절벽 아래에서 공 줍는 것은 조심하여야 한다. 헌 공 하나 때문에 무릎 다

친다.

잃어버린 공을 찾도록 무리하게 캐디에게 요구하면 캐디 무릎 망가진다.

카트도 자동차다. 안전하게 운전하여야 한다.

골프장 카트 도로는 운전하기 위험천만(危險千萬)한 길이다. 도로 폭이 좁고, 대관령처럼 구불구불하고 급경사가 많으며 때로 얼음이 언 도로도 있으며 운전 중 공을 찾아 보거나 스코어를 적는 둥 전방 주시가 태만하고 승객이 내기 뽑기를 하느라 떠들썩 하고 때로 술까지 먹기도 하여 소란하며 안전벨트마저도 없다.

골프장 연못에 빠지면 미끄럽고 손으로 잡을 것이 없어 빠져 나오기 힘들다.

골프장은 뱀의 고향이다. 자기대로 살게 놔둔다. 뱀과 싸우지 않는다.

"내 몸 건강이 최고다"

08 동반자(同伴者, partner)

나와 함께 골프하는 사람, Golf partner.

Do you enjoy playing golf?

동반자. 나와 함께 팀이 되어 오늘 이 골프장에서 골프를 즐기는 사람, 세 사람이다. 반가운 사람들이다. 2~3주 전부터 손꼽아 기다린 오늘이다. 오늘을 위하여 다른 일, 스케줄을 조정했으며, 집사람에게도 어렵게 양해를 구한 날이 오늘이다. 적지 않은 돈을 그린피로 밥값으로 써야 하는 날이고 새로 장비를 사는 데에도 꽤나 돈을 썼다. 지난 밤 나는 잠을 약간 설쳤고 평소에 관심도 없던 일기예보에 몇 날 전부터 그렇게 관심을 보이기도 했다. 이 주말, 이 새벽에 한 시간 이상 차로 달려서 여기에 오늘 나는 왔다. 이들을 만나러, 이들과 함께 공을 치러. 그렇다. 오늘은 즐거운 날, 당연히 나는 오늘을 즐겨야 한다. 즐거워야 한다. 그리고, 골프가 끝난 뒤 오늘은 즐거운 날, 참 즐거운 날이었다고 외친다. 동반자들이 있어서 오늘은 더 즐거웠다고.

'함께 짝이 되는 사람' 이렇게 해석하면 되겠다.

삼인행이면 필유아사(三人行必有我師). 논어에 나오는 공자님 말씀이다. 옳은 말씀이다. 셋이 걸어 가면, 그 중에 한 사람 반드시 내 스승이 있다. 그의 좋은 점은 취해서 따르고, 나쁜 점은 반면교사(反面教師) 삼아서 배우지 않도록 하라는. 드라이버 티박스에 나오는 말이기도 하다. 티샷하는 모습이 보기 좋아 따라 하고 싶은 동반자가 한 명은 꼭 있다. 따라 하자. 저렇게 하면 OB가 나는 구나. 그것은 따라 하지 말자.

1. 나는 이런 사람과 동반자가 되어 골프를 즐긴다.

골프장에서 보는 순간 내 얼굴에 미소가 떠 오르는 사람.
그의 그 동안 이야기가 궁금하고 염려해 주고 싶은 사람.
나의 이야기를 궁금해하고 염려해주며 들어주는 사람.
목소리가 부드럽고 미소가 아름다운 사람.
잘못하는 나의 스윙을 부드러운 말투로 살짝 가르쳐주는 사람.
골프 스윙이 멋있어서 내가 따라 하고 싶은 사람.
내가 버디 하였을 때 축하해주는 사람.
공이나 장갑 등 선물을 주는 사람.
옷을 깔끔하고 멋지게 입는 사람.

2. 나는 이런 사람과 동반자가 되어 골프를 치고 싶지 않다.

홀마다 담배를 피우고 그 담배연기로 내가 힘들어지는 사람.
목소리가 딱딱한 사람.
옆에 있으면 내가 긴장하게 되는 사람.
얼굴 표정이 대체로 찌푸려져 있는 사람.
캐디와 스코어를 두고 다투는 사람.
캐디가 보아 준 퍼팅 라이에 불만을 드러내는 사람.
자기가 잘못 친 공을 언덕 덤불 속에서 찾으라고 캐디에게 요구하는 사람.
이런 저런 이유로 캐디와 다투어 골프장에서 긴장감을 조성하는 사람.

디봇자리에 빠진 공을 그대로 놓고 치라고 요구하는 사람.

전반전 끝난 뒤 그늘집에서 술 종류를, 술 마시기를 강요하는 사람.

벙커에서 뒷처리를 안 하는 사람.

뗏장이 날아간 훼어웨이 디봇을 그대로 두는 사람.

앞 팀이 어떻고 뒷 팀이 저떻고 미주알고주알 남을 평가하는 사람.

"나는 이런 좋은 사람과 동반자가 되어 골프를 즐긴다"

09 캐디(Caddie, caddy)

'골프 플레이어의 클럽이나 골프 백을 메고, 플레이에 대한 통찰력 있는 조언과 플레이가 원활하도록 도움을 주는 사람.' 위키피디아에 캐디에 대하여 정의되어 있는 말이다. 우리나라에서는 보통, 골프장 한 라운드 네 시간 동안 우리 네 사람의 골프 카트를 운전해 주고, 골프 클럽을 거리 별로 챙겨 주고 닦아 주고, 스코어를 기록해 주고, 그린에서 공을 닦아 주고 퍼팅 라이를 돌보아 주며, 끝날 때 웃으면서 자동차에 골프 백도 실어주는 상냥한 사람, 대개는 젊은 여자이고 종종 젊은 남자이기도 한 사람. 우리는 그녀에게 각각 3만 원 모두 12만 원 정도를 지불한다. 이런 사람이 캐디이다.

설명 중에 빠진 아주 중요한 내용이 있다. 그녀는 골프 전문가인 사람이다. Professional이다. 거리가 얼마 남아있는 지를 부쉬넬보다 더 정확히 알고, 이번 홀의 내 스코어를 나보다 잘 기억하고, 그린 경사도를 귀신처럼 알려주고, 내 스윙의 특성이 어떤지 지금 내가 어떤 품새로 티샷을 했는지 남은 거리에 몇 번 아이언이 적절한지 나보다도 잘 알아채고 있는 골프 베테랑, 전문가이다. 그렇다. 그녀는 골프 professional이다. 나이도 젊고 분위기도 화사하고 싱싱하며 목소리도 발랄하다. 이번 라운드 네 시간 동안 주구장창 나의 벗이자, 나의 조력자이자, 나의 파트너이다. 나는 그녀와 잘 지내야겠다. 잘 보여야겠다. 그래서 그녀의 도움을 흠뻑 받아보고 싶다. 그녀도 그런 생각을 할 것이다. 손님들과 즐겁게 지내기를. 행복하게 마무리하기를. 얼마나 기대하며 나온 나의 오늘 하루인가? 이 날을 우리 네 사람은 얼마나 애타게 기다렸던가? 그런데 이 순간에, 그녀가 나를 돕고자, 우리를 돕고자 나타난 것이다. 좋은 만남이 되도록 해야겠다.

18세기 그림에 보이는 골퍼와 캐디
작자 미상. 위키피디어에서.

그녀는 내 스윙 스타일을 잘 알아차린다. 그래서 심지어 내 클럽 7번이 몇 미터 가는지 나보다 더 잘 안다. 훼어웨이에서 정확히 내게 필요한 클럽을 두 자루 정도 갖다 준다. 티박스에서 내 스윙 스피드가 얼마인지, 내가 어떤 스윙 스타일로 스윙하는 지도 금새 알아차린다. 살짝만 물어보면 방금 이 티샷이 어찌하여 슬라이스가 되었는지, 내가 어떻게 헤드 업을 했는지, 티가 높았는지 그 모두를 파악하여 알고 있다. 다만, 말을 하지 않고 있을 뿐이다. 그녀는 나의 스윙 코치가 되고도 남을 실력의 소유자이다.

그녀 아닌 그들 가운데는 골프 프로 지망생이거나 지망생이었던 사나이도 많다. 당연히 실력도 프로급들이다. 그들의 그린 위 판단력은 또 어떻고? 그들처럼 정확하게 이 골프장, 이 홀 그린의 경사도, 그린 속도를 잘 아는 사람은 지금 이 자리에 없다. 이 사람 한 사람뿐이다. 나는 이 사람, 이 캐디, 이 전문가를 믿는다. 그의 결정을 믿고 존중하며 되새겨서 따라 한다. 그리고 익힌 뒤 스트로크한다.

캐디가 바라보는 세상은 어떨까 하고 생각해 본 적이 있다. '가지가지', '천태만상(千態萬象)', '인생파노라마'가 아닐까 싶다. 우리가 평소 일터나 사회에서 보는 사람들보다 훨씬 다양하고 훨씬 극적이고 훨씬 다이나믹한 장면을 보고 겪을 듯하다. 감사하는 교양 있는 즐거운 골퍼들이 있을 것이다. 대부분이 그럴 것이다. 잘 치는 싱글 플레이어가 있을 것이다. 80대 타수가 있을 것이며 90대가 대부분이고 백돌이도 여전히 꽤 있을 것이다. 한 편, 머리얹으러 온 초보자도 있을 것이다. 조용한 강자가 있을 것이다. 조금 어수선하지만 즐거운 플레이어도 많을 것이다. 시끄러운 사람도 있겠지? 그리고 피하고 싶은, 보고 싶지 않은 독특한 또 한 부류의 인물들, 이른바 진상은 또 어떠한가? 이해할 수 없는 행동과 언어로 캐디를 괴롭히는 경우는 아주 적겠지만 그래도 더러 더러 있지 않을까 싶다. 대부분 훌륭한 고객이고 즐거운 라운드지만 슬픈 경우도 있을지 모르겠다.

캐디가 몸도 마음도 건강하면 좋겠다. 그러면, 손님에게도 즐거움과 기쁨이 전해질 것 같다. 어느 병원에서 본 문장이 있다. '의사가, 의료진이 건강한 병원.' 그래야 한다. 의료진이 건강하고 활기차야 병원도 활기차고 환자가 그 기운을 받아서 멀쩡하게 고쳐져서 싱싱한 사람이 되어 병원문을 걸어나갈 것 같다. 의사가 몸이, 마음이 아프면 환자 치료가 잘 될 리 없다. 의사가 술꾼이면 환자에게 건강을 선물하기 쉽지 않다. 의사가 우울하면 환자도 우울해질 것 같다. 자, 우리 캐디 여러분! 건강하고 즐겁고 재미있게 지내시고 당신의 그 좋은 기운, 에너지, 분위기 그리고 가르침을 우리에게 전해주소서.

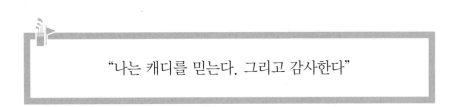

"나는 캐디를 믿는다. 그리고 감사한다"

골프 클럽과 골프 기어

01 골프 클럽의 앵글

골프 클럽에 있는 앵글을 생각하기 전에 먼저 마음으로 알아두어야 할 것이 있다. 골프는 스포츠이기는 하나 축구와 달리, 야구와 달리 수많은 장비를, 공학적이고도 과학적인 장비를 이용하는 장비 스포츠라는 것을. 이 골프 장비를 모두 다 알고자 하면 골치는 아프겠지만 그래도 어느 정도는 알아두어야지 너무 모르면 장비를 다스릴 수 없어서 골프 실력이 좋아지는데 어려움이 있다. 그래서 골프를 과학으로, 공학으로, 장비로 생각도 해봐야 한다. 골프를 즐기려면 이 장비 지식이 필요한 것 같다. 감각으로만 한다면 언젠가 한계에 부딪힐 수밖에 없고 yips도 올 수밖에 없다. 흔히 '나는 캘러웨이가 좋아', '나는 PRGR이 최고야'를 외치다가 같은 회사의 스펙이 조금 다른 새 골프 클럽을 구하고 나서 입스 같은 중병에 걸리는 것을 막을 수 있다. 즉, '나는 캘러웨이의 EPIC FLASH가 좋아, 거기서 그리고 그 클럽이 이런 이런 스펙이기 때문에 나에게 맞아"를 말할 수 있어야 롱런할 수 있다. 소총수는 총만 잘 쏘면 된다. 그러나 포병은, 탱크병은, 잠수함 승조원은 사실 군인이기도 하지만 엔지니어에 가깝다. 지식이 필요하다.

'골프는 과학이다.' '골프는 물리학(物理學)이다.' 흔히들 골프에 대하여 하는 이야기다. 이 책도 그렇고 또 다른 수많은 골프 관련 서적을 보면, 스윙 속도, 운동량, 스윙 궤도, 무게 중심(center of gravity), 관성 모멘트, 원심력, 포물선 궤도, 탄도, 회절, 뉴턴의 운동에너지, 양력(揚力), 백 스핀, 사이드 스핀, gear effect, angle effect, 공기 저항, 베르누이 정리, 스윗 스팟, swing weight, 작용 반작용의 법칙, 토크(torque), 이루 헤아릴 수 없는 이런 저런 각도, 스윙 balance, 반발계수(COR, coefficient of restitution), 진동수(CPM, cycle per minute) 등등. 우리가 중고등학교 대학교 때에 배웠던 익숙한 이름의 물리학 용어가 무진장 보이고 그리고 우리가 잘 이해를 못 하는 어려운 물리학 용어도 여럿 등장한다. 어느 것 하나 물리학 용어, 공학 용어가 아닌 것이 없다. 골프 그 자체가 물리학이다. 물리학이란 말 그대로 물건의 이치다. 있는 그대로, 움직이는 그대로의 이치인 물리학 용어가 바로 골프 용어이고 골프가 물리학으로 이루어진다는 느낌이다. 이런 용어를 듣는 순간, 웃으면서, "아하, 그거! 이 샷이랑 관계 있지" 하면서 고개를 끄덕이기도 할 것이다.

그래서 어떤 이는 이런 물리를, 물건이 움직이는 이치를 이해하고 외우면서 골프를 좀 더 즐기게 되기도 하고, 또 어떤 이는 이런 물리를 전혀 인식하지 않고 편안한 감성으로 즐기기도 한다. 감성 골프는, 언젠가 스펙이 다른 새 클럽을 만나면 여지없이 무너지는 경우가 더러 있다. 골프 클럽을 고를 때 사람의 이런 특성이 여실히 드러나기도 한다. 그 사람의 특성을 이해하는 또 하나의 자가 될 수도 있겠다. 여행을 함께 가면 그 사람을 이해할 수 있고, MBTI 성격 검사 결과를 보아도 잘 알 수 있다. 그의 친구 특성을 보아도 알 수 있고 정치적 성향을 보아도 알 수 있다. 골프 클럽을 고르는 방법을 보아도 개인의 특성이 그대로 드러난다. 의외로 직업적 전문성과 다른 본연의 깊은 감성(感性)이 드러난다. 사람이란 재미있는 존재다.

골프 클럽에는 앵글이 여러 개 있다. 라이 앵글, 로프트 앵글, 바운스 앵글, 스탠스 앵글, 어택 앵글, 런치 앵글 등 많은 앵글이 있다. 그 중 몇 가지 앵글이 무엇인지 알고 골프를 한다면 골프에 재미가 더해지고 발전할 수 있다. 골프 클럽은 번호가 커질수록 로프트가 커지고, 라이 앵글이 커지며, 스탠스 앵글이 커지고, 길이가 짧아지고, 무거워지며 그에 따라 좀 더 높이 뜨며, 비거리가 줄어 든다.

1. 로프트(Loft)

    수직선과 훼이스가 이루는 각이다. 로프트가 높을수록 공이 높은 각도로 올라간다. 회사마다 모델마다 시리즈마다 1~3도 정도 다를 수 있지만 대략 다음과 같은 범위에 있고 클럽 하나마다 각도는 3~4도 정도로 일정하게 변화한다.

드라이버; 10도

3번 우드; 15도

5번 우드; 18도

7번 우드; 21도

3번 유틸리티, 아이언; 19도

4번 유틸리티, 아이언; 22도

5번 유틸리티, 아이언; 25도

6번 아이언; 28도

7번 아이언; 32도

8번 아이언; 36도

9번 아이언; 40도

PW; 45도

GW; 52도

SW; 56도

LW; 60도

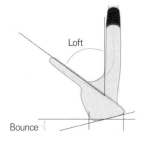

2. 라이 앵글(Lie angle)

땅과 만나는 헤드 바닥(sole)이 샤프트와 이루는 각이다. 헤드가 누워(lie) 있을 때의 각도다. 셋업, 스탠스의 기본이 되게 하며 클럽과 선수 사이 거리, 등각도 등을 결정한다. 공과 플레이어가 얼마나 떨어져 서게 되는지를 결정한다. 긴 클럽일수록 작고 거리가 멀어지며 웨지로 갈수록 커지고 거리가 가까워진다. 드라이버는 제작 과정에 어려움이 있어서 라이 앵글이 그리 작지 않아 58~60도 정도이고 셋업 때 토우가 약간 들리는 구조로 되어 있다. 스탠스 앵글은 실제로 셋업에 섰을 때 샤프트와 땅이 이루는 각을 말한다. 라이 앵글과 스탠스 앵글은 되도록 일치하는 것이 공의 진행 방향에 좋고 휘팅도 그런 방침으로 하여야 한다. 이 두 각이 달라서 셋업 때 토우가 들린다면 공은 왼쪽을 향하고, 힐이 들린다면 공은 오른쪽으로 가게 된다. 공의 비행 방향 결정에 중요하다. 라이 앵글이 내 몸에 맞아야, 내 키와 내 셋업에 어울려야 진정한 내 클럽이다.

3. 바운스 앵글(Bounce angle)

바운스는 뛰어오른다는 뜻이고 실제로 우리가 갖고 있는 클럽에서 의미 있는 바운스 앵글은 샌드 웨지에만 있다. 헤드 바닥 앞을 리딩 엣지(leading edge)라 하고 뒤를 바운스라 한다. 리딩 엣지와 바운스를 잇는 선이 땅과 이루는 각을 말한다. 샌드 웨지에서 대개 12도 정도를 선호하며 벙커 샷 할 때 리딩 엣지가 모래 속으로 파고 들어가지 않게 바운스가 버팀목을 한다. 즉, 벙커 샷을 하기 쉽게 해주려고 일부러 만든 각이다. 모래에서 샷을 할 때는 이 바운스 각을 믿고 뒷땅 샷을 치면 공이 알아서 그린으로 올라 간다.

4. 스탠스 앵글(Stance angle)

스탠스 앵글은 클럽에 있는 물리적 각도가 아니라, 사람이 클럽을 잡고 스탠스를 취했을 때 샤프트와 땅이 이루는 각이다. 스탠스 앵글과 라이 앵글이 같으면 공을 치기 좋다. 만약 이 두 각이 많이 다르다면 공이 날아가는 방향에 문제가 생긴다. 실제 라이 앵글보다 토우를 들어서 스탠스를 취한다면 공은 왼쪽으로 갈 것이고(face 각이 닫혀서, −), 힐을 들어서 셋업한다면 공은 오른쪽으로 가게 된다(face 각이 열려서, +). 신지애처럼 무릎과 등을 세워서 스윙하는 스타일은 스탠스 앵글이 라이 앵글보다 크고 Keegan Bradley처럼 무릎을 구부리고 등을 낮추어 하는 스타일은 스탠스 앵글이 낮다. 물론 이 두 훌륭한 선수는 클럽의 라이 앵글을 스윙 스탠스에 맞춰서 fitting 하였을 것이다.

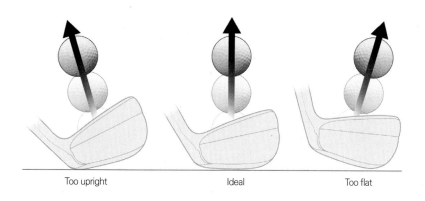

| Too upright | Ideal | Too flat |

라이각과 스탠스각의 관계
토우가 들리면 공은 왼쪽으로, 힐이 들리면 공은 오른쪽으로 간다.
클럽의 바닥이 땅과 넓게 모두 만나는 것이 똑바로 간다.

5. 훼이스 앵글(Face angle)

특히, 퍼팅할 때, "닫혀 맞았다, 열려 맞았다"고 하는 그 각도다. 셋업하였을 때, 임팩트 때 훼이스가 어디로 향하고 있느냐는 각도이다. 0도인 스퀘어가 이상적이다. 구질에 따라서 Draw를 구사하려면 열려야 할 것이고 Fade를 구사하려면 닫혀있어야 할 것이다. 왼쪽을 향하여 닫혀 있으면 closed이고 오른쪽을 향하여 열고 선다면 open face가 된다. Face angle이 열리고 닫힘에 따라서 출발 때 공의 방향이 결정된다. 훼이스가 열리면 공은 오른쪽으로, 훼이스가 닫히면 왼쪽으로 공은 출발한다. 또 클럽 회사에서 클럽 헤드를 만들 때 스윙 스피드가 느린 분을 위하여 훼이스를 닫아서 만들기도 한다. 이를 hooked face라고 부른다. 반대로, 훼이스를 열어서 만들었다면 slice face라고 한다. Hooked face 클럽은 슬라이스 나는 분을 도와주는 아이디어이며 여성 클럽에서 흔히 볼 수 있다. 이런 클럽은 골프 스윙이 발전하여 똑바로 치게 되면 스퀘어 훼이스 클럽으로 다시 바꾸어 주어야 골프가 발전한다.

"라이 앵글이 내 몸에 맞아야,
내 키와 내 셋업에 어울려야 진정한 내 클럽이다"

02 샤프트란 무엇인가

스펙(spec)은 specification의 약자다. 샤프트에 관한 공학적 수치를 말한다. 샤프트 특성을 공업규격으로 말해주는 것으로서 이 샤프트가 어떤 물건인지 알 수 있다. 샤프트에는 클럽 또는 샤프트 회사명(名)과 샤프트 시리즈, 플렉스(flex), 길이, 무게, 밸런스, kick이 기본으로 써 있고 때로는 토크가 표시되기도 한다.

1. Flex 플렉스

flexible이라는 단어가 좋다. 나는 비록 충분히 flexible한 사람이 못되지만 마음은 항상 flexible하게 살고 싶다. 대나무처럼 flexible한 것이 좋다. 대나무

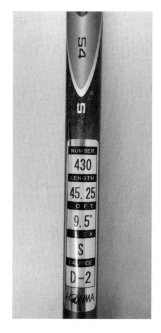

드라이버 샤프트 스펙
혼마 사(社)의 것으로 무게가 54 g, 강도가 S플렉스, 길이가 45.25인치, 밸런스가 D-2, 로프트는 9.5도 그리고 헤드 부피는 430 cc이다.

가 꼿꼿한 것의 상징인 줄 알았다. 알고 보니 flexible한 나무의 대표가 대나무다. 대는 단단한 듯 하나 유연하고 거의 부러지지 않는다. 샤프트의 flex는 단단한 순서로, XS (xtrastiff), S (stiff), SR (stiff-regular), R (regular), R2 (regular 2), A (amateur/senior), L (lady/woman)이 있다. Stiff flex, 이름만 들어도 딱딱하다. 버겁다. 보통 아마추어와는 거리가 멀어야겠다는 느낌이 든다. 선수들, 아마추어 가운데 스피드가 빠른 사람들이 선호한다. Regular, 무언가 좋다. 느낌이 좋다. 보통 젊은 아마추어라면 이 정도가 좋다. 일본 클럽이라면 SR (stiff-regular)이 여기에 해당한다. Flex가 자기 스윙스피드를 웃돌면 클럽이 핸들링하기에 버거워진다. 힘에 겨워서 제 때에 스퀘어를 맞춰주지 못하므로 공이 오른쪽으로 가는 원인이 된다. 내가 클럽을 휘두르는 것이라기 보다 클럽에 내가 휘둘릴 수도 있다. 사실 A (amateur/senior) 플렉스도 레귤라보다 유연하지만 장년의 아마추어로서 스윙 스피드가 보통이라면 쓰기에 손색은 없다. 충분한 경도다. 일반적인 여성이라면 L (lady/woman) 플렉스를 쓰면 된다. 혹시 다른 여성보다 스윙 속도가 빠르고 힘이 좋다면 R2도 적합할 수 있겠다.

2. 길이

드라이버 샤프트 길이는 점점 길어지고 있다. 80년대는 43인치 안팎이었고 헤드가 커짐과 동시에 점점 늘어나서 지금은 45~46인치의 시대다. 원심력의 작용으로 긴 클럽이 멀리 보낸다. 그러나 그 효과는 그리 크지는 않고 약간만 멀리 보낼 수 있다. 그것도 공을 잘 맞추었다는 전제 조건이 있어야 한다. 샤프트가 길면 내가 공에서 멀고, 멀면 공이 작아 보여서 스윗 스팟에 맞추기 어렵다. 특히, 노안이 온 사람은 그렇다. 이 두 가지에 따른 2차 함수를 잘 활용하여 길이를 결정하면 좋겠다. 미국 것은 드라이버 45인치 대가 많고 일제는 46인치 대가 많은 것 같다. 키 작은 일본인이(우리도 마찬가지) 샤프트 길이로 거리를 보상하려는 마음이 있었던 것은 아닐까 생각해 본다. 샤프트가 길지만 그립을 내려 잡으면 짧은 샤프트 효과가 생긴다. Brooke Henderson 스타일이다. 타이거 우즈도 샤프트가 그리 길지는 않다. 43.5인치였다고 한다. 지금은 얼마일까? 42~43인치로 짧게 만들어 쓰는 것도 좋다. 그렇게 짧게 잘라서 쓰니 몹시 만족스럽다. 주변에 권하기도 한다. 물론 짧아지는 만큼 스윙 밸런스가 바뀌고 플렉스도 단단해지기는 한다. 그러나, 스윗 스팟에 잘 맞게 되어 원심력이나 그 밖의 여러 가지를 보상해주는 것 같다. Bryson DeChambeau가 시도하는 single length iron도 눈여겨 보아도 좋다.

3. 무게

무게는 따로 의미를 둘 수도 있으나 마음 부담이 적어지는 이유는 바로 flex에 비례하여 무게가 결정되기 때문이다. S (stiff)일수록 무겁고 R (regular)이 중간이고 A (amateur), L (Lady)일수록 가볍다. 재료가 쇠(steel)일수록 무겁다. 자신이 편하게 느끼는, 휘두르기 좋은 무게가 알맞은 무게일 것이다. S는 무겁고 딱딱하다. 이런 것을 휘두르려면 힘이 있고 속도가 있고 선수 자신도 무거워야 한다. 버거워지면 공은 오른쪽으로 간다. 여성용으로 갈수록 가볍다. 또한 낭창해지는 특성이 있다. 낭창하면 왼쪽으로 가기 쉽다.

4. 킥(Kick)

샤프트의 어디가 꺾이냐에 관한 얘기다. 아래쪽이 꺾이면 low kick(先調子)이고 중간이 꺾이면 mid kick(中調子)이다. 보통의 경우 또는 스피드가 빠른 경우에 mid kick이 편차가 적어서 무난하고 대체로 그렇게 만든다. low kick은 약간 더 띄워주고, 마지막 스피드를 더해주고, 임팩트 시점에 따라 다르나 공을 약간 왼쪽으로 보내주기도 한다. 또한 런칭 앵글을 높여주기도 한다. 스윙 속도가 느린 사람, 여성, 노인, 슬라이서 등에 도움이 된다. 자신의 스윙 스타일, 스피드에 맞추어 정할 일이다. 이미 그렇게 장착되어 있다.

5. 토크(torque)

공이 face에 맞는 순간, 맞는 위치에 따라 샤프트 축을 중심으로 휘는 정도를 말한다. 휘지 않으면 제일 좋을 것도 같다. 그러나, 그럴 수는 없다. 헤드는 크고, 축은 뒤/힐에 치우쳐 있으며 가늘다. 출렁거리며 휠 수밖에 없다. 이것도 평소에 할 일이 많은 아마추어는 일일이 알 필요는 없을 내용인 것 같다. 플렉스에 이미 반영되어 있다. 그대로 비례한다. S로 갈수록 덜 휘고 토크가 작으며 L로 갈수록 많이 휘며 토크가 크다. 플렉스에 따라 이미 선 반영되어 있으므로 따로 계산하여 걱정할 필요는 없다. 그래서 플렉스 결정이 제일 중요하다. L Flex와 low kick, torque를 생각하면 금융투자 기법을 보는 듯하다. 바로 leverage효과다. 나무와 쇠로 클럽을 만들던 시대에는 없던 의미다. 나무와 쇠는 정직하다. 직진한다. 변수가 거의 없었다. 그래화이트 샤프트가 나오면서 온갖 과학이 적용되었고 힘 약한 사람이 멀리 보내고자 개발한 아이디어 변수가 첨가되었다. 다만, 변수가 많으면 머리가 복잡해진다. 그러나, 아마추어가 무에 그리 신경 쓸 것이 있누. 그냥 즐기면 되지.

6. 밸런스(balance)

스윙 웨이트(Swing weight)라고도 한다. 클럽에서 헤드 무게가 차지하는 비중을 말한다. 상대적으로, 스윙했을 때 느끼는 헤드의 무게감이다. 보통 D0가 기준이고 알파벳이 커질수록 무게감이 커지고 같은 알파벳 내에서는 숫자가 커질수록 무겁다. 거꾸로 C로 갈수록 가볍다. 상대적인 것이어서 헤드,

샤프트, 그립의 무게에 따라 변화가 가능하다. 즉, 같은 D0여도 헤드, 샤프트, 그립의 무게가 다를 수 있다. 기성 골프 클럽은 역시 대체로 플렉스에 비례한다. 일에 바쁜, 프로가 아닌 아마추어는 그리 알아둘 필요는 없겠다. 머리만 아플 것 같다. 스윙 궤도를 잘하는 데 더 신경을 쓰는 것이 좋겠다. 이런 단위는 기억하지 않는 것이 보약이다. 보통 남성은 D0-D2 정도이다. 여성은 C이다. Slow hitter를 위한 XXIO드라이버는 클럽 전체는 가볍게 만들고 헤드만 상대적으로 무겁게 느끼게 하여 D6가 되기도 한다. 아마추어를 위한 대단한 기술이다. Wonderful!

7. 회사 이름

샤프트를 고를 때, 위와 같은 여러 요소가 기여를 많이 하는 것 같다. 그러나 실제도 그럴까? 클럽 회사나 샤프트 회사 이름이 결정에 더 영향을 끼치지는 않을까? 더 끼친다고 본다. 전문가가 fitting 해주는 경우에 아주 잘 치는 아마추어가 아니라면 spec보다 회사명이 더 영향을 줄 것 같다. Callaway, HONMA, TourAD, Motore, Aldila, Matrix, Fujikura, Mitsubishi, NS.PRO, Miyazaki, Diamana, True Temper, Grafalloy, ONOFF, UST 등.

8. 재질; 그래화이트 vs. 쇠

상대적인 것이므로 쇠, 스틸을 기준으로 그래화이트(카본, carbon) 샤프트의 특성, 다른 점을 생각해 본다. 첫째, 가볍다. 쇠는 100 g이 넘게 무거운데 그래화이트는 50~60 g 대가 많다. 여성용은 35~50 g 대까지도 가볍다. 둘째, 비싸다. 쇠와 달리 재료가 첨단 소재가 많으며 공정이 섬세하다. 셋 째, 충격흡수를 잘 한다. 탄성 덕분에 충격을 줄여주어서 선수가 덜 다친다. 넷 째, 그

탄성 덕분에 비거리에 레버리지 효과가 있다. 더 멀리 간다. 대신 공이 전진하는 좌우 폭이 넓다. 덜 정확하다고나 할까? 다섯 째, 내구성이 좋다.

다시 반대로 스틸 샤프트 입장에서 정리해 본다면, 스틸 샤프트는 무겁다. 약간 싸다. 충격을 많이 받는다. 잘못 치면 다치기 쉽다. 탄성이 없어 레버리지 효과가 적고, 친 만큼만 간다. 프로들은 스틸 샤프트를 좋아한다. 좋아할 이유가 위에 다 설명되어 있다. 레버리지가 필요 없는 사람들이기 때문이다. 힘이 좋기도 하고. 어느 사이엔가 경량(輕量) 스틸 샤프트라는 것이 등장했다. 쇠는 쇠인데 가볍단. 기술의 승리이다. 스틸 샤프트의 장점과 그래화이트의 장점을 모은 중간이 될 듯하다. 아닌가, 죽도 밥도 아닌가? 모르겠다. 무게가 보통 90~100 g 정도이다.

아마추어는 볼 것, 생각할 것 없이 그래화이트 샤프트를 쓰는 것이 좋겠다. 좋은 이유는 위에 모두 설명되어 있다. 공이 더 나가고, 내 몸 덜 다치고. 더 무얼 바라겠는가?

"나 아마추어는 그래화이트 샤프트를 쓴다"

03 그립의 종류, 재질, 모양, 무게

그립은 클럽과 사람을 이어준다. 무당이 하늘과 땅을 이어주는 사람이었듯이. 무당의 무(巫)자는 재미있는 글자다. 하늘과 땅 사이에 사람이 둘 들어있다. 그립이 그런 존재다. 역할이 지대하다. 사람의 의도를 충실히 클럽이 이행하도록 잘 전달해야 한다. 하늘과 땅이 만나는 곳, 그립에는 interface, 계면이 존재한다. 물질이 다른 두 세계가 만나도록 이어준다. 사람과 클럽이다. 그 계면을 통과하려면 에너지는 회절(refraction)이 되는데 이를 없애지 못하니 최소한으로 줄여야겠다. 팔과 몸통의 회전에너지를 되도록 클럽에 그대로 전해주어야 공이 그 힘을 받아 당당히 날아간다. 그러나, 100% 전달은 불가능하다. 불가피하다. 그렇다면 그 손실이 그 변화가 최소한이 되도록 노력하는 것이 상책이다. 그것이 '손목고정' 또는 'setup을 y'로 하라는 등 표현하는 것이다. 또하나 주의할 것은 손목 부상이다. 단단한 땅에 무모하게 클럽을 쳐 박으면(심한 뒷땅) 그 에너지가 온몸에 전달되는데 그것을 오롯이 받는 곳이 손목이다. 이 부상에 조심해야겠다. 혹자는, '뒷땅은 지구와 사람이 벌이는 작용 반작용의 법칙'이라고도 한다. 이 역할을 맡아주는 것이 그립이다.

1. 그립의 모양; round vs. rib

Round grip은 우리가 많이 쓰고 있는 보통 그립으로 앞뒤 전후 좌우가 동그랗다. 반면에 rib 그립은 갈비처럼 그립 뒷쪽 한 부분이 볼록 나와서 손가락에 볼록하게 느껴진다. 좋아할 수도 싫어할 수도 있고, 하다 보면 자연스럽게 적응되기도 한다. 립 그립에 점점 정이 들고 있는 나를 알아차린다.

2. 그립 굵기

스탠다드 사이즈. 우리가 지금 쓰고 있는 굵기가 보통 사이즈 그립이다. 손 길이 23~25 cm. 손이 작은 남자나 보통 여성 그리고 주니어에게는 이것이 크다. 그런 분은 여성용이나 주니어용이 적합하다. 보통 사이즈이기는 하나, 일본 클럽의 그립은 미국 스펙보다 약간 작으면서 우리 손에 대체로 편안하게 맞는다. 한국인과 일본인이 같은 종류 사람이니 서로 맞는 것은 당연하다. 우리가 미국회사 클럽에 익숙해지면서 실제 우리 손보다 큰 그립을 쓰는 경향이 있다. Midsize는 보통 다음 윗 단계 큰 그립으로 장갑 길이 26, 27 정도로 손이 큰 사람이 쓴다. 그 다음이 Oversize이고 보통 한국 사람은 쓸 일이 거의 없는 크기다. 다만 퍼터에서는 이것이 많이 도입되어 있다. '최경주 그립'이라는 닉네임으로 쓰는 데 실제는 Super Stroke 회사의 더 큰 Jumbo 사이즈 그립이다. 상당히 인기가 좋다. 그립이 큰데다가 자연스레 무겁다 보니 퍼팅 스트로크가 묵직하고 안정되어 요동치지 않으므로, 블레이드 헤드보다 더 무거운 mallet 헤드에 장착하여 많이들 쓰고 있다.

여성이나 주니어는 언더사이즈를 쓰면 되겠다. 남성 중에도 부인의 골프채를 편하게 느끼며 잘 맞는다고 말하는 사람들이 더러 있다. 당연하겠지만 손과 키가 작은 남성이라면 작은 그립, 작은 클럽이 다루기 쉽고, 나중에 또 설명이 있겠지만, 작고 가벼운 그립, 샤프트일수록, 가볍고 짧고 가늘어서 콘트롤이 쉽고 드로가 걸리기 쉽다. 달리 말해서 슬라이스가 좋아진다. 사이즈가 클수록 그립도 무거워진다. 드라이버, 아이언 그립으로 보면 남성용은 보통 50 g, 여성용은 30~40 g 정도이다. 드라이버 무게가 보통 300 g인데, 헤드가 200 g, 샤프트 50~60 g, 그립 50 g으로 샤프트 무게와 버금간다. 그립 무게도 적은 것은 아니다. 가볍게 드라이버 스윙을 하고자 한다면, 가벼운 그립도 써볼 만하다. 우리 같은 보통 아마추어는 몸에 근육이 적고 스윙 스피드가 떨어진다. 그래서 무거운 클럽은 조금 버거울 수 있다. 그립 무게를 샤프트 무게와 함께 줄일 수 있다면 헤드 무게도 느끼기 쉽고, swing weight가 좋아지고, 스윙이 편해진다. 아마추어는 30~40 g의 그립이 좋다. 시중에는 GolfPride에서 25 g 까지 가볍게 만들고 있다.

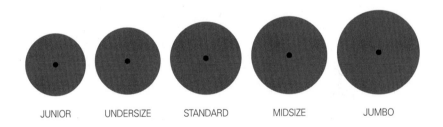

| JUNIOR | UNDERSIZE | STANDARD | MIDSIZE | JUMBO |

그립의 크기
어린이용 주니어, 여성용 언더사이즈, 보통 스탠다드, 약간 커다란 미드 사이즈 그리고 아주 큰 점보사이즈가 있다. 손 크기, 손가락 굵기와 길이로 결정한다.

3. 그립 재료

우리가 흔히 쓰는 그립은 대체로 검은색이고 고무로만 되어 있는 그립이다. 아마도 제일 흔히 쓰는 것이 GolfPride 사(社)의 검은색 tour velvet이 아닌가 싶다. 반면 부분적으로 실을 섞어서 만든 그립은 실(cord) 그립이라고 한다. 그립도 클럽의 부품이다. 돈은 비교적 싼 물건이지만 기능에서는 몹시 중요한 부품이다. 무게도 50 g 안팎이므로 샤프트에 버금가게 무겁다. 처음부터 그렇게 장착되어 있으려니 하고 쓴다. 고무 그립은 그립감이 좋다. 짝짝 손에 붙는다. 훌륭한 재료이고 목적에 합당한 물건이다. 비가 오는 날은 약간 미끄러지기 쉬운 것이 단점이기는 하다. 물기는 잘 닦아내고 써야 되겠다. 같은 이유로, 손에서 땀이 많이 나면, 교감신경이 발달되어서 그런가, 빗물처럼 미끄러지기 쉬우므로 실 그립을 쓰면 도움이 된다. 땀과 때가 묻었다면 종종 그립을 씻어주어 그립에 대한 사랑을 표현하면 좋겠다. 지하철 에스컬레이터에 써 있는 hold the handrail은 grip이라고 바꾸면 좋겠다는 생각도 해 본다.

4. 그립 회사와 그립 특징

골프 그립을 만드는 회사로는 GolfPride, LAMKIN, IOmic, WINN, Super Stroke 등이 유명하고 그 밖에도 아주 많은 회사들이 다양한 디자인, 재질(고무, 합성고무, 실, 엘라스토머, 실리콘), 무게, 촉감 등으로 특허를 갖고 있으며 우리의 골프가 잘 되도록 도와주고 있다. 골프프라이드와 램킨 등은 우리가 많이 쓰는 보편적인 그립을 다양하게 만들고 있다. 윈 그립은 고무보다는 합성고무나 엘라스토머를 많이 사용하여 다양한 촉감, 특히 *끈끈한 느낌*(sticky)의 그립이 많은 것이 특징이다. 대신 그립의 수명은 약간 짧은 듯한 느낌이다. 이오믹도 촉감이 좋다. 손에 착 붙는 느낌이 많이 들어 편안하다. 약간 비싸다. 그러나 아주 좋다.

5. 그립의 관리

　고무 그립은 바람을 싫어하고, 메마른 것을 더 싫어한다. 샤프트와 헤드는 날씨에 영향을 받지 않으나 그립은 영향을 많이 받는다. 되도록 백 안에 넣어서 마르지 않게 보관하는 게 좋겠다. 연습장처럼 바람 부는 곳에 항상 노출시켜두면 머지않아 그립이 마르고 갈라지기까지 한다. 그립이 마르면 그립 본연의 기능인 붙잡는(grip) 기능이 부실해진다. 그립은 촉촉해야 그립이라 할 수 있다. 때나 땀이 묻은 그립은 가끔 미지근한 물에 씻어주는 것도 좋다. 그래야 촉촉하게, 경제적으로도 오래 쓴다. 아이언 그립만 모두 함께 갈아줘도 십 만원 돈 든다. 좋은 그립을 쓰되 아껴서 오래 써야겠다.

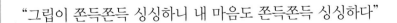

"그립이 쫀득쫀득 싱싱하니 내 마음도 쫀득쫀득 싱싱하다"

04 퍼터 생김새

퍼터는 열네 자루 클럽 가운데 제일 짧다. 제일 무겁다. 그리고 제일 조금 간다. 로프트도 제일 작다(2~4도). 퍼터를 고를 때 그 모양과 특성이 너무나 너무나 다양하게 많다. 그래서 고르기 어렵다. 골치가 아프기도 하다. 아니다. 퍼터 고르기는 재미있는 일이다. 퍼터를 이해해 봐야겠다. 너무 다양하므로 각각의 특성을 대칭으로 비교하는 것이 좋겠다. 먼저 헤드 모양에서부터 훼이스 면의 구조 그리고, 샤프트와 연결되는 관계, 샤프트 길이 등 구별점이 많다.

1. 블레이드(blade) VS. 말렛(mallet)

표준형(standard)이라고도 하고 칼날 같다고도 하여 블레이드형이라고도 한다. Ping의 anser 타입이 이 형태의 원조가 되었다. 길다란 모양의 쇳덩어리를 토우와 힐쪽에 볼륨을 주었고 그 중간 가운데는 널찍하게 비웠다. 그 전까지만 해도 속이 꽉 차있는 bull's eye형이 주류였다. 그 퍼터는 양면으로도 칠 수 있었다. 블레이드형은 가운데가 빈 덕분에 관성모멘트(Moment of Inertia, MOI)가 좋아졌고 따라서 관용성이 높아졌다. 가운데가 아니라 약간 토우나 힐쪽에 공이 맞아도 헤드의 뒤틀림이 줄었고 그래서 공이 생각보다 정면으로 간다는 의미가 된다. Tiger Woods, Jordan Spieth가 즐겨 쓴다. 손 맛이 있다고도 한다.

말렛은 작은 나무 망치다. 그래서 이 anser형이 아닌, 뭉툭한 것은 대체로 모두 말렛형이라 부른다. 그런데 요새 그 망치형이 하도 다양하게 크게 그리고 널찍하게 발전하여 이 모두를 포괄적으로 말렛형이라고도 부른다. 일단, 말렛형은 쇠가 크다. 무겁다. 묵직하기에, 치는 선수의 미세 동작이 관여할 자리가 없다. 이것을 직진성이 좋다고 표현한다. 손맛이 나설 자리가 적다. 그저 한 방향으로 묵직하게 공이 굴러간다. 너무 무거워서 먼 거리의 섬세한 거리감은 떨어진다고도 한다. 기실, 먼 거리는 누구나 거리감이 없기는 마찬가지다. PGA, LPGA 프로들도 점차 이 말렛형을 많이 쓰는 것을 보면 직진은 확실한 듯하다. 무겁기에 안정감이 있다. 이 두 가지 클럽을 하나씩은 써봐야 퍼터가 어떻게 다른지 알 수 있을 것 같다.

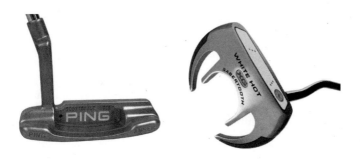

Ping의 blade형 anser와 Odyssey의 mallet형 배트맨 모양 퍼터

2. 퍼터 밸런스; face balanced vs. neutral vs. toe balanced

퍼터 헤드의 무게 중심이 어디 있느냐를 보고 putter balance라고 한다. 이 밸런스는 사람이 퍼팅을 할 때 그 스윙궤도가 어떻게 되느냐에 따라서 짝을 이루기도 하는데, 퍼팅을 잘 하려면 반드시 알아두어야 한다. 이 밸런스를 알아보는 방법은, 퍼터 샤프트 아래쪽을 손바닥에 올려놓고 putter face가 어떻게 되는지, 어디를 향하는지 관찰한다. 평평하게 하늘을 향한다면, face balanced 타입이다. 임팩트 과정에 훼이스가 스퀘어를 유지한다는 의미이다. 토우와 힐의 무게가 균형을 이룬다는 의미이고 퍼팅궤도가 일직선인 사람에게 훌륭하게 맞는다. 직선 스윙을 하려면 퍼터가 좀 더 몸에 가깝기 마련이고 달리 말하면, 거의 수직으로 서서 퍼터 스윙을 하는 스타일이다. 자연스러운 이치로 그립다운으로 잡기가 쉽다. 말렛형 퍼터가 센터샤프티드로 만들어진 경우가 있고 블레이드형 중에는 핑 anser5가 이런 형태인데 neck이 길거나 헤드가 샤프트보다 뒤쪽으로 가서 무게 중심을 맞춘 경우이다. 이런 종류 퍼터는 시중에 많지 않고 또 이렇게 스윙하는 사람도 사실 흔치는 않은 것 같다. 일관성이 높은 편이다.

Ping 퍼터의 훼이스 밸런스
왼쪽이 face balanced이고 가운데가 neutral balanced이고 헤드 모양은 제일 흔한 anser타입이다.
오른쪽은 toe balanced이며 mallet형인 경우가 많다.

나머지 모든 퍼터는 작게는 20~30도 정도에서 많게는 90도까지 헤드의 토우가 땅을 향한다. 대부분이 그렇다. 그 정도가 약하면 neutral balanced이고 (이게 왜 neutral이지? 지금도 의문이다. 퍼터 대부분이 여기에 해당) 약하게 스윙 아크를 그리는 사람에게 좋은 퍼터이고, 사실 대부분의 사람이 이렇게 약간의 아치를 그린다. 이것은 자연스러운 것이다. 사람이 중심이 되어 퍼터가 돌기 때문에 약간의 아치가 될 수밖에 없다. 이 아치의 중간 점 즉, 스퀘어 되는 지점에서 임팩트를 하여야 한다. 이것이 타이거 우즈와 그의 애마(愛馬) 스카티 카메론 퍼터와의 관계다. 일부 심하게 toe down되는 퍼터(60~90도)가 toe-balanced 또는 toe-hang 퍼터가 된다. 아크를 크게 그리는 사람이 이 퍼터를 쓰면 적절하겠다. 스윙 궤도와 밸런스의 궁합 이론은 기본적으로 위와 같은데, 스윙 궤도를 일관되게만 유지한다면 사실 어떤 디자인의 balance도 훌륭할 수 있다고 생각한다.

3. Face insert 있고 vs. 없고

훼이스를 보면, 밍밍하게 깨끗한 한 덩어리 쇠로만 되어 있는 것이 있고 한 덩어리 쇠임에는 틀림 없으나 표면에 특이한 가공을 한 형태가(대체로 milling 가공) 있고 또 다른 상당수는 무언가 특이한 재질의 다른 금속이나 폴리머를 독특한 디자인으로 가공하여 집어넣은(insert 삽입) 경우가 있다. 훼이스에 이러한 가공이나 인서트를 넣는 이유는, 공이 훼이스와 만날 때 딤플로 인하여 공 방향에 변화가 오는 것을 막아보려는 기술과 퍼팅 직후 skid 발생을 줄여주려는 퍼터 회사의 최고급 know-how가 녹아 들어간 흔적이다. 회사들은 이것을 최고의 기술로 홍보하기도 한다. 들어 보면, 회사들의 이런 know-how가 퍼팅에 중요한 것 같다. 그러나, 더 결정적인 것은 플레이어의 스퀘어 스트로크 그리고 임팩트 때의 속도가 아닐까 생각해 본다.

Odyssey 사(社)의 Stroke Lab 퍼터
다른 장점과 함께 Insert의 Microhinge Technology가 임팩트를 flexible하게,
또한 topspin을 준다고 말한다. Heel shafted, mallet, insert 그리고 toe balanced 형이다.

4. Center shafted vs. heel shafted vs. L type

거의 모든 퍼터는 퍼터 샤프트가 헤드의 중심보다 약간 뒤쪽에 연결되는데,
바로 가운데에 연결되는 경우가 있다. Center shafted라고 부른다. toe와 heel
쪽 무게가 균형을 이루기에 안정감이 있다. 나머지는 Heel shafted라고 부를

Yes 사(社)의 Center shafted 퍼터로 이름이 Tiffany다
Yes 퍼터는 디자인 별로 여성 이름을 붙여 부른다.
권불십년인가(權不十年)? 예스 퍼터를 쓰는 이가 요새는 별로 눈에 띄지 않는다.

수 있다. 대부분의 퍼터는 힐 샤프티드 형태이다. Phil Mickelson는 헤드의 맨 뒤에 샤프트가 연결된 퍼터를 쓴다. 이것을 L자형이라고 따로 부른다. 이 퍼터는 대단히 전문적이고 특징적이어서 보통 사람에게는 어려운 퍼터다. 공이 휘기 쉽다. 그래도 추가로 써보면 퍼팅감을 늘리는데 도움이 된다.

5. 샤프트 길이; conventional vs. belly vs. long putter

보통 우리가 흔히 쓰는 퍼터는 32~35인치다. 손으로 들고 친다. 32인치를 쓴다면 Jack Nicklaus처럼 지나치게 숙여야 하고 아마도 토우를 들고 칠 것이다. 35인치를 쓴다면 키가 크거나 서서 치는 스타일일 것이다. 물론 그립의 어느 부분을 잡느냐에 따라서 클럽 길이가 짧아지기도 길어지기도 한다. Belly putter는 41~44인치 정도 길이로 배에 배꼽에 대고 치던 것으로 안정감이 확실한 퍼터다. 다만, 2016년 퍼터를 몸에 대고(anchoring) 치면 안되다는 규정이 생겨 사용이 많이 줄어든 듯하다. 그러나 long putter와 마찬가지로 몸에만 대지 않는다면 지금도 쓸 수 있다. PGA tour에서 Keegan Bradley, Ernie

Adam Scott의 long putter
길고 몹시 무겁다. 가슴에 대지 않으면 쓸 수 있다.
이 퍼터는 Mallet, center shafted 퍼터이다.

Els, Webb Simpson, Vijay Singh 등 생각보다 많은 선수가 지금도 즐겨 쓰고 있다. 자세히 관찰해 보면 알 수 있지만, 그 긴 그립을 왼 팔뚝에 고정하기가 아주 좋다. 배꼽에 고정은 않지만 그들은 팔뚝에 부목처럼 대고 치는 것이다. belly putter는 샤프트가 길어져서 무겁다.

롱 퍼터는 48~52인치로 아주 길고 아주 아~주 무겁다. 가슴에 대고 치던 퍼터다. 가슴 퍼터라 불러야 할 것 같다. 샤프트 중간에 길다란 그립이 하나 더 있다. 안정감은 확실하다. 역시 지금은 몸에 댈 수는 없는 처지. 그래도 워낙 안정감 있게 퍼팅이 잘 되어서 그런지 Bernhard Langer, Carl Pettersson, Robert Garrigus 등이 지금도 잘 쓰고 있다. 규정이 바뀌자 짧은 퍼터를 시도해 본 Adam Scott도 다시 이 long putter로 돌아와서 현재 PGA에서 좋은 성적을 거두고 있다.

6. 그립 크기

Junior, Undersize (women), Standard, Midsize, 그리고 Jumbo 크기가 있다. 무게도 50에서 100 g까지 다양하다. 그 동안은 보편적으로 스탠다드 굵기 그립을 썼다. 그러던 어느 날 최경주가 굵고 큰 그립, 점보 사이즈 Super Stroke을 소개한 뒤 너도나도 큰 그립, 무거운 그립을 선호하는 분위기가 되었다. 안정감이 있다. 묘미는 덜 할 수도 있다. 이 그립은 대체로 무겁다. 그립 크기, 굵기, 무게, 촉감, 압력감도 개인의 취향이다. 경험해 보는 게 좋다. 그러면, 알게 된다. 내 몸에 맞는 그립이라기 보다는, 각각 고유의 특징이 무엇인지를 알게 된다. Super Stroke는 퍼터 그립 크기가 아니라 그립 회사 이름이다.

Super Stroke 사(社)의 점보 사이즈 퍼터 그립 굵고 무겁다.

7. 헌 퍼터 vs. 새 퍼터

조강지처(糟糠之妻)는 칠거지악(七去之惡)을 하였어도 불하당(不下堂)이라 하였다. 가난할 때 조강을 같이 먹으며 고생한 첫 부인은 일곱 가지 악행(惡行)을 하여도 집밖으로 내치지 않는다. 사실, 우리말은 아니고 중국 고사다. 퍼터도 그렇다. 지금 이 퍼터가 잘 맞지 않아 새 퍼터를 샀다 하여도 먼저 쓰던 퍼터를 버릴 일이 아니다. 골마켓에 내다 팔 일이 아니다. 퍼팅은 퍼터에 따라 치는 묘미가 다르다. 새로 샀다고 해서 헌 퍼터를 버리는 일은 조강지처를 버리는 것과 같다. 각각의 퍼터는 각각 유니크하다. 새 퍼터를 쓰면서 전 퍼터와 어떤 점이 다른가를 음미하면 퍼팅이 발전할 것이다.

"여러 종류 퍼터를 써 본다"

05 스윗 스팟(sweet spot)

달콤한 점, 스윗 스팟. 이 곳에 골프 공이 맞으면 달콤하. 소리도 아름답다. 결과도 최상이다. 들인 노력에서 최대한의 비거리 결과가 나온다. 스윗 스팟에 맞으면 좀 더 powerful한 결과를 낸다. 그렇다면 거기 스윗 스팟에 맞추도록 노력해야겠다. 반발계수가 제일 높은 곳이다. 공이 맞으면 최대의 반발력으로 최대의 속도가 난다는 그곳이다. 이보미 선수가 키는 작지만 장타자인 비결은 이 스윗 스팟에 맞추는 능력이 탁월하기 때문이라고 한다.

스윗 스팟이 넓다. 그런 드라이버가 있을까? 없다. 스윗 스팟은 점이다. 면적이 아니다. 모든 드라이버에 스윗 스팟은 한 점이고 커질 수 있는 지역은 아니다. 헤드의 무게중심(Center of Gravity)에서 줄을 그었을 때 훼이스에서 수직으로 만나는 점이 스윗 스팟이다. 스윗 스팟이 커졌다고 강조하는 골프 클럽 회사의 광고는 실제로는 스윗 에어리어를 뜻한다. 스윗 에어리어는 스윗 스팟을 포함하여 관용도가 상대적으로 높은 부분을 말하는데 공학적으로 관성 모멘트(MOI)를 크게 하여 스윗 스팟에 맞지 않더라도(Off center hit) 손실 정도가 작은 부분을 이른다. 정확히 스윗 스팟에 공이 맞으면 공 속도는 최고가 되고 스핀은 최저가 되며 헤드는 비틀림이 없게 된다. 스윗 스팟이 아닌 곳에 맞게 되면 반발력은 떨어져서 공 속도가 떨어지고 스핀이 걸리며 헤드는 비틀린다.

드라이버 훼이스의 정 가운데를 스윗 스팟이라고 생각한다. 대체로 그렇다. 훼이스 전체 넓은 곳에서 정 가운데 공이 맞아준다면 이는 둘도 없는 스윗 스팟이고 감사할 노릇이다. 스윗 스팟은 토우와 힐의 중간 정도(약간은 힐쪽인 경우가 많은데 혹자는 토우쪽이라고도 한다.) 그리고 가운데보다는 약간 위쪽에 많다고 한다. 만약에 스윗 스팟보다 위에 공이 맞는다면 공의 발사각은 높고 스핀은 적으며 속도는 떨어진다. 낮은 곳에 맞는다면, 발사각이 낮고 스핀은 커지며 공의 초속도는 빨라진다. 그래서 약간 위에 맞는 것이 아래에 맞는 것보다는 상대적으로 결과가 만족스럽다. 아래에 맞추면, attack angle이 음의 값이 되어 로프트가 낮아지는 결과가 되며 스핀이 많아지고 거리가 줄게 된다. 샤프트 길이, 플렉스, 무게, 스윙 웨이트, 헤드 디자인, 스윙 궤도 등 많은 요소가 정타 여부를 결정하며 이 스윗 스팟과 자주 만난다면 골프가 즐거워지겠다. 스윙이 완벽해 보이는 타이거 우즈도 만족할 만한 티샷이 한 게임에 서너 번 밖에 없다고 말하는 것을 보면, 우리 아마추어가 스윗 스팟에 여러 번 맞추기는 지난(至難)한 일인 것 같다.

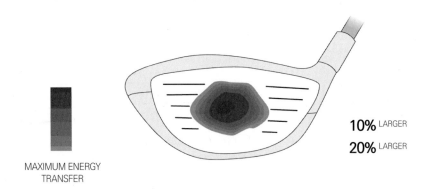

MAXIMUM ENERGY
TRANSFER

10% LARGER
20% LARGER

Taylormade 사(社)의 M2 드라이버 광고
다른 회사 것보다 스윗 스팟이 10%, 다른 클럽보다 20% 크다고 자랑한다.
실제 커진 것은 스윗 에어리어이고 이는 대단한 기술이며 관용도가 좋다.

어떻게 하면 티샷 공을 스윗 스팟, 스윗 에어리어에 맞출 수 있을까? 궁금하다. 잘 하는 선수들에게 물어보고 싶다. 내 클럽의 특성과 내 몸, 내 스윙 특성을 알고, 일관된 스윙 연습을 한다면 점점 좋아질 거라고 믿어 본다.

1. HiBore driver, Cleveland 사(社)

2000년대 중반, 드라이버 시장에서 선풍적인 인기를 끈 드라이버가 클리블랜드의 하이보어 드라이버였다. 특이하게 생겼다. 내려다보면 헤드 크라운은 무척 커다란 보름달이었다. 머리 한 가운데가 움푹 꺼져 들어간, 약간 기형적인 모습이었다(dome-less, scooped-out, collapsed crown). 그리고 이런 특이한 구조의 드라이버는 특유의 타구음을 들려주었다. 괴상한 사운드였다. 그러나 어떠랴. OB가 별로 나지 않고 그리고 무엇보다 중요한 것은 공이 멀리 머얼리 날아갔다는 것이다. 특징은 간단한 물리학이었다. 무게 중심을 더 낮춰서, 더 뒤로 빼서 헤드가 안정적이 되게 하고 스윗 스팟과 일직선이 되게 하였다. 무게중심선과 스윗 스팟을 훼이스 정중앙에서 일치시킨 것이다. 그전의 보

Cleveland 사(社) HiBore 드라이버
크라운이 꺼지고 보름달처럼 커져서 티샷할 때
마음이 푸근해진다. 물론, 높이 뜬다.

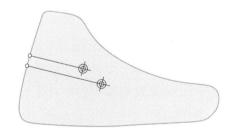

HiBore 드라이버의 단면
무게 중심이 낮아지고 뒤로 갔으며
훼이스 한 가운데에서 스윗 스팟과 만난다.

통 드라이버는 스윗 스팟이 그리고 무게중심선이 중앙에서 보다 약간 위에서 일치하였다.

'그럼 어떻게 디자인하면 된담?' 역시, 천재들은 답을 내 놓는다. '지붕을 꺼트리자'. 머리 천정을 꺼뜨리니 부피는 460 cc 그대로이면서 헤드는 얇게 넓게 오른쪽 바깥쪽으로 길쭉하게 만들어졌다. 자연스레 무게 중심은 낮아지고 더 뒤로 간다. 결과는, 대성공. 그렇게 해서 많은 사람들이 행복하게 드라이버 비거리를 늘렸다. 타구음은 아쉬웠다. '깡' 소리가 났다. 그때 이 클럽을 직접 써보지는 못했지만 당시 HiBore로 멋지게 티샷하던 이들 얼굴이 떠오른다. 클리블랜드는 그 기술을 Distance Driven Geometry라 불렀다. 간단하면서도 대단한 기술이었다. '이런 걸 엔지니어링이라고 부르는구나' 하는 생각이 들었다. 통통한 전통 헤드 크라운 디자인을 던져버리는 그 놀라운 변신. 요새 말하는, '혁신'이라 할 수 있겠다. 이 기본 전통은 지금도 이어져서 스윗 에어리어를 넓히는 기술의 바탕이 되고 있다.

2. SUMO driver, Nike 사(社)

공식 이름은 SasQuatch Sumo2 드라이버. 사각 헤드에 노란색이었다. 흔히들 사각드라이버라 불렀다. 아니, 진정한 특징은 그 소리일지도 모른다. '까앙'. 그 소리는 마치 옛날 빈 석유 드럼통을 두드릴 때 나는 소리 같았다. 보통 사람들이 들어주기에는 아름답지 않은, 거북한 소리였다. 잘 치는 프로 선수에게는 필요가 없는 클럽이지만, 중심에 맞추기 어려워하는 우리 같은 아마추어에게는 최고의 선물이었다. 스윗 스팟에 맞지 않아도(off center hit) 웬만큼 똑바로 날아갔다. 'straightest, longest, most accurate driver Nike has ever made, 나이키가 만든 것 중 가장 똑바로, 가장 멀리, 가장 정확한 드라이버'라고 말했다.

관성 모멘트(MOI)를 키웠고, 위아래로 긴 Deep face이고 크라운은 볼록하고 세련된 구조로서 볼 초속도와 정확도를 높였다고 말했다. 사실이었다. 이후 나이키는 디자인을 더욱 세련되게, 소리를 조금씩 부드럽게 발전시켰다. 다만, 세상은 그를 그리 알아주지는 못하였다. 이 드라이버는 확실히 off center hit 에도 헤드가 뒤틀리지 않고 공이 똑바로 날아갔다. 좋았다. 소리만 참을 수 있다면 최고의 드라이버다. 덕분에 OB가 많이 줄었다. 이 드라이버가 아마추어 대중의 인기를 얻었다면 나이키는 그 기술력으로 계속 좋은 골프 클럽을 만들었을 것이다. 수많은 개발에도 인기를 얻지 못하자 나이키는 골프 클럽 사업을 접게 된다.

High MOI – Greater forgiveness on off-center hits with a tighter shot dispersion

SQ Sumo Geometry – Updated body shaping for increased ball speed and accuracy

PowerBow Weighting – Manages weight in clubhead to further optimize precision and performance

Titanium Cup Face – Multi thickness cup face design improves ball speed over a larger area

위 글은 NIKE 사의 SUMO드라이버 홍보 문구다.

Nike 사(社)의 SUMO 드라이버
사각 헤드이고 off center hit에 강하다.
"깡"하는 타구음은 옆에서 듣기 거북하다.

훼이스의 가운데에 공을 맞추어 보자. 비공인 드라이버를 쓰는 것보다 더 중요하다. 정 가운데는 반발계수가 0.83이지만 스윗 스팟을 못 맞추고 가운데에서 멀어지면 반발계수가 0.7, 0.6 등으로 많이 떨어진다. 스윙 궤도가 좋았고 스피드가 빨랐고 런칭 앵글이 좋았어도 변두리에 맞으면 반발력이 떨어진다. 비거리가 10~30% 줄어든다. 스윗 스팟에 맞춘다면 비공인 드라이버를 쓰는 것 이상의 효과를 발휘한다.

"가운데에 맞추어야겠다"

06 단조(鍛造, forged) 아이언 vs. 주조(鑄造, cast) 아이언

나에게 단조 아이언이 필요할까? 좋은 쇠를 몇 번이고 몇 번이고 두드려서 불순물을 덜어내고 공기를 빼내서 마치 일본 사무라이 칼(카타나)을 만들 듯, 공을 들이고 정성을 다해서 만든 단조 아이언이 나 같은 아마추어에게 필요할까? 디자인은 간단해서 칼날(blade) 모양이고 muscle back 스타일이다. 크기는 크지도 않고 아담하다. 헤드가 얇으니 무게 중심은 상대적으로 앞에 있고 스윗 에어리어는 작다. 관용도가 작다고도 한다. 잘 맞으면 진국이고 여차하면 off-center hit이 되어 다른 곳으로 날아간단다. 스윗 스팟에 잘 맞으면 손에 짜짝 느낌이 온다고 말하는 아마추어도 있다. 이를 '손맛'이라는 멋진 낱말로 표현하기도 한다.

그런데, 그런데, 그 손맛은 얼마나 자주 맛볼 수 있는 걸까? 잘 맞추면 그린의 원하는 곳으로, 당연히 핀이다. 날아가서 백스핀을 먹으며 정지하여 우아한 자태를 뽐낸다. 이 클럽이 원하는 곳은 오직 그린, 아니 핀이다. 훼어웨이가 아니다. 어프로치가 아니다. 단조 아이언은 핀을 목표로 하는 사람들을 위하여 만든 아이언이다. 나는 이걸로 그렇게 할 수 있을까? 값은 비싸다. 이런 단조 클럽을 잘 만드는 회사 이름은 보통 Titleist, Mizuno, PXG라고 한다. Miura나 PRGR 같은 일본의 여러 소규모 아이언 전문 회사들도 있기는 하다. 물론,

Callaway, Taylormade, XXIO, Srixon, PING, Cobra 같은 회사에서도 비중은 적지만 단조 아이언을 만들기는 한다.

나 같은 아마추어가 이 단조 아이언 클럽을 치려면 어떤 준비가 되어 있어야 할까? 그린 적중이 열 개는 넘어야 한단다. 이 아이언은 훼어웨이의 왕자이기 때문에 훼어웨이에서 그린에 두 자릿수는 올릴 수 있어야 갖고 다니는 의미가 있다고 한다. 비록 지금은 그렇게 못해서 자격이 안될지도 모르지만 자꾸 써서 실력을 늘리면 언젠가 될 것도 같다. 파온을 하겠다는 의지가 바로 단조 머슬백 아이언이다. 세 번 그린에 올리면 스코어가 90이 되고 여덟 번 올리면 스코어가 80이라니, 파온을 두 자리 수 올린다면 내 성적은 필히 70대가 되어야 하고 이는 매 번 싱글 디짓 핸디캐퍼라는 뜻이 되겠다.

대체로 80~90대인 내가 이 단조 아이언을 쓰면 어떤 일이 일어날까 궁금해 진다. 헤드가 작으니 스윗 스팟에 맞추는 일이 흔하지는 않겠다. 그 와중에 스윗 에어리어도 작다고 한다. 스윗 스팟에 맞지 않으니 반발력이 낮을 것이며 그 결과는 짧은 샷, 미스 샷이 많겠다. 무게 중심이 상대적으로 헤드의 앞쪽에 있기에 런칭 앵글이 낮고 잘 뜨지도 않는단다. 헤드 성품에 맞추어 직진성을 추구해야 하니 샤프트도 스틸 샤프트다. 쇳머리와 쇠몽둥이가 만났으니 꽤나 무겁겠다. Tilteist forged 아이언으로, 멋진 손맛으로, 멋지게 핀에 붙이고 싶다. 그러나 아직, 아직인 것 같다. 에고 에고 나에게 단조 아이언은 지금은 무리다. 확실히 무리다. 나이를 먹고 있으니 앞으로도 무리다. 단조(鍛造)는 단념(斷念)한다.

그러면 주조 아이언은 어떤 클럽일까? 틀에 쇳물을 부어서 만드니 온갖 다양한 모양을 재주껏 만들 수 있겠다. 디자이너의 역할이 크다. 공정이 간단하니 값도 단조보다 헐하고 모양도 예쁘고 헤드 크기도 큼직큼직하고 바닥도 넓다. 제작기술 난이도가 덜해서 장인(匠人)의 땀방울이 덜 흘러도 되고, 그래서 그런가, made/assembled in China도 눈에 많이 띈다. 모양을 주도할 수 있으니 바닥을 넓게 하고 속을 비워서(cavity back) 무게 중심을 아래로 뒤로

Titleist 사(社)의 단조 muscle back 아이언과 Callaway 사(社)의 주조 cavity back 아이언
각각 개성이 뚜렷하다.

Mizuno 단조 아이언 헤드 제작 과정
작은 쇠막대(billet)가 열을 가하고 두드리고 자르고 또 두드리고 갈고 펴서 훌륭한 단조 헤드가 된다.
mizunousa.com에서.

뺄 수 있어 공이 잘 뜰 수 있다. 디자인이, 엔지니어링이, 물리가 중요하다. 속을 비웠으니 관성 모멘트(MOI)가 커져서 스윗 에어리어가 커지고 웬만큼 틀리게 맞아도 대과(大過)없이 날아간다. 마음에 든다. 헤드가 가벼우니 밸런스를 맞춰서 샤프트도 가볍다. 전체적으로 가벼우니 핸들링하기도 편하다. 덩달아 골프 백도 가벼워진다. 주조 클럽을 주로 만드는 골프 클럽 회사 이름도 단조 회사와는 조금 다르다. PING, Callaway, Taylormade, Cobra, Maruman, Honma, XXIO, YAMAHA 등. 사실 대부분의 클럽 회사가 주조 아이언을 주력 상품으로 만든다. 주 고객인 아마추어를 위하여 그렇게 만드는 듯하다.

주조 아이언을 치는 마음은 어떨까? PGA 선수처럼 정확히 핀 옆에 꽂히는 것은 바라기는 하나 기대할 것은 아니고 파온으로 그린에 올라가는 것만 해도 언감생심(焉敢生心)일 듯하다. 그저 뻑살이 없이 공이 하늘로 떠서 앞으로 전진하였으면 좋겠다. 종종 파온하면 감사하고 대체로 three on만 되어도 감사하는 마음이다. 아마추어가 훼어웨이나 러프에서 거리를 맞추어 아이언 샷으로 파온 한다는 것은 애초부터 난망(難望)한 일인지도 모른다. Par 3 짧은 홀 네 번 동안에 티에 올려 놓고 차분하게 쳐도 두 번 올리는 것이 아마추어에게 쉽지 않다. 티에 놓고 쳐도 그러니 훼어웨이나 러프의 다양한 상황에서 파온 한다는 것은 난해한 작업임에 틀림없다. 이 주조 아이언 또는 유틸리티를 써서 Three on하는 작전으로 가야겠다. 단조 아이언을 쓰는 프로들은 실제로 우드나 유틸리티보다 아이언 쓰는 일이 많다. 그들은 아이언을 무엇보다 중시한다. 나 같은 아마추어는 롱 아이언도 없고 거리도 나지 않으므로 유틸리티나 우드를 쓸 일이 더 많고 아이언 사용 빈도가 낮다. 즉, 골프 백 안에서 무게에 비해 부피에 비해 아이언의 상대적 지위는 낮다. '그리고, 나한테 주어진 길을 걸어가야겠다. 오늘 밤에도 별이 바람에 스치운다.' '별을 노래하는 마음으로 나의 鑄造 아이언을 사랑해야지.'

"별을 노래하는 마음으로 나의 鑄造 아이언을 사랑해야지"

07 미국 스펙 클럽 vs. 일본 스펙 클럽

골프 클럽을 만드는 회사는 전 세계적으로 미국과 일본회사가 양분하고 있다. 사실 골프장이 있는 나라도, 골프 인구가 많은 나라도 이 두 나라이다. 두 나라의 골프 클럽은 각국의 상황에 맞게 독자적으로 발전해왔다. 그로 인하여 다른 스포츠와 달리 골프 장비는 이 두 나라 것이 통일되어 있지 않고 각각 차이와 특성이 있다. 그로 인해서 이 두 나라 클럽 회사를 바꿔 고를 때 혼선을 느끼는 경우들이 있다. 처음에는 미국회사 것을 쓰던 우리가, 점차 일본인이 우리와 체격 조건이 같아서 일제 클럽이 쓰기 편하다는 것을 알게 되었고 더구나 고급을 좋아하는 스타일까지 닮아서 그런지 지금은 일제 클럽을 많이 쓰는 추세다. 거기에 더하여 회사는 미국이고 일본인데 생산 또는 조립 공장은 미국이기도(없어져 가고 있다) 일본이기도 하고 중국이기도 하고 심지어 베트남이기도 하다. 헷갈릴 수밖에 없다. 그래서 미제나 일제라기보다는 미국 스펙, 일본 스펙 이렇게 부르는 것이 정확하겠다. 한 때 우리나라에도 코오롱, 맥켄리, 랭스필드 같은 클럽 회사가 있었는데 지금은 그 규모가 그다지 눈에 띄지 않는다. 코오롱과 일부 소규모 비공인 클럽 위주의 회사가 있기는 있다.

일본에는 혼마, 마루망, 젝시오, 야마하, 미즈노, PRGR, 요넥스, 브릿지스톤, 카스코, 다이와 등 우리에게 이미 익숙한 이름의 유명한 회사가 많이 있고

매출 규모는 작지만 그 전문성으로 유명한 미스테리, 아키라, 유루리, 지오텍, 포틴, 미우라, 제스타임 등, 끝도 없이 많은 가짓수의 골프 클럽 제작 회사가 있다. 이것이 다가 아니고, 일본 땅 구석구석에는 겉으로 보기에는 그저 작은 철공소 같은데, 전문적이 장인(丈人) 몇 명이 역사와 전통을 갖고 아이언이나 드라이버, 퍼터 등을 만드는 곳도 꽤 있다. 어떻게 이렇게 많은 회사가 경영될 수 있는지? 전문적이고 좋은 클럽을 소량으로 만들면서도 생존하는 것이 감탄스러울 따름이다. 답은 품질(品質)인 것 같다. 이런 장인(匠人)들의 솜씨와 기술을 모노츠쿠리라고(ものつくり) 부른다. 독일의 Meister와도 같은 뜻이겠다. 그런 클럽 품질에 소비자는 만족한다. 사실 이런 류의 개인적이고도 특화된 골프 클럽 소비 수요를 맞추어 주는 공급처가 다른 나라에 없는 것을 보면 지속 가능해 보이기도 하다.

일본 회사의 클럽은 일본 사람에게 맞추어 만들어 왔다. 유전적으로나 외형적으로 일본인과 같은 한국인인 만큼 우리에게도 알맞은 클럽이겠다. 미국 회사로는 Callaway, Titleist, Taylormade, Ping, PXG, Cobra, Adams 등이 있고 모두 규모가 크다. 미국은 클럽 회사도 규모가 크고 사람도 크고 클럽 자체도 크다. 한국 남자 중에는, 미국 남성용은 자신에게 커서 맞지 않고 미국 여성용 클럽이 몸에 맞는다며 자기 마누라 것을 편하게 쓰는 사람도 있다.

골프 클럽이 공산품이기는 하나, 미국과 일본이 서로 각자의 국민들이 사용할 클럽을 만들었기 때문에 각자 자국민에 최적화하여 만들었고 다른 공산품과 달리 각각 별도의 발전 단계를 거쳤기에 스펙이란 것이 어느 정도 차이가 있다. 심지어 거리 단위도 우리는 주로 SI unit인 미터법을 쓰고 있으나 미국은 야드를 쓰고 있다. 그래서 우리가 이 두 나라 클럽의 스펙이 같은 줄 알고 샀다가 차이를 발견하고 당황해하는 모습도 본다. 나라마다의 특성이라고 이해해야겠다. 우리나라 회사가 사라져서 생긴 불편일 수도 있겠다. 둘을 비교하는 방법도 있겠으나 좀 더 쉽게, 미국을 스탠다드라고 생각하고 일본 클럽은 무엇이 어떻게 다른가를 생각해 볼 수 있다.

동일 기준 스펙으로 미국 클럽보다 일본 클럽은 대체로,

1. 가볍다

전체 무게가 가볍다. 미국인보다 작기 때문에 이 기준으로 보면 모든 것이 미국인보다 작은 우리에게 편안하게 느껴진다. 가벼워서 핸들링하기 쉽다.

2. 그립이 가늘고 가볍다

미국 것은 레귤러가 보통 50 g이고 일본 것은 조금 가늘고 35~50 g인 경우가 많다. 작아서 우리 손에 쉽게 잡힌다. 그립감이 좋다. 손아귀에 잘 들어 온다. 핸들링하기 좋다. 어떤 손 큰 이는 작다고 느낄 수도 있겠다. 미국 스펙으로 슬라이스가 났다면 일본 스펙 그립으로는 똑바로 갈 수도 있겠다.

3. 샤프트 길이가 다르다

드라이버는 긴 경우가 많다. 이것은 예외적인데, 아마 길게 만들어 원심력을 더 활용하려는 의지가 작동하였는지 모르겠다. 아니면, 서로를 몰랐으니 서로 아무 관계가 없을 수도 있다. 미국 스펙은 드라이버가 45인치대가 많은데 일본은 46인치 대가 많다. 나머지 아이언 등에서는 약간 짧은 편이다. 퍼터는 확실히 짧아서, 일본은 32~34인치가 주류이고 미국 것은 34~36인치로 길다.

4. 샤프트가 가늘고 가볍고 낭창하다

일단, flex에서 차이를 크게 느낀다. 일본 보통 사람이 쓰는 R (regular) 플렉스는 미국 보통 사람이 쓰는 R (regular) 플렉스에 비해 많이 가볍고 가늘고 낭창하다. 일본 S (stiff) 플렉스도 미제 S플렉스보다 덜 단단하다. 일본 SR (stiff-regular)이 미국 R 플렉스 정도의 강도인데 좀 더 부드럽게 느껴지는 이유는 미제보다 가늘고 가벼운 점도 한 몫 한다. 그래서 보통 아마추어는 미

국 R이나 일본제 SR이 적당하겠고 나이가 중년이어서 조금 부드럽게 쓰려면 미국 A (amateur, senior)나 일본 R플렉스도 좋겠다. 미국 스펙에는 SR이 없다. 일본에는 R보다 더 부드러운 R2 플렉스도 있다. 이것은 약간 힘 좋은 여성이 써도 좋겠다.

5. 헤드

드라이버 헤드는 사이즈와 로프트가 정해져 있기에 이것이 같으면 같다. 차이가 있을 것이 없다. 판매 기준으로 일본에서는 10도, 11도가 많이 팔리나 우리나라에서는 10도, 9도 순으로 팔린다. 미국도 그와 같다. 10도, 9도 순으로 팔린다. 물리적으로는 11도가 9도 보다 같은 조건에서 멀리 가는 것으로 증명되어 있다. 한국 남자가 9도(그러다 보니 R보다 S플렉스를)를 11도 보다 선호하는 것은 체력이 일본인보다 좋아서 그런 것인지, 힘있게 보이고 싶어서 그런 것인지 잘 모르겠다. 9도 S플렉스를 쓰려면 스윙스피드가 빨라야 한다.

아이언에서는 헤드 차이가 뚜렷이 있다. 아이언 로프트가 다르다. 같은 번호라면 일본 스펙이 대체로 로프트가 작다. 그런 이치로 같은 번호라면 일본 스펙이 미국 스펙보다 멀리 갈 수 있다. 일본 7번 로프트가 미국 6번 로프트와 같거나 가까운 경우가 많기 때문이다. 그리고 이것도 회사마다 다르고 회사 내에서도 프로용, 아마용에 따라, 모델별 시리즈에서도 일본 미국 할 것 없이 차이가 있기도 하다. 미국 회사도 대체로 아마추어용이 프로용보다 같은 번호에 로프트를 약간 낮게 설정해서 멀리 가는 인상을 주기도 한다. 내 클럽 7번의 로프트를 확인해 보면, 이번 공이 남 7번 보다 내가 잘 쳐서 멀리 간 건지, 실제 번호보다 로프트가 작아서 멀리 간 건지 알 수도 있다. 어찌 되었든지 공이 멀리 갔으니 기분이 좋다.

6. 헤드 커버

골프 스윙을 하는 데에 기술적으로 관계가 없다, 그러나 시각적으로, 기분

학상 차이가 클 수 있다. 대체로 일본 것이 예쁘고 멋있고 예술성이 있고 비싸다. 개성이 많다. 조용히 골프백 위에 앉아 있으면서 골퍼의 개성을 은근히 드러내는 골프 기어다. 물론 대부분 made in china이기는 하다. 예전에 고급 커버는 made in Korea가 많았다. 남자들은 커버에 무심하나 여성들은 헤드커버로 취향을 많이 표현한다. 남자도 그러면 좋을 것 같다. Tiger Woods는 범 모양의 커버를 쓴다.

7. 비싸다

공을 많이 들인, 전문적인, 소량 생산, 재료가 특화된 고급인 경우가 많다. 심지어 예술 작품처럼 보이는 클럽도 많다. engineering에 art를 더한, 급(級)이 높은 작품(作品)이 많다. 일본 사무라이의 단조 칼(刀, katana)에 금(金) 세공이 더해지거나, 나전칠기가 느껴지는 것도 있다. 그러다 보니, 아베 총리가 골프 좋아하는 트럼프 대통령에게 선물 겸 자랑 겸 홍보 겸 해서 혼마 BERES 금장 드라이버를 선물하였다. 받는 사람도 기쁘고 주는 사람도 흐뭇하고 홍보도 훌륭하고, 꿩먹고 알먹고 였다. 프로 골퍼를 지망했던 어느 남자 캐디가 한 말이 생각난다. "세 회사 채는, 채 값을 합니다." "뭐가?" "혼마, 마루망, 젝시오요". 그런 고급의 가치를 미국회사들도 알게 되어서, 부분적으로 자기 회사의 상징적인 클럽은 made/assembled in China가 아니라 made/assembled in Japan으로 만들기도 한다. 일본 회사에 OEM으로 부품을 주문하기도 한다. 특히, 샤프트가 그렇다. 헤드는 회사의 상징이자 유일한 제품이기도 하다. 그립은 물론 외주이기 쉽다.

"나에게 맞는 클럽이 좋은 클럽이다"

관성 모멘트(慣性 moment) (Moment of Inertia, MOI)

관성의 법칙, 관성 모멘텀, perimeter weighting

중학교 때부터 배운 뉴턴의 운동 제 1 법칙, 관성의 법칙을 생각해 본다. 물체는 그 운동 상태를 유지하려고(물체에 작용하는 힘의 합이 0일 때) 한다. 즉, 외부 힘이 더해지지 않는다면, 현재 상태를(정지해 있든지 움직이든지) 유지하려고 한다(Tendency of an object to resist a change in motion, stay at rest or stay in motion). 관성 모멘텀은, 축을 중심으로 하는 회전운동에 대한 저항력이라고 할 수 있다. 드라이버로 치면, 스윗 스팟이 아닌 곳에(off center) 공이 맞는 경우에 헤드가 비틀리지 않으려는 저항력 정도라 할 수 있다. 즉, MOI가 큰 경우는 토우 부분에 공이 맞더라도 헤드가 덜 뒤틀리므로 MOI가 작은 헤드보다도 좀 더 가운데로, 좀 덜 바깥쪽으로 공이 날아가고 비거리가 덜 줄어든다. 관용도가 좋다. 드라이버 인심이 좋다.

아래 왼쪽 사진에 보이는 장비로 MOI를 측정할 수 있다(MOI measuring instrument, Inertia Dynamics 사(社)). 오른쪽 사진(Ralph Maltby)은 아령과 같은 구조의 금속으로 같은 물건의 다른 모습이다. 위의 것은 무거운 원판

클럽 헤드의 MOI 측정
ralphmaltby.com에서.

관성 모멘트
같은 물건이지만 무게를 변두리에 둔 위의 것이
(perimeter weighting) 무게가 가운데에
모인 아랫것 보다 MOI가 크다.

둘을 축의 바깥쪽으로 옮긴 것, 무게를 주변으로 분산시킨 것이고(perimeter weighting) 아래 것은 축의 한가운데로 모았다. 위의 것은 MOI가 96 oz-in^{2}이고 아래 것은 15 oz-in^{2}로 같은 아령의 무게를 어디에 분포시키느냐에 따라서 MOI가 여섯 배 이상 차이가 나게 된다. 분산된 것이 관용도가 좋다. MOI를 이해하는데 어릴 때 우리가 돌리던 팽이를 생각해 볼 수도 있다. 넓은 팽이는(MOI가 큰) 채찍을 휘두르면 에너지를 받아서 쉽게 더 잘 돌았다. 반면, 도토리 같은 팽이는(MOI가 작은) 지름이 작았고 채찍으로 때리기가 쉽지 않았으며 맞아도 금방 넘어졌다. 김연아의 빙판 위 스핀에서도 비슷한 내용을 알 수 있다. 팔을 벌리고 도는 스핀과 팔을 모으고 도는 스핀의 난이도 차이를.

같은 이치로 감나무(persimmon) 드라이버와 현재 우리가 쓰는 460 cc 타이태늄 드라이버 헤드를 비교할 수 있겠다. 감나무 헤드는 속이 꽉 차서 무게 분포가 일정하고 조밀하여(MOI가 작아서) 공이 스윗 스팟을 벗어나면 헤드 뒤 틀림이 커져서 사이드 스핀이 많게 되고 그 결과, 훅이나 슬라이스가 나기 쉽다. 타이태늄 헤드는 속이 비어 있어, 무게가 주변으로 분산되어 헤드 뒤틀림이 작다. 따라서 공이 좌우로 벗어날 확률이 감나무 헤드보다 훨씬 작다. 물론,

둘 모두 뒤틀림이 생길 수 없는 center 즉, 스윗 스팟에 공이 맞는다면 MOI에 따른 문제는 없겠다.

핑의 Anser 타입 퍼터가 이 MOI를 잘 적용시켜 성공한 경우인데, 초기에 골퍼들이 쓰던 퍼터 헤드는 토우와 힐 사이에 차이가 없고 속이 꽉 찬 밍밍한 블레이드 헤드였는데(bull's eye), 그 중간을 파서 비우고 상대적으로 토우와 힐 쪽에 무게를 많이 배분하고 나서(perimeter weighting) 공이 off center로 맞더라도 비교적 정확히 컵에 들어가게 되어 '정답(answer)'이라고 외쳤다 한다. 그 이후, 대부분의 블레이드/스탠다드 퍼터가 이 anser 타입과 유사한 형태가 되었다. 물리학 계수인 MOI를 잘 활용한 경우가 된다. 그런데, 우리는 아직도 퍼팅을 어려워한다. ping회사에는 anser가 되었으나 우리에게는 아직도 먼 길인 듯하다.

NIKE의 사각헤드 드라이버가 있었다. Anser와 같은 이유로 헤드를 사각으로 넓고 크게 만들었다. 이 또한 MOI의 승리다. 이 드라이버로 치면 무게 분산이 잘 되어 off-center hit라 하더라도 결과가 괜찮은 편이어서 많이들 만족하였다. 즉, 슬라이스와 훅이 줄었다. 치는 사람 입장에서는 대 성공이었다. 그러나, 나이키는 공학의 승리에도 불구하고 매출에서는 실패하였다. 공은 잘 맞는데, 타구음을 아름답게 하는 공명기술에서는 실패하였기 때문이다. 소리가 너무 안 좋았다. '깡'하고 커다란 드럼통 두드리는 소음 같은 타구음이 들렸기에 사람들이 이 소리를 불편해하였다. 혹시, 현재의 드라이버가 마음에 아니 드신다면, 이 사각헤드를 시도해본다면 MOI가 크다는 것이 이렇게 대단한 것이구나 하고 알아차리게 된다. 시도해 볼 가치가 있다.

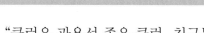

"클럽은 관용성 좋은 클럽, 친구는 너그러운 친구"

09 골프장 잔디(芝, grass)

'조선잔디에서는 쓸어 치고, 양잔디에서는 찍어 친다' 이렇게 알고 쳐 왔다. 사실 잔디에 관해서는 이것이 아는 것의 전부다. 대체로 그렇다. 훼어웨이 잔디는 대체로 조선잔디다. "그럼 조선잔디 훼어웨이에서 아이언을 쓸어 쳐야 되는 거구나. 그런데 지금까지 아이언은 찍어 치라고 배운 것 같은데?" 헷갈린다. 이런 의문을 갖고 보니, 잔디에 대해서도 좀 알아야겠다는 생각이 든다. 뭐든지 알아두면 내 삶에 보탬이 될 수 있을 거야, 하는 마음가짐으로.

잔디라는 풀은 헤아릴 수 없이 많은 종류가 있는데 실제로 우리 생활에 쓰고 있는 종류는 그다지 많지 않다고 한다. 다음과 같은 잔디의 일반적인 특징을 생각하면 왜 잔디가 골프를 즐기는데 제격인지 알 것 같다. 1) 촘촘하게 위로 그리고 옆으로 널리널리 퍼진다(피복성, 被覆性, ground cover). 2) 발로 카트로 밟아도 밟아도 기죽지 않고 다시 살아 위로 씩씩하게 자란다(내답압성, 耐踏壓性, wear tolerance). 3) 깎아도 깎아도 포기않고 그 자리에서 생장점이 생겨 다시 자라난다(生長點, crown). 아하! 그래서 이렇게 골프를 즐길 수 있구나! 고맙네, 잔디군, 잔디양. 우리나라 골프장에서 만나는 잔디는 크게 세 가지란다.

1. Zoysia잔디

조선잔디, 한국잔디라고도 말하는 데 공식적으로 조선잔디라는 이름은 없단다. 잘못된 이름이다. 조이시아잔디다. 중지(中芝)라고 한다. 잎이 넓고 옆으로도 잘 자란다. 뿌리가 크다. 잡초와 잘 싸워 이기고 좋지 않은 흙에서도 잘 자란다. 생장점이 낮게 자리잡아서 자주 깎아주어도 금방 다시 자란다. 관리하기 쉽다고도 할 수 있겠다. 힘이 좋아서 공을 위로 잘 받쳐주는 경향이 있다. 그래서 잔디 위에 공이 잘 놓여 있다면 쓸어 치기가 무난하다. 뿌리가 커서 뗏장이 떠지기는 어렵다. 여름, 고온에 강하다(난지형, 暖地型).

우리나라 훼어웨이에 많이 깔려있다. 여름에 강하고 관리하기가 상대적으로 수월하나, 평균 기온 10도 이하가 되는 가을, 겨울 날씨를 힘들어 하며 가을이 오면 누렇게 가을 논처럼 바뀌어, 골프장 경치로서는 매력이 떨어진다. 잔디가 가을 겨울 추운 날씨에 견디기 위한 자구책으로 뿌리를 살리고 잎을 희생하는가 보다. 잔디의 가을잠, 겨울잠이다(휴면, 休眠). 여름에는 쓸어 치기 좋았던 잔디가 가을 겨울이 되면 부실하게 되어 임팩트 자체가 어려워진다. 잘 띄우지 못한다. 그러다 보니 무리스레 가격하여 내 몸이 부상당할 수도 있겠다. 아름답고 푸른 기간이 짧아서 아쉬운 잔디다. 잔디가 상하면 다시 자라는데 오래 걸리고 힘들다. 뭐 어때, 겨울에는 골프를 쉬면 되지! 좋은 잔디다.

2. Bent grass

이른바 양(洋)잔디다. 서양잔디에서 서(西)자가 빠진 듯하다. 양잔디란 이름은 지나치게 넓은 의미가 있으므로 벤트 그라스라고 구체적인 이름을 불러주는 것이 좋을 듯하다. 줄기 폭이 조이시아잔디와 달리 가늘고 촘촘하게 위로 자라는 성향이 있다. 뿌리는 상대적으로 작다. 그런 이치로, 훼어웨이에서 공을 떠받쳐주기에는 힘이 버겁다. 뿌리가 작고 짧다 보니 충격에 샷에 잘 떨어져서 빈대떡 같은 뗏장이 날아가게 된다. 공을 먼저 치고 이어서 디봇을 만들어야 이런 잔디에서는 잘 친 샷이 된다. 정확히 가격하지 못하고 소심하게 치면 뒷땅이 나오기도 쉽다. 따라서 단단히 그립을 잡고 공을 정확히 가격하면 좋은 결과가 나온다. 조이시아잔디보다는 상대적으로 추운 계절을 좋아하여 가을에도 푸른 색을 잘 유지하여 훼어웨이의 가을 푸른색이 아름답다(한지형, 寒地型).

제주도 클럽나인브릿지와 영종도 스카이72 하늘코스 훼어웨이가 벤트 그라스로 조성되었단다. 잔디가 푸른색을 유지하는 기간이 길어서 가을 골프장도 아름답게 보이게 한다. 잔디가 여름나기를 힘들어 하며 물이 넉넉하지 않으면 상하기도 한다. 여름철에 정성을 다하여 관리해야겠다. 보통은 짧게 잘라도 똑바로 잘 자라는 특성이 있기에 그린용 잔디로 쓰기에는 최적격이다. 그래서 그런지, 우리나라 그린에는 거의 100% 벤트 그라스가 자리잡고 있다. 여름에도 그린을 잘 가꾸어야 죽지 않기에 안전을 위하여 더울 때는 길게 관리한다고 한다. 그러다 보니 여름 그린은 느린 편이 된단다. 훼어웨이에 가끔 깔려 있기도 하지만, 18홀을 모두 덮기에는 잔디 값이 비싸서 우리나라 훼어웨이에는 별로 없다고.

Zoysia grass
우리나라 훼어웨이에 주로 있고 잎이 넓고 옆으로도 잘 자란다.

Bent grass
그린용 잔디로, 가늘고 촘촘하게 위로 자란다.

3. Kentucky blue grass

이것도 양잔디다. 색깔이 푸르고 아름답다. 대부분 티 박스에는 이 잔디가 심어져 있다. 추운 날씨에 조금 더 강하고 촘촘하게 자란다. 촘촘하고 빨리 자라다 보니 모진 티샷에 상처를 많이 받는 티박스에 제격이다. 양잔디 골프장이라 하면 대체로 이 켄터키 블루 그라스가 훼어웨이에 깔려 있는 것을 말한다고. 벤트 그라스보다는 잎이 조금 더 두껍고 값이 상대적으로 싼 편이다. 우리 골프장 잔디는 조이시아, 벤트, 켄터기 블루 그라스 이렇게 크게 세 가지를 쓰고 있으나 실제로는 두 종류 이상의 잔디가 섞여 심어져 있는 곳도 있다(混栽).

4. Bermuda grass

중앙 아메리카 버뮤다가 원산지다. 조이시아 잔디처럼 여름에 성장을 많이 하고 여름에 강하다(난지형). 생장 속도도 빠르다. 외국에 많고 우리나라에는 별로 없단다. 태국 골프장에 많이 심어져 있다. 태국 골프 여행갈 때에 참고할 수 있겠다. 벤트 그라스보다는 덜 치밀하고 더 부드럽다.

그린 빠르기: 스팀프 미터로(Stimp Meter) 잰다. 914 mm 길이의 기울어진 관을 20도 들어올려서 바닥에서 공이 굴러가는 거리를 잰다. 2.3 m 이하면 느린 그린이라 보통 말하고 3 m가 넘으면 빠르다 하는데, 국제 대회에서는 3.2 m 이상이 되게 하여 대회를 한다. 보통 아침 티업 때의 속도는 해가 뜨면서, 열을 받으면서 조금씩 빨라지다가 그 사이 시간이 흐르며, 잔디가 자라며 느려지는 경향이 있다. 물론 그린에 해가 비치거나 그늘이거나에 따른 차이도 있겠다. 그린 빠르기는 한 라운드 동안에 이렇게 변한다.

스팀프 미터
20도 들어올려서 몇 미터 굴러가는지를 본다. 3.2 m가 빠르고 느린 기준이다.

그린 키퍼(greenkeeper): 골프장 그린을 이쁘게 돌봐 주시는 그린 키퍼 여러분의 노고에 언제나 감사드립니다.

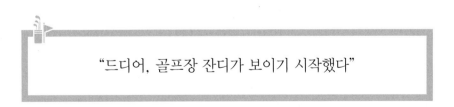

"드디어, 골프장 잔디가 보이기 시작했다"

10 골프 클럽 고르기, 아마도 fitting

　　나에게 알맞은 골프 클럽을 골라 산다는 것은 지난(至難)한 일이다. 무척 어렵다. 그것도 열네 자루 모두가 내게 맞는다는 것은 거의 불가능한 것 같기도 하다. 아니다. 긍정문으로 생각하자. 이 클럽이 모두 내게 잘 맞고, 나는 이 자랑스럽고 뜻이 맞는 열네 자루 클럽으로 즐겁게 라운딩하고 종종 싱글 스코어에도 도달하니 나는 좋은 짝을 골랐고 이 클럽은 나의 벗이 되는 것이다. 나는 클럽 선택을 잘 하였다.

　　골프에 관하여, 골프 클럽에 관하여 지대한 관심이 있던 열정가이자 천재인 Ralph Maltby는 The GolfWorks라는 회사를 1976년에 설립한다. 이후 40년 넘게 그는 수많은 플레이어에게, 회사에게, club fitter에게 클럽을 디자인해 주고 fitting해 주고 가르쳐 주고 제작해 주고 측정 장비를 개발하고 제작 기기를 만들고 판매해 주어 그들의 골프 발전에, 클럽 fitting 및 제작 사(史)에 공헌을 하게 된다. 이후 자연히 축적된, 클럽 선택에 관한 엄청난 양의 database. GolfWorks는 지금도 우리의 골프 발전에 많은 도움을 주고 있다. 다음 표는 GolfWorks에서 지금까지의 경험과 자료를 바탕으로, 클럽 fitting을 할 때 중시하는 데이터의 앞 부분이다.

ralphmaltby.com의 fitting용 입력 데이터
클럽을 fitting하려면 이런 자료가 중요하다.

Ralph Maltby
현대 골프 클럽 제작의 선구자.
열정이 있고 두뇌가 빛난다.

　클럽을 고르는 과정을 fitting이라 한다. 양복을 가봉하는 것도 fitting이다. 나의 몸무게, 키, 손 크기, 팔 길이, 근력, 스윙 스피드 등의 몸 조건에 맞추어 골프 클럽의 길이 두께 무게 강도 경도 디자인 모양을 선택한다. fitting 전문 회사가 몇 곳 있다. 클럽 회사에서 판매를 하기 전에 fitting을 해주는 센터를 운영하기도 한다. Ping, Mizuno, Maruman 등이 그러한 곳이다.

대개의 선택이 그렇듯이 현명한 남자나 일반적인 대부분의 여자는 이런 권유나 지침을 잘 따르는 편이다. 상당 수의 일반적인 남자는, 또는 썩 지혜롭지 않은 많은 남자들은 자기 流의 고집 및 지식으로 클럽을 고르는 경향이 있기도 하다. 경험에 따르면, 결과적으로 Fitting 전문가가 권유하는 모든 것을 따르는 것이 가장 현명하다. 그러나 이러한 비용이 아깝거나, 자신을 더 믿어서 따르지 않는다면 다음 몇 가지 정도라도 참고하여 클럽 선택을 한다면 처음 클럽에 적응해 나가는 데에 약간은 도움이 될 지도 모르겠다.

첫째는 스윙 스피드에 따르는 샤프트 플렉스 선택이다. 대략의 기준으로 고른다면 세 가지다. 평소에 함께 골프를 치는 아마추어 동반자와 비교해 볼 때, 내가 스윙 스피드가 빠른 쪽 1/3에 속한다면 스티프(S, stiff) 플렉스를 고른다. 중간 1/3 속도라면 레귤라(R, regular) 플렉스가 해당되며, 느린 쪽 1/3에 해당된다면 시니어(A, amateur, senior) 플렉스가 적당하다. 물론 나의 정확한 스윙 스피드를 fitting 시설에서 측정하여 거기에 맞추어 플렉스를 고르는 것이 지름길이고 정도이다. 그러나 그것이 싫다면 이 정도 기준만 하여도 오차 범위 내에서 무리 없는 선택을 할 수 있겠다. 여기서 말하는 S, R, A는 미국 스펙 기준이다. 우리나라에는 일본 클럽을 좋아하는 사람이 많다 보니 일본 스펙이 미국 플렉스와 약간 달라서 혼란을 겪는 경우들이 있다. 일본 스펙 SR (StiffRegular)은 미국 R에 가깝고 일본 R은 미국 A에 가깝고 일본 S는 미국 S와 R의 중간 정도다.

스윙 스피드		드라이버 거리		플렉스
m/s	mph	미터	야드	
~ 34	~ 75	~ 158	~ 173	Lady
~ 38	~ 85	~ 178	~ 195	Amateur
~ 43	~ 95	~ 200	~ 219	Regular

스윙 스피드와 드라이브 거리에 맞춘 권장 플렉스

둘째는 샤프트 길이다. 이 결정은 내 다리 길이로 한다. 물론 키라고 볼 수도 있으나 상하체(上下體)에 불균형이 있기도 하므로 다리 길이가 더 정확하다. 다리가 길수록 긴 클럽, 짧을수록 짧은 클럽(다리가 짧은 남자는 미국 스펙 여성용도 좋다). 이것도 내가 평소에 공을 함께치는 분들의 평균을 이용하면 좋겠다. 클럽을 집어서 셋업을 해 보면, 스스로 길이가 맞는 지를 알 수가 있겠다. 그래도 클럽 길이가 적합한 지 알기가 애매하다면, 주위 사람들에게 셋업 상태를 보여주며 의견을 구하는 것도 것도 좋은 방법이다.

위의 방법은 보통 그렇다는 뜻이다. 샤프트 길이라는 것은 임의의 것이다. 바지 길이와는 다를 수 있다. 바지야 다리 길이에 맞추면 되지만 클럽 길이는 내 취향일 수밖에 없다. 긴 클럽이 좋아서 길게 쓸 수도 있고 짧은 클럽을 편하게 즐길 수도 있다. 클럽은 길이가 길수록 원심력이 크게 작용하여 멀리 날아간다. 그러나, 샤프트가 길어질수록 방향은 부정확해지며 스윙 탄도의 일관성도 떨어진다. 그래서 샤프트 길이를 결정하는 것은 방향성 아니, 정확성과 비거리를 맞교환(tradeoff)하는 것이라고 말하기도 한다. 즉, 짧은 클럽을 쓰면 일관성 있고 정확하게 날아가되 거리는 약간, 그것도 아주 약간 짧게 되고 긴 클럽을 쓰면 멀리 날아가는 듯 하지만 제대로 맞을 확률은 많이 떨어진다. 어떤 것 위주로 고를 것인가? 여기서도 성격이 드러난다. 지적 수준일지도 모르겠다. 거리(distance)일까? 정확도(accuracy)일까? 잘 골라 봐야겠다. 나는 짧은 클럽이 좋다. 나는 긴 클럽이 좋다. 나는 누구인가?

셋째는 그립 굵기다. 그립 굵기는 사소한 것 같으면서도 몹시 중요한 것인데, 손이 평균보다 큰 사람, 긴 사람은 미국 스펙 standard 그립이 좋다. 보통 중간 1/3이라고 생각하면서 손에 힘이 좋다면 역시 standard size grip이 좋고 손아귀 힘이 약한 보통 크기 손이나, 손이 작은 쪽 1/3에 해당한다면 미국 스펙 여성용 그립이나 일본 클럽의 보통 그립이 적당하다. 키가 180이 넘고 유난히 손이 크다면 미국 스펙 midsize 그립을 써볼 수도 있겠다. 그립 크기가 공의 방향에 영향을 주므로 잘 결정해야 한다. 그립이 내 손 보다 작으면 공은 왼쪽으로 가는 경향이 있고, strong grip 효과가 있어서, 그립이 내 손보다 크면 힘이 달려서 공은 오른쪽으로 가는 경향이 있다.

위 세 가지가 자신에게 맞는다면, 그렇게 고른 클럽이라면 크게 무리가 없는 좋은 클럽이 될 듯하다. 물론 fitting에서 강조하는 lie angle, head design, head progression, 헤드 재질 등등 더 고려할 것은 무한정 많기는 하다.

넷째는 브랜드, 디자인, 색깔, 돈이 있겠다. 누구나 선호하는 회사가 있고 지불할 수 있는 경제력, 디자인 등 각자의 호오(好惡)가 있다. 이것도 가벼운 것은 아니고 마음이 끌리는 정도에 따라서 선호도가 크게 다를 것이고 그것은 의외로 크게, 마음은 물론 골프 플레이에도 영향을 미친다. 미국 회사는 Callaway, Titleist, Ping, Taylormade, PXG, Cobra 등이 있고 일본 회사는 마루망, 혼마, 젝시오, 야마하, 브릿지스톤, 미즈노 그밖에 무수히 많은 개성있는 소규모 골프 클럽 회사가 있다. 잘 치는 사람은 Titleist나 미즈노를 좋아할 것이고 많은 이는 보편적으로 Callaway나 Taylormade를 고를 것이며 스윙 스피드가 느리고 경제적 여유가 있다면 마루망이나 혼마가 끌릴 것이다.

"골프 클럽 고르기가 마누라 고르기 보다 힘들다"

11 Same (single, one) length irons(같은 길이 아이언)

　골프를 즐기기 시작하다가 어느 순간에, 왜 이리 골프 잘 치기는 어렵고 지식이 많이 필요하며 배울 것도 많고 장비는 또 왜 이렇게 많냐? 하는 생각이 떠올랐던 적이 있다. 지금도 의문이다. 왜 백돌이에게까지 열네 자루를 강요하는지? 누구는, 다른 스포츠와 달리 골프는 문무(文武)를 겸비해야 되는 스포츠라고도 했다. 테니스도 라켓 하나, 탁구도 배드민턴도 라켓 하나, 야구도 배트 하나만 잘 다루면 되는데. 그런데 골프에서는 이렇게 길이도 다르고 무게도 다르고 생긴 것도 다른 클럽을 한꺼번에 열넉 자루나 비싸게 사서 낑낑 짊어지고 가서 번갈아 꺼내 쓰면서, 이 모두를 잘 구사한다는 게 가능한 일인가, 하는 생각을 오래 전부터 지금까지도 주욱 하고 있다.

　여러 해 전에, 길이랑 무게를 같게 하고 로프트만 바꾸면 거리 조절이 가능할 텐데 하면서 갖고 있던 Adams IDEA super S 아이언을 내가 편안하게 치는 8번 아이언 길이로 샤프트를 통일시켜 잘랐던 적이 있다. 이어서, 함수관계는 약간 다르지만, 드라이버와 우드도 2~3인치씩 샤프트를 짧게 잘랐다. 그 결과는 대성공. 지금도 만족한다. 다만, 처음부터 8번 길이에 맞춰 나온 클럽이 아닌 채로 길이만 줄이다 보니 라이 앵글은 그대로여서 7, 9번은 훼이스 앵글에 차이가 거의 없어 문제없으나 5, 6번은 미세하게나마 힐이 들리고 토우가 열리게 되었다(slice face). 이 이치를 알고 썼더니 별 문제는 없다. 더구나 5번 아이언은 거의 갖고 다니지도 쓰지도 않는다. 길이가 짧아져서, 마음이 편해져서 그런지 이전에는 별로 쓰지 않고 맞지도 않던 6번 아이언도 이제는 편안하게 즐기게 되었다. 6번 아이언의 정타가 늘어서 그런지 샤프트가 짧아져 생기는 단점인 거리 부진은 좀처럼 느껴지지 않는다.

What for same length?
For easier and more effective play
"One length iron clubs"

사실 이 아이디어가 나온 지는 오래되었다. 수많은 물리학자 공학자 엔지니어가 활약하는 골프 클럽 분야에 클럽 길이의 불일치에 관심을 보인 선지자가 없을 리 만무하다. 목적은 무엇인가? 같은 셋업, 같은 분위기, 같은 스윙 그래서 일관성, 이런 단어가 답이 될 듯하다. 결과는 만족스러운, 더 즐거운 게임이 될 것이다. 이런 파격적인 아이디어에 거부감을 느끼고, "골프 클럽, 있는 그대로 치자"고 주장하는 분이 계실 수도 있겠다. 이도 좋고 저도 좋다. 딱히 규정은 없는 것이므로 편한 대로, 즐기고 싶은 대로 각자 선택하여 치면 될 것 같다.

브라이슨 디쉠보(Bryson DeChambeau)라는 Texas 출신 실용주의 물리학도가 이런 클럽을 쓸 때만 하여도 그저 그가 괴짜려니 하고들 생각하였다. 그렇다. 물리학은 당연히 실용주의 학문이다. 그의 single plane swing과 side saddle putting도 멋진 아이디어다. 그러한 그가 이처럼 길이가 같은 아이언 클럽으로 PGA투어에서 우승을 하고 또 우승을 하니 점차 사람들의 관심이 높아지기 시작하였다. 실제 이런 클럽을 만들어서 파는 골프 회사도 생겨났다. 우리나라는 아직도 성리학의 영향권이어서 그런지 이런 클럽을 쓰는 사람은 눈에 띄지 않는다. 이수광 유형원 박지원 이어서 그 맥락으로 이어지는 김옥균 박영효 같은 실학파, 실용주의자가 좋다. 디쉠보의 아이언 클럽은 한 가지, 로프트 각도만 고유하고 나머지 물성은 모두 같다.

결론은 간단하다. 거리의 차이는 로프트로 결정한다. 이 아이언 셋은 길이가 같고 헤드 무게가 같고 라이 앵글도 같고 바운스 앵글마저 같다. 거리 차이를 위한 로프트만 다르다. 당연히, 셋업이 일관되니 샷 자체가 일관되고, 마음도 덩달아서 안정이 되며 롱 아이언일지라도 7~8번 친다는 마음으로 편안하게 스윙하여 멀리 보낼 수 있다. 그렇게 되면, 클럽 각각을 쓰는 재미가 늘고 세컨드 샷이 기다려진다. 실제 그랬다. 디쉠보가 말하기를, "The point is, to create a swing that's consistent from club to club, that doesn't have a lot of moving parts to mess up(클럽 모두가 일관되게 스윙을 할 수 있어서, 망칠 일이 적다)." 이쯤 되면, 최고의 아이언인 것이다.

2015년 디쉠보는 NCAA Championship 과 U.S. Amateur Championship 두 곳에서 우승하였고 2016년에는 Web.com Tour's DAP Championship에서 프로로 우승하였다. 그리고 2017년 John Deere Classic에서 same length iron으로 우승하였다. 2019년 현재까지 PGA tour에서 다섯 번, European tour에서 한 번 우승하였다.

구체적으로 다시 비교해보자. 일반 아이언(variable length iron)은 same length iron과 어떻게 다른가?

짧은 9번 아이언에서 긴 3번 아이언으로 갈수록,

1. 점점, 공에서 멀어진다.
2. 점점, 공을 왼쪽에 둔다
3. 점점, 라이 앵글이 작아진다. 셋업에 허리 각도가 변한다.
4. 점점, 클럽이 가벼워진다
5. 점점, 헤드가 작고 헤드 높이가 낮아진다.
6. 점점, 스윙 속도가 빨라져야 한다.
7. 점점, 마음이 복잡해진다.
8. 점점, 잘 맞을 확률이 떨어진다.

평소에 직장 생활로 해야 할 일이 태산이고 돌보아야 할 집안 일도 많은 우리 아마추어에게 이 상쾌한 주말에 이런 복잡 다양한 아이언으로 머리마저 혼란스럽게 하는 것은 즐기는 골프가 아닌 번뇌의 골프일 수도 있겠다. 특히, 롱 아이언을 잡으면 마음이 산만해지는 것을 많이 느꼈다.

Will you join the "single"?

메이저 회사로는 Cobra 사(社)가 이 클럽을 만들고 있고 일본의 여러 작은, 장인 회사들은 이런 주문을 받아주기도 한다. 아니면, 지금 클럽을 휘팅 샵에 갖고 가서 "길이를 통일해서 잘라주세요"라고 간단히 말할 수도 있겠다.

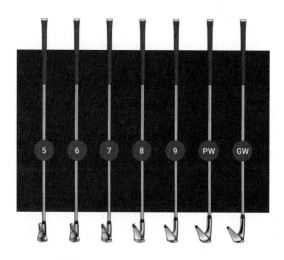

Cobra 사(社)의 same length iron set
길이, 무게, 라이 앵글, 바운스 앵글이 같고 로프트만 각각 고유하다.

"same length iron; 마음이 편안하다"

12 골프공(球, ball)

USGA 규정에 따르면, 골프 공은 46 g 이하이고 지름은 43 mm 이상이어야 한다. 스포츠용 공 가운데에 탁구공 빼고는 아마 제일 작고 가벼울 듯하다. 드라이버 티샷을 하였을 때에는 커버가 단단하여 멀리 날아가고 가까운 거리에서는 커버가 부드러워서 백스핀을 많이 먹고 그린 위에 바로 섰으면 하는 것이 공에 대한 우리의 일반적 바램이다. 골프 공 회사들은 이런 우리의 바램을 이루어주려 앞다투어 노력하고 있고 실제로 많이 실현하였다. 투 피스 공은 싸다. Core 한 물질에다가 커버만 씌우면 되므로 재료비도 적게 들고 공정도 쉬워서 값이 싸다. 2 piece 공은 멀리 간다고들 말한다. 2 piece이지만 커버가 단단할 때 대체로 그렇다. 박스에는 보통 'Two piece'라고 써 있기도 하고 보기 좋게 'distance'라고 써 있는 경우가 많다. 3 piece, 4 piece, 5 piece 공은 비싸다. 여러 종류의 성질 다른 재료를 사용하고 공정이 여러 차례 복잡 섬세하며 많은 기술이 필요하므로 비싸다.

공의 Core는 날아가는 힘의 원천, 엔진이 된다. 커버는 클럽 훼이스와 직접 접촉하며 에너지의 응축 그리고 백스핀을 일으킨다. 중간의 mantle, casing layer 등은 또 다른 각자의 역할이 있을 것이다. 제조 과정은 core, mantle, casing layer, cover 등 다양한 특성의 물질로 순차적으로 층을 만들어서 제작

한다. 골프 공의 단면을 보면 마치 지구 속을 들여다 보는 것 같다. 층별 이름도 지구 속과 꼭 닮았다. 우리가 궁금한 것은 골프공의 이 피스 차이가 나랑 무슨 관계가 있는 것이며, 내게 좋은 것은 어떤 것인가 하는 것이다. 우리 같은 아마추어, 보통 90~100 돌이에게 two piece냐 4 piece냐 하는 차이가 파나 더블 보기하는 데에 얼마나 영향을 미칠까? 있다면 어떻게 영향을 미칠까? 돈이 비싸도 4 piece 공을 사야 하는지 아니면 2 piece여도 관계가 없는지 하는 궁금증이 생긴다. 일견 보아서, 멀리 가는 것도 스핀이 많이 먹는 것도, 실력이 애매한 나로서는, 차이가 그다지 크지 않을 것 같기도 하다. Piece 수 보다는 똑바로 공을 잘 치는 것이 훨씬 중요한 것처럼 느껴진다.

Bridgestone 사(社)의 2 piece 골프 공
커다란 코어와 커버의 2층 구조로 만들어졌다. 2 piece 공은 구조가 간단하여 만들기 쉽고 값도 싼 편이다.

Titleist 사(社)의 4 piece 골프 공 Pro V1x의 입체 단면
high velocity dual core, ionomeric case layer, 그리고 urethane elastomer cover로 이루어졌다.
제작 과정이 복잡 섬세하고 비싸다.

Titleist 사(社)는 4 피스 공, Pro V1x를 'ZG process dual core 덕에 속도가 빠르고(그래서 멀리 가고), urethane elastomer cover 덕에 'drop-and-stop greenside control'마저도 훌륭하다고(backspin이 좋다)' 홍보한다. 대단한 기술력이다. 멀리도 가고 백스핀도 좋은 공. 골프 공의 꿈을 실현했다. 누가 이런 공을 마다하랴. 그래서 그런지 타이틀리스트의 pro V1과 pro V1x는 투어 선수들이 제일 많이 쓰는 것으로 알려져 있다. 비싸다. 이 공 새 것을 꺼내서 자랑차게 티샷을 하였는데 연속 OB가 된 경험이 떠오른다. 가슴이 아프다.

프로 선수들이 여러 가지 이유로 골프 클럽을 바꾸지만, 그 중의 제일 큰 이유는 투어 성적이 아닐까 싶다. 골프 공도 마찬가지일 것 같다. 오랜 동안 Tiger Woods가 나이키 공을 홍보하며 열심히 잘 써서 기록적으로 많은 우승을 하더니 어느 날부터는 브릿지스톤 골프 공을 홍보한다. Bubba Watson이 Titleist 공으로 훌륭한 솜씨를 보이다가 어느 날부터 갑자기 국산 Volvik 공을 홍보한다. 그 이후 눈에 띄지 않다가 성적이 좋아지면서 중계 카메라에 다시 잡히기 시작한다. 텔레비전에는 다시 Titleist 골프 공이 보인다. Bubba의 성적 변화는 골프 공 종류와 관계가 있는 것일까?

골프 공에는 딤플(dimple)이 있다. 적게는 280개에서 많게는 540여 개까지 골프 공 표면에 곰보가 있다. 둥근 모양에서부터 셀 수 없는 다각형까지 여러 모양, 여러 크기, 여러 깊이, 여러 개의 딤플이 있다. 딤플은 공에 있어 비행기 날개 역할을 한다고 한다. 골프 공이 날아갈 때, 날아가려는 반대, 뒤쪽 방향으로 공기 저항이 발생하는데 딤플은 이 공기 흐름을 바꿔서 저항을 줄여주고, 그렇게 해서 공은 더 멀리 갈 수 있게 된다. 딤플이 없는 공은 진행 방향의 공 표면에 공기 라미나 층(laminar layer)이 생기고 이 라미나 층은 공의 진행을 방해한다. 딤플이 있다면 공 진행 방향의 공 표면에 소용돌이 층(turbulent layer)이 만들어져 공의 전진을 방해하는 요소를 줄인다. 이렇게 하여 딤플이 있는 공이 없는 공보다 멀리 날아가게 된다.

딤플이 없는 공이 백스핀을 먹으면 공의 위쪽에는 스핀에 따라 공기 속력이 더해지고 그에 따라 공기의 압력은 줄게 된다(베르누이 정리). 공의 아래쪽은 반대 효과로 공기 속력이 떨어지고 공기 압력이 늘게 된다. 백스핀으로 공의 위는 속력이 빨라지고 아래는 속력이 줄어서 공은 위로 솟아오르는 양력(揚力)을 얻게 된다. 그래서 공이 위로 뜬다. 훅이나 슬라이스가 나는 사이드스핀도 같은 원리다. 공을 칠 때 사이드스핀이 걸리면 좌나 우의 측면으로 힘을 받는다. 그 결과 왼쪽으로 돌게 치면 훅이 나고 오른쪽으로 돌게 치면 슬라이스가 난다. 백스핀의 양력과 같은 이치다. 백스핀은 공을 뜨게 해주고 딤플은 공기 저항을 줄여준다. 이 두 가지 힘의 조화로 딤플이 있는 골프 공은 높이 뜨고 멀리 가게 된다. 그리고 이런 딤플의 크기, 모양, 깊이, 개수에 따라 공이 멀리 가는 차이는 다를 수 있다. 다양한 딤플 디자인은 각 골프 공 회사의 기술이 되고 특허가 되고 자랑이 된다.

골프 공 디자인이 이렇고 유체역학이 어떻고 하는 것은 우리에게 너무 어려운 물리학이다. 이렇게 어려운 골프 공 역학 지식은 골프 공 제작 전문가들에게나 맡겨야겠다. 지금 시대는 two piece 공이 멀리 감은 물론이고 백스핀도 잘 먹는다 하고, 4 piece 공도 백스핀 효과만 좋은 게 아니라 멀리도 간다고 한다. 골프 공 물리학에 대한 관심보다는 똑바로 잘 치는 스윙에 마음을 더 두어야겠다. 그래도 공은 깨끗한 공을 쓰고자 한다. 그린에서 비틀비틀 굴러갈 만큼 상한 공은 쓰지 않아야겠다. 스윙을 똑바로 해서 멀리 보내고, 백스핀을 정확히 주지 못한다면 공 piece의 수는 나에게는 공허한 이야기일 수도 있겠다. 어찌 보면 골프 장비 중에서는 비록 값은 싸나 비용 대비 impact factor가 떨어지는 장비가 골프 공인 것 같다.

골프 공 경도(compression)

골프 공 코어가 얼마나 단단하게 만들어졌는가를 말하는 단위다. 임팩트 때 골프 공 지름이 0.1인치 찌그러지는데 드는 힘을 말한다. 70에서 110까지 숫자로 표시되며 70인 공은 70 kg의 힘이 필요하고 110인 공은 110 kg의 힘이 필요하다. 이 무게를 스윙 스피드라 이해하면 된다. 70일수록 물러서 잘 눌리고(soft, lower compression) 110일수록 단단하여 덜 눌린다(hard, higher compression). 70인 공이면 여성이나 노인의 스윙 스피드로(스윙 스피드 70mph), 110이면 프로나 상급자의 스윙 스피드에(110 mph) 같은 정도로 눌린다. 골프 공은 일반적으로 임팩트 때 많이 눌릴수록 그 힘을 복원하며(spring effect off the club) 멀리 날아간다. 따라서 여성은 70~80인 공을 쓰면 멀리 가고, 우리 같은 남성 아마추어는 90 안팎의 공을 쓰면 멀리 간다. 다만, 개인을 기준으로 공이 많이 찌그러질수록 사이드 스핀이 많이 걸리고, 덜 눌릴수록 사이드 스핀이 적어 훅이나 슬라이스가 적어진다. 거리냐(lower compression), 컨트롤이냐(higher compression) 사이에서 고민할 부분이다.

골프 공 박스에는 보통 스윙 스피드에 따른 이런 숫자가 써 있고 공 자체에는 숫자의 색깔로 표시되어 있다. 경도 100은 검은색, 90은 빨간색, 80은 파란색, 70은 초록색이다. 많은 골프 공 회사가 이처럼 경도를 중요하다고 강조하는데 Titleist 처럼 예외적으로 경도 보다는 궤도, 백스핀, 정확도 등의 복합적인 요소에 의미를 두는 곳도 있다. Callaway와 Bridgestone 등은 소프트(soft)한 공의 장점을 많이 강조하는 듯하다. 나는 무슨 공을 쓸 것인가? 되도록 새 공을 쓰겠다. 2 piece나 3 piece 공이면 될 것 같다. 경도도 중간인 빨간색이 괜찮고 더 부드러운 파란색과 초록색이면 더욱 좋겠다. 스윙을 똑 바로 해야겠다. 스윗 스팟에 맞추어야겠다.

어느 분야나 그렇지만, 골프 공 발전사(史)에도 역시 훌륭한 주인공이 있었다. 지금도 #1 ball in golf 라고 자랑스럽게 홍보하는 Titleist 사(社). 그들의 역사에는 방사선과가, X-ray가 있었다. 1930년 어느 일요일, 고무회사 사장이자 골프광인 Phil Young은 친구인, 종합병원 방사선과 과장과 골프를 치고 있었다. 정확하고도 자신있게 친 그의 퍼팅이 홀을 놓쳤다. 그는 공에 문제가 있다고 의심하고 친구의 병원에서 공을 X-ray촬영한 뒤 코어가 중심에 있지 않다는 것을 알아내었다. 그 공 하나뿐이 아니라 대부분의 공이 그렇다는 것도 알게 되었다. 거기서 Young은 좋은 공을 만들겠다고 마음을 먹는다. 그는 MIT 동기이자 골프광이자 고무전문가인 친구 Fred Bommer를 설득하여 Acushnet Golf 팀 보스로 삼고 최고 품질, 최고 퍼포먼스의 공을 만드는데 매진한다.

공 하나하나가 모두 일관되고 똑같은 품질인 골프 공을 목표로 하였다. 3년이란 인고(忍苦)의 세월이 흐른 뒤 드디어 그들은 골프 전문가 누구나가 원하던 공을 만들어낸다. 그것이 Titleist 골프 공. 지금도 그들은 그때의 know-how인 X-ray 검사를 하며 골프 공의 품질을 유지하고 있단다. 또 하나, 언제 보아도 멋진 logo 글씨 Titleist는 1935년 처음 공을 출하할 당시 회사 비서였던 Helen Robinson의 필기체 글씨였다고. 그녀의 아름다운 글씨는 지금도 우리에게 기쁨을 주고 에임의 기준이 되고 있다.

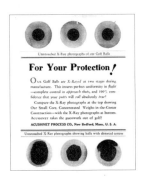

초기 타이틀리스트 골프 공 광고
X-ray 촬영사진에
코어가 가운데에 있는 Titleist 공과(위)
그렇지 못한 일반 골프 공(아래)
titleist.com에 적힌 역사에서.

Titleist logo
1935년 Helen Robinson의 글씨다.
titleist.com에서.

"아마추어에게는 잘 눌리는 공이 좋은 공이다"

13 골프 장갑(掌匣, glove)

골프 장갑은 내 몸과 골프 클럽을 이어주는 다리다. 그립을 거머쥐는 데에는 장갑이 필요하다. 아마, 크게 두 가지 이유로 우리는 글러브를 끼는 듯 하다. 하나는 내 손바닥 피부를 보호해 준다. 장갑을 오래 쓰다 보면 특히, 새끼 손가락쪽 손바닥(hypothenar)이 많이 닳아있는 것을 본다. 내가 장갑을 끼지 않았다면 손바닥과 손가락 많은 부분이 그립과 부딪히면서 생긴 물집으로 고생을 할 것이다. 그렇다. 손바닥 피부를 보호해주는 기능이 있다. 두 번째는, 골프 클럽의 그립을 단단히 붙잡아주는 장갑 본연의 기능이 있다. 맨손으로 잡으면 미끄러질 수도 있는 그립을 마찰이 생기게 하여 꼬옥 붙잡아준다. 그리하여 내 몸의, 내 손의 에너지를 클럽에 온전히 전해줄 수가 있다. 또 하나 기능이 더 있다면, 손 피부 특히 손등을 햇볕, 자외선으로부터 보호해주기도 한다. 두 손 장갑을 끼는 여성들은 두 손등 모두가 햇볕으로부터 보호를 받기도 한다. 얼굴 피부가 상할까 염려하여 요상하게 생긴 커다란 모자를 쓰기도 하는데, 이 정도 양 손 장갑은 손등 피부 보호용으로 당연할 것 같기도 하다.

재료는 대체로 양(羊) 가죽(cabretta)으로 만드는 100% 자연 가죽 장갑이 있고 합성 피혁(合成皮革)으로 모두 만드는 합피 장갑, 그리고 마찰이 많이 생기는, 그립을 잘 잡아줘야 하는 손바닥만 가죽으로 만들고 나머지 손등은 합피로 만든 장갑도 있다. 가죽 장갑이 비싸고 그립감도 좋다. 비를 맞거나 땀이 많이 나면 라운드 후에 가볍게 바람에 말려줘야 수명을 오래 유지할 수 있다. 이 장갑의 손바닥 부분을 잘 보면, 내가 어디에 힘을 많이 주는지 알 수도 있고 그립을 잘 잡도록 feedback을 받을 수도 있다.

남자는 보통 왼손 장갑만 낀다. 그리고 왼손 장갑만 판다. 여자용은 우리나라에서 보통 좌우 한 셋, 켤레로 팔고 낀다. 남자가 보통 왼손만 끼는 이유는 왼손 그립에 충실하라는 얘기이고 오른손은 힘을 빼서 그립 잡는데 보조 역할을 하라는 뜻 같다. 여성은 한 손으로는 힘이 딸릴 터이니 두 손으로 힘있게 잡으라는 뜻으로 보인다. LPGA 여자선수들은 왼손 장갑 하나만 끼고 스윙을 한다. 왼손 악력이 충분하다는 뜻이겠다. 여성 장갑은 예전에는 모양이 단순했으나 요새는 화려하다. 악력은 물론이고 자외선으로부터 보호도 해주며 미적 감각까지 더해주는 분위기다. 여성 장갑이 이뻐지고 있다.

Fred Couples 같은 이는 장갑을 아예 끼지 않는다. 그립에 대한 촉감은, 장갑이 없으니만 못하다고 느끼는 것이다. 손바닥 피부는 이미 단단해서 물집생길 일이 없고 악력은 손만으로도 충분하다는 의미인 듯하다. 많은 사람이 그린에 오르자마자 장갑을 벗는 것을 보면, 퍼터 그립을 잡을 때에는 맨손으로 감을 느껴야 한다고 생각하는 것 같다. 가끔 어떤 이는 장갑을 벗지 않고 낀 채 퍼팅을 하기도 한다. 이미 드라이버, 아이언 등의 그립에 장갑이 익숙해서 그린에서 장갑을 벗으면 오히려 퍼터 그립 촉감이 어색할 수도 있겠다. 미국에는 arthritis glove라는 것이 있다. 관절염 환자용이라는 뜻이고 양손 장갑이다. 아무래도 골프는 손관절을 비롯한 많은 마디에 충격을 줄 수밖에 없다. 관절마디를 아끼고 싶고 덜 아프고 싶다면 가죽으로 된 장갑을, 그것도 양손 장갑을 끼는 것이 좋겠다.

골프 장갑도 손에 맞는 사이즈를 끼는 게 좋겠다. 어떤 사람은, 신발도 그렇지만, 딱 맞는 것을 좋아할 수도 있고 약간 헐렁하거나 아니면 조금 끼는 것을 선호할 수도 있겠다. 가죽 장갑도 그렇고 합피도 그렇지만 처음에는 약간 끼는 느낌이 있는 것이 좋겠다. 자꾸 끼면서 시간이 지나면 장갑 가죽이 늘어나기 때문이다. 우리나라 사람 중에는 손가락이 짧은 사람이 많은데 이런 경우에는 cadet이라고 써 있는 장갑이 손가락 길이가 짧아서 좋다. 비 오는 날에는 골프를 하지 않는 것이 제일 좋겠으나 굳이 한다면 rain용 양손 장갑을 낄 수도 있다. 여유가 되면 장갑 여러 장을 바꿔 끼는 것도 방법이고, 또 우리가 흔히 작업용으로 쓰는 면(綿)장갑을 몇 켤레 갖고 다니다가 번갈아 쓰는 것도 좋은 방법이다. 골프 장비 중에서 가성비가 좋고 impact factor(논문 인용지수)가 높은 것, 투자 대비 효과가 제일 큰 것이 장갑이 아닌가 싶다. 값은 일이 만원이지만 헌 장갑을 벗고 새 장갑을 꼈을 때의 그 새하얀 깨끗함, 뽀드득한 촉감, 쫄깃쫄깃한 그립감(感)에 기분이 좋아진다. 클럽이 짝짝 붙는 듯하다. 양(羊)가죽 장갑은 대체로 made in Indonesia이다. Indonesia 사람들이 섬세하여 양 가죽 장갑을 잘 만드는 걸까? 인도네시아 羊 가죽이 품질이 좋은 것일까?

"선블록이나 꾸준히 바르거라. 시간이 흐를수록 나이보다 젊어 보일거야"— 아들아, 삶에 지치고 힘들 때 이 글을 읽어라. _ 윤태진 저(著)

Top-Flite 사(社)의 골프 장갑
마찰이 많은 손바닥에 가죽을 덧대었고
손바닥은 양가죽이고 손등은 합성가죽이다.

Hello Kitty 여성용 장갑 한 켤레
여성용은 우리나라에서 켤레로 팔며
화려하고 예쁘다.

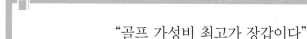

"골프 가성비 최고가 장갑이다"

14 골프장의 멋, 모자

골프장에 가면 여성들은 꽃으로 변신한다. 그것도 아주 아주 화려하고 젊은 꽃으로 환골탈태(換骨奪胎)한다. 첫 번째 눈에 띄는 것은 옷이다. Golfware라 부르는. 우리가 상상할 수 있는 모든 화려한 색깔, 문양의 옷으로 단장을 한다. 빨강, 노랑, 파랑, 하양 그리고 검정에 이르기까지. 단색에서 단순 문양에서 화려한 꽃 무늬까지. 평소에 입지도 않고 입기도 어려운 짧은 치마로, 비록 늘씬하지는 않지만 다리를 드러내고 뽐내기도 한다. 골프 백은 어떤가? 골프 헤드 커버는 또 어떤가? 그러지 않아도 요새 여성용 골프 드라이버 헤드나 샤프트도 화려하게 단장을 하고 있다. 사실, 여성은 골프장 여기에 존재한다는 자체, 그 목소리, 그 분위기만 해도 멋이고 단장이라 할 수 있겠다. 여성은 이렇게 골프장에서 자신을 드러낸다.

한 편 남성은 무엇으로 골프장에서 자신의 개성과 존재를 드러낼 수 있을까? Tiger Woods 같은 멋진 골프 스윙으로, 영화배우 George Clooney 같은 뇌쇄(惱殺)적인 미소로, 아니면 정동하의 애간장 녹이는 목소리로? 보통 아마추어 남성은 거의 유일하게 골프 모자 하나 정도로 자신을 표현하지 않겠나 싶다. 어떤 이는 멋진 팔뚝 시계로 자신을 드러낼 수도 있고 Ian Poulter 같은 이는 바지가 멋지기도 하다. 허나 우리 아마추어 남자는 대체로, 스윙은 McIlroy

처럼 멋지게 할 수도 없고, 영화배우 장동건 같은 죽이는 미소가 가능하지도 않고, 바리톤 김동규의 '시월의 어느 멋진 날에' 같은 목소리도 안 되고, 옷은 아무리 비싼 것 입어 봐야 티도 별로 안 나고.

골프 모자는 어떤가? 모자 하나로도 멋지게 나를 드러낼 수 있다고 생각한다. 그리고서, 천천히 사방을 둘러보았더니 멋진 골프 모자가 아니라 흔한 야구 모자(cap)만 보인다. 타이거 우즈도 로리 맥일로이도 조던 스피트도 김시우도. 아니 박인비도 전인지도 리디아 코도 박성현도 이정은도 그리고 고진영도 그렇다. 남자뿐 아니라 여성도 거의 야구 모자 일색이다. 아뿔싸, 우째 이런 일이. 몰개성(沒個性)의 하이라이트다. 개성이 느껴지지 않는다. 골프는 야구에서 파생된 운동인가? 어찌하여 천편일률(千篇一律)로 모두 LA DODGERS 선수처럼, 류현진 투수처럼 야구 모자 일색인지. 아쉬울 뿐이다.

생각해 보면 야구 모자가 야구뿐 아니라 골프에서도 운동하기 편리하게 만들어져서 이렇게 각광을 받는 것도 같다. 등산할 때 써도 좋고 산책하기에도 안성맞춤인 모자다. 이런 디자인의 cap이 머리에 압박감도 적당하고 햇볕도 알맞게 가려주어서 쓰고 운동하기에 좋아서 너나 나나 할 것 없이 골프장에서 쓰는 것 같다. 이런 골프 모자가 요새와 같이 범세계적으로 남녀 구분 없이 쓰게 된 데에는 Tiger Woods의 영향이 큰 듯하다. 그가 너무 멋져서 그를 코스프레하지는 않았을까? 한 편, 특이한 것은 남자 선수, 여자 선수, 남자 아마추어 모두가 cap을 즐기는데 우리나라 아줌마들만은 이를 따르지 않고 자신의 개성을 확실히 드러낸다. 대체로 우리나라 아줌마 모자는 cap이 아니다. 개성이 있다. 구웃!

골프 선수에게서 캡 아닌 다른 모자를 쓴 사람을 찾아 보자. Bubba Watson, Ian Poulter, Bryson DeChambeau, Ben Hogan, Christina Kim, Vicky Hurst, Payne Stewart, Shingo Katayama, Greg Norman, Jesper Parnevik가 눈에 띈다. '야구 모자를 탈피한 선수가 겨우 이 정도 밖에 눈에 띄지 않는다'가 맞는 표현일 수도 있겠다. Cap은 눌러쓰면 바람에 날아가지도

않고 챙이 있어서 햇볕을 잘 가려주는 편이다. 실외에서 머리에 쓰고 운동하기에는 실용적이고도 실용적이다. Cap을 꼭 눌러서 오랫동안 쓰고 다니면 두피의 혈액 순환이 떨어진다는 이야기가 있다. 그래서 그런가? 젊은 프로 골퍼들 가운데 왜 그렇게 앞 대머리가 많은 걸까 의심해 본다. Tiger Woods, Jordan Spieth, Justin Thomas, Matt Kuchar, Zach Johnson 등.

Visor는 챙이 하는 역할로는 cap과 같다. 다만 뚜껑이 없어서 무게가 가볍고 머리 위가 시원하다. 주변을 꽉 누르지 않아서 머리 혈액 순환도 잘 될 것 같다. 머리 꼭지를 자외선으로부터 보호하지 못할 수는 있겠다. 물론 비도 가려주지 못한다. Ping 로고가 있는 이 바이저를 쓴 Bubba Watson은 매력적이다. 잘 어울린다. 더하여 핑크 색 드라이버까지. 자신을 잘 드러내는 Bubba. 또 다른 바이저 맨, Ian Poulter. 머리에는 바이저를 쓰고 바지는 거의 항상 체크 무늬를 입는다. 유니크한 훼션이다. 남성 골퍼에게 바지가 중요하다고 강조하는 듯 하더니 급기야 골프 바지 회사도 차리려나 보다. Phil Mickelson, Paula Creamer도 종종 바이저를 쓰는 데 그것은 보기에 좋다. 머리 숱이 적거나 대머리 집안이라면 우리 아마추어도 이 바이저를 써봄직 하다.

Payne Stewart가 비행기 사고로 사망하기 전에 그의 거의 마지막 골프 모습을 방송에서 본 것 같다. 완벽하게 고전적인 영국풍(風), 아니 미국풍이라 해야 되겠다. 복장과 모자로 어퍼컷 우승 세레모니를 하던 그의 모습이 스쳐간다. 화려한 색깔의 헌팅 캡, 짧은 바지 그리고 스타킹까지. 19세기 영국 신사를 보는 듯한 느낌이었다. 신사(紳士)라는 말이 어울리는 그였다. 그렇다. 이 헌팅 캡은 골프용으로도 멋지고 평소 복장으로도 멋지다. 아이러니하게도 실제 생활에서 보면 우리나라 남성들이 할아버지들께서 제일 많이 쓰고 다니는 모자가 이 헌팅 캡인 것 같다. 가을에 겨울에 지하철 안에서 주변을 바라 보면 많은 할아버지들께서 이 모자를 쓰고 계신다. 보기에도 좋지만, 실제 머리 온도를 안정되게 보호해 주는 효과가 크다. 건강을 위해서도 바람직한 모자다. Bryson DeChambeau, Vicky Hurst, Christina Kim, Ben Hogan이 멋지게 떠오른다. 이 모자는 역사가 길고 여러 직종에서 즐겼던 까닭에 Hunting cap,

Tiger Woods의 캡
현대 골프 모자의 전형이 되었다.

2017 PGA tour John Deere Classic에서 우승한 Bryson DeChambeau
Hunting cap이 잘 어울린다.

Bubba Watson과 Sun visor
그는 머리 숱이 많다. 대머리에 cap의 역할이 있는지 궁금하다.

나이키 사(社)의 Sun bucket hat
챙이 골고루 넓어서 햇볕으로부터 얼굴, 머리 그리고 목까지 가려 준다.

flat cap, driver's cap, ivy league cap, newspaper cap 등 부르는 이름이 다양하다. 혹자는 이 모자로 일제 시대 순사를 떠올리기도 하는 듯하다. Christina Kim은 이 모자를 앞뒤 바꿔서 쓴다. 그것도 매력이다.

카우보이 모자, 밀짚 모자 그리고 Sun bucket hat은 모두 챙이 넓고 한 바퀴 둘러쳐서서 머리와 얼굴 그리고 목까지도 넓게 가려주어 자외선으로부터 우리를 보호해 준다. 무거운 것이 단점인데 오히려 그 덕에 head up을 덜 하고 차분하게 스윙을 하게 해 줄 수도 있겠다. Sun bucket hat은 시니어 PGA 투어에서 여름과 가을에 많이 보이는데, 나이가 들면 좀 더 차분하게 그리고 천천히 골프를 즐기게 되는 것 같다.

"모자로 나를 드러내 볼까?" 남들 모두 쓰는 야구 모자, 그 앞 챙에 써 있는 골프 클럽 회사 이름, Titleist, Callaway, Srixon, Taylormade, PXG, Honma, PING. 지루하고 식상한 느낌이 들기도 한다. 모자를 통해 나를 드러내 보고 싶다. 골프 회사가 아니고 나를.

내 모자는 "나"를 드러낸다

15 What's in My Bag?

내 골프 백에는 어떤 클럽이 들어있나?

Golfdigest 잡지는 매 회 PGA, LPGA 선수들 가운데 한 사람씩을 골라서 그의 골프 백 속에 들어있는 클럽을 소개한다. 드라이버에서 우드, 유틸리티, 아이언, 웨지, 퍼터, 골프 공 심지어는 볼 마커까지 사진과 함께 설명하기도 한다. 예를 들어, Brooks Koepka 같은 선수는 드라이버를 소개하며, 'Titleist 915D, 9.5도, Mitsubishi Diamana 72 g, X플렉스, 45인치, D2 밸런스'. "spin이 적어서 바람이 불 때 컨트롤하기 좋다"는 Koepka의 자기 설명을 덧붙인다. Bryson DeChambeau 같은 선수는 자기 공을 소개하며, "Bridgestone B330-S, 십자가를 그리고 성경구절 페이지를 써놓았다. 십자가는 에임에 도움이 된다"고 소개한다. Brooke Henderson은 드라이버에, 'Ping G 9도, Ping TFC 419샤프트, S플렉스, 48인치, D8'. "스피드가 중요하다. 작년에 누구보다도 긴 48인치로 바꿨더니 비거리가 어마어마하게 늘었다."고 자랑한다.

선수들 특유의 비결이 곳곳에 숨어들어 있다. 잘 들어 보면, 나 같은 아마추어에게는 모두가 주옥(珠玉)같은 말씀으로 들린다. 이처럼 그들이 말하는 자신의 클럽, 그리고 그 클럽은 자신에게 어떤 도움이 되고 어떤 역할이 좋은지 알게 되면 우리 같은 후학에게는 실속 있는 가르침이 될 수도 있겠다. '이 드라이버는 어때서 좋고, 저 우드는 언제 쓰고, 그 아이언은 무엇이 특징이고, 퍼터는 요걸로 바꿨더니 무엇이 좋아지고, 공은 스핀이 어떻고,' 등등. 때로는 자신과 함께했던 클럽의 멋진 순간을 곁들이기도 한다. 그들 클럽 스펙을 이해하고, 그 선수가 즐기는 클럽을 이해하여 나도 골프가 늘면 좋겠다. 선악(善惡)이 개오사(皆吾師)다. 그들의 경험, know-how 즉, 선과 악이 모두 나의 스승이 된다.

What's in My Bag: 내 골프 백에는 이런 것이 들어 있고 잘 맞으면 비거리는 이렇다.

드라이버; XXIO X, 10.5도, SR, 45.75인치, 1도 closed face, 200 m.
5우드; Adams Tight Lies 18도, R, 별로 갖고 다니지도 쓰지도 않음, 180 m.
4유틸리티; 혼마 Be ZEAL 22도, SR, 5유틸리티와 번갈아 출전, 160 m.
5유틸리티; 혼마 Be ZEAL 25도, SR, 4유틸리티와 번갈아 출전, 150 m.
6아이언; 혼마 TW 717 28도, SR, 140m.
7아이언; 혼마 TW 717 32도, SR, 130m.
8아이언; 혼마 TW 717 36도, SR, 120m.
9아이언; 혼마 TW 717 40도, SR, 110m.
P아이언; 혼마 TW 717 44도, SR, 100m.
AW; PING 52도, 80 m.
SW; PING 56/12도, 50 m.
퍼터; PING anser JAS WTi, 2도, 35인치, green dot.

특징이라면, 드라이버는 몹시 가볍고 부드러운 것이고, 우드는 거의 없고 쓰지도 않는다는 것, 그리고 유틸리티는 하나만 들고 다니면서 먼 거리일 때 주로 쓰며 3번부터 5번까지 아이언은 존재하지 않는다. 아이언도 홀수나 짝수로 번갈아 골라서 반만 갖고 다닌다. 거리가 애매한 경우는 하나 긴 클럽으로 부드럽게 스윙한다. AW와 SW를 그린 주변에서 즐겨 사용한다. 스틸 샤프트는 웨지와 퍼터에만 있고 나머지는 모두 카본 샤프트로 가볍다. 퍼터는 35인치 긴 것으로 높이 세워서 쓴다.

선생님 골프 백에 들어 있는 클럽은 무엇입니까? 비거리는 얼마입니까? 클럽의 스펙과 특징은 무엇입니까? 각각의 용도를 알려 주시겠습니까? 덧붙여 타율은?

"What's in Your Bag?"

나의 애마(愛馬)이자 무기(武器)들 이름을 손으로 써 가면서 되새겨 보자.

클럽	브랜드	모델	로프트	길이	플렉스	비거리	특징
드라이버							
3우드							
5우드							
3아이언							
4아이언							
5아이언							
6아이언							
7아이언							
8아이언							
9아이언							
PW							
AW							
SW							
퍼터							

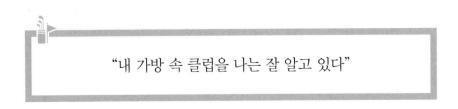

"내 가방 속 클럽을 나는 잘 알고 있다"

16 여성 골프 클럽 고르기

보통 여성 아마추어 골퍼는 어떤 사람들일까? 40, 50대가 대부분이고 종종 60대 여성이 있겠다. 골프장에서 보니 그렇더라. 40, 50대는 되어야 아이들에게 신경 쓸 일이 줄고 자신의 일에 마음을 둘 수 있고 경제적으로도 여유가 있겠다. 20대가 골프를 한다면, 프로 골프 선수이거나 다른 스포츠를 업(業)으로 하여 체력이 좋은 사람이겠다. 보통 20대는 학업에 바빠서 골프를 취미로 하기 쉽지 않을 것 같다. 경제적으로도 가능하지 않겠다. 30대 가운데에는 골프 관계로 일을 하는 사람이라면 할 수도 있겠다. 그러나 그리 눈에 띄는 것 같지는 않다. 아마 출산과 육아에 바쁘고 일터에서 일하느라 골프에 짬을 내기 어려울 것 같다. 직업은? 가정주부이거나, 직업이 있는 가정주부이거나, 직업이 있는 싱글이겠다. 체력은? 직업적으로 운동을 하거나 헬스나 필라테스를 열심히 한다면 좋을 수도 있겠다. 그렇지 않다면 특별히 뛰어나지는 않겠다. 주변에서 골프를 치는 여성을 떠올려 보니 그렇게 보인다. 우리나라 여성 아마추어 골퍼가 누구인가 정리해 본다면, 대체로 40, 50대이고 직업이 있거나 직업에 준하는 활동을 하거나 주부이거나. 체력은 그다지 뛰어나지 않거나 약하고 건강에는 관심이 있고 사회적 활동을 할 골프 동반자가 있으며 돈은 어느정도 지불할 수 있는 여성인 듯하다.

이들 아마추어 여성 골퍼의 골프 특성을 정리해 본다면,

비거리가 짧다고 고민한다. (사실 누구나 하는 고민이다.)

공이 뜨지 않는다고 고민한다. (제일 중요한 포인트다. 여자 공은 떠야 앞으로 간다.)

디봇을 파본 기억이 별로 없다고 말한다. (여성 스윙의 큰 특징이다. 공을 쓸어서 친다.)

똑바로 가지 않는다고 고민한다. (똑바로 에임하는 것을 훈련해야 한다.)

OB가 날만큼이나 멀리 날아갔으면 좋겠다고 말한다. (거리가 짧으므로 상대적으로 훼어웨이 시야각이 넓어져서 OB가 나기 어렵다.)

아이언에서 클럽과 클럽의 거리 변별력을 못 느낀다고 말한다. (아이언 거리가 짧으니 차이가 작고, 정타도 적으니 변별력이 없다.)

뒷땅과 탑볼이 많이 난다. (공을 정확히 맞추는 것이 쉽지 않은가 보다.)

퍼팅 거리를 못 맞춘다고 말한다. (섬세하게 거리를 나누어 퍼팅하기는 아마추어 누구라 할 것 없이 모두에게 어렵다. 연습도 모자란다.)

한편,

의외로, 어프로치가 괜찮은 사람이 많다. (배운 대로 한다.)

의외로, 벙커 탈출을 잘 하는 사람이 많다. (배운 대로 한다.)

스윙 폼이 예쁜 사람이 많다. (배운 대로 한다. 관절이 유연하다.)

우드 샷을 잘 하는 사람이 많다. (우드 샷은 유연성의 완결 판이다. 그리고 쓸어 친다. 여자 공은 대체로 훼어웨이 위에 앉아 있고 남은 거리도 많아서 우드를 쓸 기회도 많다.)

위와 같은 특성과 번뇌가 있는 중년 여성 아마추어가 갖춰야 할 클럽은 어떤 특징이 있어야 할까?

1. 드라이버 고르기

공을 띄우는 게 드라이버의 첫 번째 임무다. 띄우려면 무게 중심이 낮은 클럽이 좋겠다. 무게 중심이 낮으면 런칭 앵글이 높아진다. 헤드가 큰 것이 좋겠다. 지금은 물론 대부분 제일 큰 460 cc다. 헤드 부피가 클수록 관성 모멘트가 (M.O.I.) 좋아져서 정타가 아니어도 관용도가 높고 반발계수가(C.O.R.) 높으면 더 멀리 간다. 필요하다면 반발계수가 0.83보다 큰 비공인 드라이버를 쓸 수도 있겠다. 로프트가 높을수록 높이 뜬다. 12~15도 정도로 높은 것이 좋겠다. 높이 뜨니 멀리 간다. 달리 말하면, 속도가 느리니 런을 기대할 것이 별로 없다. 띄우는 것만이 멀리 보내는 길이다. 속도가 느려서 이 와중에 슬라이스까지 난다면 1~2도 헤드 훼이스를 닫은 헤드, closed face, Draw 버전 같은 것을 써도 좋겠다. 또는 헤드가 샤프트보다 오른쪽으로 가 있는 offset hosel로 된 것을 써도 슬라이스에 도움이 된다.

샤프트가 긴 것으로 원심력을 이용해서 멀리 보낼 것인가, 짧은 샤프트로 거리는 약간 덜 나가지만 정확히 가운데에 맞출 것인가, 이것이 문제로다. 샤프트가 길면 부정확하고 짧으면 정확하다. 답은 간단하다. 짧은 샤프트로 정확히 보낸다. 훼어웨이 벗어난 티 샷은 의미가 없다. Tiger Woods도 길이 짧은 드라이버를 즐겨 쓴다. 거리가 그리 줄지도 않는다. 45인치는 고사하고 키 작은 여성에게는 43인치도 길다. 43인치 이하, 아마도 40~43인치가 몸에도 마음에도 편하고 좋고 결과도 대체로 아름답다. Kick도 low kick(先調子)이 마지막 임팩트의 포인트를 더해주어 공이 더 뜨게 해준다. 플렉스는 일본 스펙 여성용 L (lady, woman)이 뜨기 좋다. 미국 스펙 여성용은 약간 강할 수 있다. 그립 크기는 자신의 손 크기와 편안함에 맞추면 되겠다. 다만, 그립은 클럽 모두에서 종류와 모양 크기가 통일되는 것이 좋겠다. 그립이 각각 다르면 그립감, 악력 정도가 달라지며 클럽마다 스윙에 변화가 올 수 있다.

2. 훼어웨이 우드, 유틸리티 고르기

3번, 5번, 7번 세 가지 클럽을 갖고 다니며 골고루 쓰는 것은 낭비이자 일관성을 나쁘게 한다. 무모한 일이다. 즐겨 쓰는 것 한 자루만 갖고 다니도록 한다. 3번보다 5번이, 5번보다 7번이 로프트가 높아서 일단 맞으면 잘 뜬다. 샤프트가 짧아서 공과 가까워져서 마음이 편해지고 정타 확률이 높아진다. 5번이나 7번 하나만 갖고 다니며 쓰도록 한다. 7번 우드 이름이 왜 heaven인지 음미해 본다. 훼이스의 키가 낮고 앞뒤로 긴 shallow face 구조가, 키가 큰 deep face 구조보다 관용도가 좋다. 혹시 슬라이스가 잘 난다면 드라이버에서 처럼 closed 헤드나 offset된 우드를 고른다.

우드가 치기 어렵다면 유틸리티 클럽을 쓴다. 우드와 거리 차이는 거의 없다. 우드를 고르는 기준과 같다. 3번보다 4번이, 4번보다 5번 유틸리티가 로프트가 높아 공이 뜨기 쉽다. 여자용은 6번도 쓸 만 하다. 슬라이스가 난다면 closed 헤드나 offset된 것을 고른다. 훼어웨이에서 우드와 유틸리티를 함께 구사하는 것은 불필요한 일이나 취향에 따른다. 우드를 좋아한다면 아주 좋다. Good! Enough! 번호가 클수록 샤프트 길이가 짧아져서 마음이 가벼워지고 3도씩 로프트가 높아져서 잘 뜬다. 우드든지 유틸리티든지 한 자루 좋아하는 클럽이 있다면 훼어웨이가 나의 앞마당 정원처럼 정겨운 곳이 될 수 있다. 훼어웨이를 내 집 앞마당처럼 즐기자.

3. 아이언 고르기

먼저 가짓수를 정한다. 3번부터 9번까지 모두 쓸 것인가? 3, 5, 7, 9 이렇게 홀수만으로 할 것인가? 아니면, 5번부터 9번까지로 할 것인가? 유틸리티가 있으니 7, 8, 9 이렇게 셋만 하면 충분할 것인가? 내 클럽의 거리 별 용처(用處)

를 분명히 해야 실용적으로 즐겁게 쓸 수 있다. 유틸리티를 잘 쓴다면, 보통 여성에게 아이언은 7~9 세 자루면 충분하다고 생각한다. 아니 7, 9 두 자루로도 충분할지도 모른다. 무게 중심이 낮은 헤드여야 공이 잘 뜬다. 바닥이 넓은 구조(wide sole)가 그래서 띄우기 쉽다. 샌드 웨지처럼 바운스가 있으면 쓸어 치는 스타일에 도움이 된다. 헤드는 약간 무거울수록 헤드 무게를 느끼면서 스윙하기가 좋다. 예쁜, 마음에 드는, 귀여운 아이언 세 자루만 갖고 다니자. 좋은 고급 아이언 클럽 한 셋트를 사서 친구랑 반반 나누어 가져도 좋겠다.

4. 웨지 고르기

자신이 즐겨 쓰는 어프로치 방법, 로프트 등에 따라서 클럽 가짓수를 고른다. PW(45도), AW(52도), SW(56도) 이렇게 세 자루를 쓸 것인가? 48도, 50도, 58도, 60도 네 자루 웨지를 쓸 것인가? 보통은 PW와 SW면 충분하다고 생각되나 필요에 따라 AW를 추가하도록 한다. SW는 그린 사이드 벙커에서 쓰지만 50 m 이내의 가까운 어프로치에서도 모두 훌륭하게 쓸 수 있다. 바닥이(sole) 넓을수록 fat shot이나 뒷땅이 덜 생긴다. 7i, 9i, AW, SW 조합도 좋고, 8i, PW, SW도 좋다. 클럽 가짓수가 적을수록 일관성이 좋아진다. 틀림없다!

5. 퍼터 고르기

퍼터는 길이부터 정해야 한다. 33인치가 좋을까? 30인치가 짧을 줄 알았는데 써 보니 너무 마음이 편할지도 모른다. 잘 모르겠으면 지금 쓰고 있는 퍼터를 조금씩 조금씩 내려 잡아보는 것도 좋다. 그러다 적절하다고 느껴지는 부분으로 결정한다. 샤프트를 잘라도 좋고 그저 일정하게 내려 잡아도 좋다. 블레이드는 섬세하다. 그리고 재미있다. 말렛, 요새는 오리지널 말렛은 거의 눈에 띄지도 않고 손바닥처럼 넓적한 모양이 주류다. 이런 퍼터 헤드는 무거워서 안정감이 있다. 무거운 헤드일수록, '불휘 기픈 남간 바라매 아니 뮐째'다. 흔들리지 않는다.

6. 공 고르기

부드러운 공, 무른 공을 고른다. piece 수에는 그다지 신경을 쓰지 않는다. 부드러운 공이 헤드에 압박(compression)을 많이 당한 뒤 더 당당하게 반발하며 멀리 나간다. 골프 공 박스에 스윙 스피드 느린 것에 표시가 있거나 공에 써 있는 숫자 색이 파랑이나 초록이 부드럽다. 검정과 빨강은 딱딱하고 속도 빠른 사람용이므로 관심 두지 않을 일이다. 검정은 남자 프로가, 빨강은 남자 아마추어가, 파랑은 시니어나 힘 좋은 여성이, 녹색은 보통 여성이 쓰면 적절하다. Black, Red, Blue, Green 순서로 공이 점점 물렁해진다. 비공인 공도 마음에 들면 쓴다. 비공인 공이 반발력이 좋으므로 좀 더 멀리 간다.

7. 헤드 커버 고르기

자신의 개성을 한껏 드러내 본다. 헤드 커버는 나의 특징 개성을 드러낼 수 있는 좋은 장비다. 귀여운 사랑스러운 나를 상징하는 동물이어도 좋고 캐릭터여도 좋고 색깔이어도 좋다. 토끼여도 좋고 호랑이여도 좋고 카카오프렌즈도 좋고 리라쿠마도 좋고 라바도 좋고 테디베어도 좋고 원피스도 좋다. 내 얼굴이어도 좋고 내가 좋아하는 선수 얼굴이어도 좋다. 가죽으로 만들어도 좋고 천으로 만들어도 좋고 뜨개질이어도 좋다. 흰색도 좋고 빨간색도 좋고 검은색도 좋다. 내가 살아있으면 다 좋다.

개성을 드러내는 데에 관심이 없더라도 커버는 있어야 한다. 드라이버, 우드, 유틸리티 그리고 퍼터는 헤드 크라운이 섬세하다. 조금만 부딪혀도 크라운에 헤드에 손상이 간다. 가슴이 아프다. 카트가 이동하는 중에 내 클럽끼리 부딪히고 동반자 클럽과 함께 부딪히며 서로 상처를 주고 받는다. 사랑하는 내 클럽에게 못할 짓이다. 헤드를 사랑해 주어야겠다.

8. 티 고르기

"Tee it high and let it fly". 적응만 잘 한다면, 잘 맞출 수만 있다면, 티가 높을수록 공의 탄도가 높아지고 탄도가 높아지면 비(飛)거리가 늘며 비거리가 늘면 샷 거리가 는다. 그러니 웬만하면 티는 2.25인치가 아니라 3.25인치를 쓰는 것이 좋겠다.

*보통 여성 아마추어 골퍼에게 맞는 골프 클럽을 알아보다 보니, 그들과 같은 또는 별반 다르지 않을 한 무더기 그룹이 머리에 떠오른다. 힘이 없는, 근력이 딸리는 중장년(中長年) 남성들. slow swing speed golfer라면 남성일지라도 이와 같은 여성용 클럽의 특성에 관심을 두면 골프를 더욱 즐길 수 있을 것 같다.

"나는 힘이 별로 없다. 그럼, 띄우는 클럽이 좋은 클럽이다"

17 비공인(非公認) 드라이버

비공인 드라이버라는 드라이버가 있다. 공인 즉, 골프대회에서 공식적으로 인정받지 못하는 드라이버다. 달리 해석해 보면, 헤드의 품질이 너무 좋아서, 남들 드라이버보다 더 멀리 공을 날리는 드라이버. 영어로는 non-conforming driver, 역시 규칙에 맞지 않아 인정받지 못한다는 뜻. USGA가 정한 한계 반발계수(C.O.R., Coefficient Of Restitution) 0.83을 넘는 헤드이기 때문이다. 인정받지 못하는 실체는 반발력에서 비롯된다. 그래서 다른 말로는 고반발(高反發), 반발력이 높은 드라이버라고도 부른다. 영어로 high C.O.R. Driver.

내가 고반발 드라이버를 쓴다면 어떤 일이 벌어질까? 공이 멀리 갈 것 같다. 훼어웨이에서 멀리 머얼리 공이 날아갈 것 같다. 내 기분도 덩달아 날아갈 것 같다. 일설에 따르면, 반발계수 0.01이 올라가면 보통 3야드를 더 날아간단다. 물론 여러 가지 변수가 있겠지만. 기준보다 0.1이 높은, 0.93 계수의 드라이버로 티샷하면, 와우, 30야드나 더 날아간다. 이런 놀라운 기적이 있을까? 너무나 반가울 것 같다. 왜 진작 이것을 쓰지 않았나 하는 생각이 들기도 할 것 같다. 그래서인지, 점점 점점 우리나라 골프장에서, 선배님 골프 백에서 그리고 요새는 친구들 골프 백에서도 보이기 시작한다. 만족도가 높다. 시니어 골퍼도 아주머니 골퍼도 기뻐한다. 시니어 남성에게 나타난 또 하나의 Viagra가 아닌가 싶다. Bang, 마코토, 비욘드, 다이너스, 도깨비 등등의 이름이 눈에 뜨인다. 눈이 간다.

친구들과 골프를 즐길 때, 비공인 드라이버를 쓰는 나는 비겁한가? 비거리를 늘리고 싶다는 욕망 하에 무리한 장타자 스윙을 흉내내어 몸 상하는 것보다 나은 방법일까? 이런 저런 생각을 해 본다. 보통 고반발 드라이버라 말할 때에는 COR이 0.83을 넘지만 0.9는 넘지 않는 것을 말하여왔다. 0.9를 넘기는 기술이 없었다. 0.8대의 기술이 있었을 뿐이었다. 그러던 요사이, 초고반발(超高反發) 드라이버라는 것도 생겨 났다. 고반발을 초월한단다. 공식적이지는 않으나 아마도 0.9 이상의 COR을 의미하는 듯하다. 달리 말하면, 그렇게 그렇게 골프 클럽 제조 기술이 발전에 발전을 거듭하고 있는 것이다. 고반발 드라이버를 만드는 기술은 일본이 압도적이고 선도적이다. 그리고 우리나라도 열심히, 때로 독특하게 잘 만들기도 한다. 미국사람은 관심이 없는지, 기술이 없는지, 필요가 없는지, 미국 브랜드 고반발 드라이버는 그다지 눈에 띄지 않는다.

고반발 드라이버 만드는 기술은 크게 두 가지를 바탕으로 한다. 첫 번째가 헤드 훼이스 소재다. 회사마다 다양한 시도를 통하여 좋은 재료의 쇠로, 합금으로 만들어 보고 또 그 가공 방법을 다양하게 하여 반발력을 높인다. 두 번째로 중요한 것은 두께다. 훼이스의 두께를 이전보다 얇게 만들어 반발력을 높인다. 얇을수록 공은 잘 반발한다. 이것은 금속의 특성과 더불어 얇게 가공할 줄 아는 능력이 관건이 된다. 더하여 또 중요한 것은 헤드 크기를 키워 훼이스의 면적을 넓힌다. 그리하여 이른바 trampoline 효과가 첨가된다. 공을 친 뒤 약간 훼이스가 오목하게 들어간 뒤 다시 반발하여 튀어 나온다. 이것이 트램폴라인 효과. 쇠가 좋을수록 단단할수록 얇을수록 훼이스가 넓을수록 트램폴라인 효과는 증가된다. 그것이 고반발의 원천(源泉) 파워가 되는 것이다.

고반발 드라이버는 보통, 헤드의 반발력만 뛰어난 것이 아니다. 거기에는 지금까지 발전해 온 골프 클럽의 모든 첨단 기술이 다 함께 더해진 것이다. 대체로 헤드가 더 커지고 대체로 헤드, 샤프트, 그립의 무게를 줄여 가볍게 만들고 가끔은 샤프트 길이를 줄이기도 한다. 헤드가 커지니 치는 사람 마음도 커진다. 당연하게도 뽕샷 가능성도 줄어 든다. 헤드가 커지니 관용도가, 관성 모멘트가 좋아진다. miss hit에도 훼어웨이에 날아가기도 한다. 관용적이다. 무게 중심이 더 뒤로 가니 공이 더 잘 뜬다. 샤프트, 그립이 가벼워지니 전체 무게도 20~40 g 가벼워진다. 샤프트 탄성이 좋다. 잘 휘어진다. 근력이 없어도 몸무게가 줄어도 클럽이 가벼우니 휘두르기가, 스윙하기가 편해진다. 샤프트 길이가 짧은 경우에는, 공이 가까워 보이고 커 보이고 마음도 편해지고 정타 확률도 늘어 난다. 와우, 듣고 보니 나이 먹어가는, 젊은 시절 비거리가 아쉬운, 젊은이에게 밀리기 싫은 나에게 깔맞춤, 안성맞춤 드라이버다. 써 보고 시프다. 써 본다.

비공인 우드가 나왔다. 비공인 우드라고? 무어라고? 무언가 낯선 단어다. 우드는 비공인 자체가 없었다. 헤드가 작기 때문에 트램폴라인 효과도 기대하기 어렵고 얇게 만들기도 어려웠다. 기존 우드도 기껏해야 COR이 0.6이나 0.7대였다. 스틸로 만들었을 뿐이고. 그러던 것이 maraging steel 같은 재료 덕분에 반발력이 좋아졌다. 비공인이라기 보다는 고반발이라고 말하는 것이 어울리는 표현이겠다. 거기에다가 요새 시니어를 위하여 우드의 헤드도 그 크기를 조금씩 조금씩 키워가고 있다. 바야흐로, 노인의 노인에 의한 노인을 위한 골프 클럽 시대이다.

사실, 아는 사람은 알고 있지만, 비공인 클럽의 역사는 그리 짧지는 않다. 우리가 흔히 보아 왔던 클럽 중에 비공인 클럽이 있어왔다. 마루망 고급 금장 드라이버의 꽤 많은 수가 비공인이었고 지금도 비공인이다. 혼마 드라이버의 여러 멋진 드라이버가 비공인 드라이버였다. 그렇지만 그 비공인 정도는 지금 클럽들이 표방하는 비공인만큼이나 반발력이 센 것은 아니었다. 0.83을 조금 초과하는 정도다. 그런 저런 기술이 축적되어 지금의 고반발, 초고반발 드라이버가 만들어지게 된 것이다. 기술은 이렇게 저렇게 발전해 가는가 보다. 2000년 전 가야(伽倻) 땅에서 시작했던 철기(鐵器) 문명이 찬란하게 지금 이 땅에서, 포항제철에서 꽃을 피우고 또 그 가야가 일본으로 건너가 지금 일본의 철기 문화를 화려하게 장식하고 있는 것 같다. 가락국(駕洛國)은 어디서 흘러 들어온 것인가? 그 철기문명은 허황옥(許黃玉) 팀이 인도에서 가져왔나? 잠시 떠올려 본다.

고반발 드라이버는 스윙 스피드가 느린 사람이 써야 한다. 체력이 떨어지는 사람이 쓰면 좋다. 힘이 없는 사람이 써야 도움이 된다. 만약에 평소 공인 드라이버로 200미터 이상 보내는 사람이, 스윙 스피드가 빨라서 S 플렉스 샤프트를 쓰는 사람이 비공인 드라이버를 쓰면 어떤 일이 벌어질까 생각해 본다. 망가진다. 드라이버 헤드가 망가지고 그 사람 스윙이 망가진다. 비공인 드라이버 샤프트는 S플렉스가 보이지 않는다. 있으면 이상하다. 평균 이하의 스피드에서 남들 평균 거리를 가보려는 애타는 갈망의 동작이 비공인 드라이버 샷이다. 이 헤드는 그런 이를 위해 만든 것이다. 그런 이가 행복해지는 드라이버이다. 적어도 헤드 스피드가 40 m/s (90 mph) 이하면 좋을 듯하다.

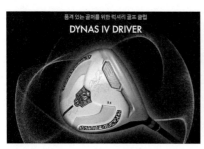

초고반발 그리고 고반발 드라이버
코오롱 ELORD의 다이너스 초고반발(0.92) 드라이버와 YARD HUNTER의 고반발(0.847) 드라이버

"맘 편하게 고반발 드라이버를 쓴다"

참고자료

1. 나는 어떻게 골프를 치는가. HOW I PLAY GOLF/ 타이거 우즈/ 황금가지

2. 골프는 과학이다. 원리를 알면 골프가 쉬워진다/ 오츠키 요시히코/ 아르고나인

3. 골프는 과학이다 2. 어프로치와 퍼팅의 비법/ 오츠키 요시히코/ 아르고나인

4. 골프, 원리를 알면 10타가 준다. 과학으로 풀어보는 골프의 원리/ 김선웅 김창국/ 대경북스

5. 골프, 원리를 알면 10타가 준다. 두 번째 이야기/ 김선웅 김창국 김태윤/ 대경북스

6. 역학으로 배우는 골프/ 이종원/ 한승

7. 클럽피팅레슨/ 신준수 박형섭/ 오성출판사

8. 골프 기술 향상을 위한 골프 클럽 제작과 피팅/ 박영진 전재홍/ 대한미디어

9. High Class Golf 골프의 기초에서 피팅까지/ 신준수 박형섭/ OSUNG

10. スコアが 変わる! クラブ選びの 基礎知識(스코어가 바뀐다! 클럽 선택의 기초지식)/ 松尾 好員/ Gakken

11. スコアアップ できない 原因の50%は 間違いなく あなたの クラブです(스코어가 좋아지지 않는 원인의 50%는, 틀림없이 당신의 클럽이다)/ 鹿又芳典 JIPPI Compact

12. ゴルフは、科学でうまくなる(과학 덕분에, 골프가 나아진다)/ ライフエキスパート / 河出書房新社

13. アプローチが 面白いように 寄る 本(어프로치가 재미있게 되는 책)/ ライフエキスパート / 河出書房新社

14. 100 yd シングルになる(100 야드 싱글이 되다)/ 中井 学/ 池田書店

15. コルフクラブ 選び(골프 클럽 고르기)/ 金谷 多一郎/ 講談社

16. 狙う! アプローチ & パタ(겨냥! 어프로치 & 퍼팅)/ 金井 清一/ 永岡書店

17. 図解 絶対感覚 コルフ(도해, 절대감각의 골프)/ 田原 紘/ PHP研究所

18. 부를 끌어당기는 직장인의 공부법/ 송용섭/ 위닝북스

19. HOW GOLF CLUBS WORK… & Affect Your Ability To Score/ By Ralph Maltby The GolfWorks

20. ralphmaltby.com

21. GolfDigest

22. golfdigest.com

23. golfdo.com.knowledge/

24. Golfsmith, clubmaking catalog.golfsmith.com

25. 2014 CALLAWAY CATALOG.

26. golfdistillery.com

27. Mizuno GOLF 2012 EQUIPMENT GUIDE

28. **마하시 위빳사나 수행지침**; 1.기초수행법 2. 보호명상 준비수행

29. **MBSR, mildfulness based stress reduction**/ 안희영/ 심신치유스트레스클리닉, 한국
    MBSR 연구소

30. **골프가 예술이네**/ 김효권/ 지앤오미디어

31. **아들아, 삶에 지치고 힘들 때 이 글을 읽어라**/ 윤태진 다연

32. **이상무 Golf 만화 色卽是空(색즉시공)**/ 이상무/ 삼호미디어

33. **鈍感力(둔감력)**/ 渡辺淳一/ 集英社

34. **古時調解說(고시조해설)**/ 韓春燮/ 홍신문화사

35. pgatour.com

36. lpga.com

37. **하늘과 바람과 별과 시(詩)**/ 윤동주/ 정음사

38. **논어**/ 愼弦重/ 靑羽出版社

39. Wikipedia.org

40. callawaygolf.com

41. ping.com

42. sports.dunlop.co.jp/golf/xxio/

43. honmagolf.com

44. maruman.co.jp

45. titleist.com

46. **골퍼의 계급**/ 김홍현/ 인터북스

47. **임진한의 골프가 쉽다**/ 임진한/ 삼호미디어

48. blog.naver.com/datapc